Norbert Franck

# Handbuch Wissenschaftliches Arbeiten



Fischer
Taschenbuch
Verlag

Originalausgabe
Veröffentlicht im Fischer Taschenbuch Verlag,
einem Unternehmen der S. Fischer Verlag GmbH, Frankfurt am Main
November 2004


Satz: Pinkuin Satz und Datentechnik, Berlin
Druck und Bindung: C. H. Beck, Nördlingen
Printed in Germany
ISBN 3-596-15186-4

# Einleitung

Auf der Seite 114 ff. geht es um »Lampenfieber« und was man dagegen tun kann. Warum wird in einem Handbuch *wissenschaftlichen* Arbeitens Lampenfieber behandelt? Weil wissenschaftliches *Arbeiten* der Ausgangs- und Bezugspunkt des Handbuchs ist: Wer ein Referat oder einen Vortrag halten soll, die oder der hat unter Umständen mit Lampenfieber zu kämpfen. Deshalb gehe ich darauf ein. Allgemeiner formuliert: In den 38 Beiträgen dieses Handbuchs behandele ich Anforderungen, Fragen und Probleme, die ein Studium begleiten: die Suche nach Literatur, das Lesen komplizierter Texte, das Schreiben einer Hausarbeit, die Vorbereitung eines Referats usw. Sie finden Antworten auf die Frage, *wie* Sie zum Beispiel eine Hausarbeit so gliedern oder ein Referat so vorbereiten können, dass das Ergebnis Hand und Fuß hat. Kurz: Anwendungsorientiertes Wissen steht im Mittelpunkt des Handbuchs.

Um meine Hinweise so konkret wie möglich auf die Anforderungen und Schwierigkeiten zu beziehen, mit denen Sie während des Studiums konfrontiert sind, arbeite ich mit vielen Beispielen: Ich zitiere aus Haus- und Abschlussarbeiten von Studierenden, aus Referaten und Vorträgen. Überwiegend kritisiere ich die zitierten Einleitungen, Gliederungen oder Vortragstexte. Mir geht es dabei nicht darum, Studierende herunterzuputzen. Vielmehr will ich zeigen, was notwendig ist für das *wissenschaftliche* Arbeiten. Ich mache in meinen Seminaren die Erfahrung, dass die Besprechung von Fehlern und Schwächen von Hausarbeiten oder Referaten und die Suche nach Wegen, diese Fehler und Schwächen zu beheben bzw. zu vermeiden, hilfreicher ist als die Präsentation gelungener Beispiele. Und ich habe die Erfahrung gemacht, dass Studierende kritische Rückmeldungen erwarten und damit umgehen können. Unbehagen bereitet ihnen die gängige Praxis, dass sie auf die Ergebnisse von mehreren Wochen Arbeit häufig keine ausführliche Rückmeldung bekommen. Weil es mir nicht um die Kritik an Studierenden geht, sondern um die Veranschaulichung von Anforderungen beim Schreiben oder Referieren, weise ich die Autorinnen und Autoren der zitierten Arbeiten nicht aus.

Das *Handbuch* soll Sie beim wissenschaftlichen Arbeiten unterstützen. In dieser Perspektive sollten Sie es lesen – nicht von A (wie Abkürzungen) bis Z (wie zitieren). Bevor Sie – zum Beispiel – Ihre nächste Arbeit schreiben, sollten Sie die beiden Kapitel über »Schreiben in der Wissenschaft« lesen. Sie finden in diesen Kapiteln zahlreiche Verweise auf weitere Hilfen zum Schreiben einer Arbeit. Diesen Verweisen sollten Sie dann nachgehen, wenn Sie den Eindruck haben, dass sie für eine konkrete Anforderung nützlich sein könnten. Wird Ihre nächste Arbeit einen Anhang enthalten, sollten Sie das entsprechende Kapitel lesen. Das Kapitel über den Anhang wird Sie mit hoher Wahrscheinlichkeit langweilen, wenn Sie es »auf Vorrat« lesen. Mit Gewinn lesen Sie die Hinweise über den Anhang, wenn Sie Informationen brauchen, was in einen Anhang gehört und wie man einen Anhang gliedert. Genau so sollten Sie das *Handbuch* nutzen, wenn Sie zum Beispiel ein Referat vorbereiten: Lesen Sie vor Beginn der Arbeit die beiden Kapitel über das Referat und den Vortrag. Wollen Sie das Referat durch Folien unterstützen, sollten Sie auch die Kapitel »Visualisieren« und »Medien einsetzen« lesen. Bereiten Ihnen Referate oder Vorträge keine Schwierigkeiten mehr, schlagen Sie vielleicht nach, wie Sie die Einleitung eines Vortrags optimieren können oder was Sie beim Erstellen eines Handouts beachten sollten.

Das *Handbuch* ist also ein *Vor*bereitungsbuch und ein *Nach*schlagewerk. In den ersten Semestern wird es eher der Vorbereitung auf eine Hausarbeit oder ein Referat dienen. Wer sich dem Abschluss des Studiums nähert, wird sich eher nachschlagend vergewissern: Was ist bei einem Literaturverzeichnis zu beachten? Wie weist man Fehler in einem Zitat aus? Das Register hilft beim gezielten Suchen nach Antworten auf Ihre Fragen.

Das vorletzte Kapitel empfehle ich allen als Einstiegslektüre. Im Kapitel über »Wissenschaft« wird die Perspektive deutlich, aus der das gesamte *Handbuch* geschrieben ist. Wissenschaftliches Arbeiten heißt vor allem: den eigenen Verstand gebrauchen, selbst denken. Das ist der beste Schutz vor Langeweile im Studium. Das ist eine Haltung, die es ermöglicht, wissenschaftliches Arbeiten zu lernen *und* sich für das Berufsleben zu qualifizieren. Dieser Zusammenhang wird häufig nicht gesehen: Studierende erfüllen die vorgegebenen Anforderungen – machen Scheine, schreiben Hausarbeiten und

Klausuren, halten Referate usw. – ohne sich davon eine Qualifizierung für den Beruf zu versprechen. Gelernt wird für die Hochschule. Literatur wird gelesen, ein Thema bearbeitet und dabei auch gedacht, aber nicht nachgedacht: Was interessiert mich an dem Thema? Welchen Fragen könnte ich nachgehen? Worüber möchte ich Aufschluss gewinnen? Für eine Hausarbeit wird Literatur (mehr oder minder ambitioniert) referiert und zitiert, aber nicht als Mittel zum Zweck genutzt, einer interessanten Frage nachzugehen, Erkenntnisse über ein relevantes Problem zu gewinnen. Qualifizierung für den Beruf wird von Praktika erwartet, die häufig mit dem Studium nichts zu tun haben, oder von Veranstaltungen, die von »Career«, »Services« oder anderen »Centers« angeboten werden.

Ich plädiere dafür, zwischen dem Lernen des wissenschaftlichen Handwerks und der Orientierung auf den Beruf keinen Gegensatz zu sehen. Zum Beispiel bei der Ausarbeitung eines Referats oder Vortrags wissenschaftliche Standards zu beachten und die Ergebnisse verständlich und anschaulich vorzutragen und Medien professionell einzusetzen. So löst sich der vermeintliche Gegensatz zwischen beruflicher und wissenschaftlicher Qualifizierung auf, denn ein Problem oder einen Sachverhalt analytisch durchdringen und verständlich und anschaulich präsentieren zu können, ist eine Qualifikation, die in vielen Berufen verlangt wird.

Meine Empfehlungen können mit Ihren Erfahrungen kollidieren, was an Ihrem Fachbereich als »gut« bzw. »wissenschaftlich« bewertet wird. Deshalb sollten Sie mein Angebot kritisch prüfen – aber auch die Maßstäbe, die Ihnen als Kriterien für »Wissenschaftlichkeit« präsentiert werden.

Sie werden im *Handbuch* vielleicht die eine oder andere Hilfestellung vermissen. Zum Beispiel für Prüfungen. Mein Anspruch ist es, Ihnen die notwendigen Voraussetzungen zu vermitteln, um schwierige wissenschaftliche Texte mit Gewinn zu lesen oder eine *wissenschaftliche* Abschlussarbeit zu schreiben. Mit diesen Voraussetzungen sollte man Prüfungen meistern. Hat man keine Zeit zum Lesen, ist das unerfreulich, aber kein Thema für ein Handbuch *wissenschaftlichen* Arbeitens. Und mit Hinweisen zum Modethema »Zeitmanagement« ist dieses Problem auch nicht zu lösen. Hilfe für solche Situationen versprechen Ratgeber des Genres »Last Minute Prüfungsvorbereitung«. Das ist nicht mein Fach. Bei Prüfungs*angst*

helfen nach meiner Erfahrung Bücher wenig. Die persönliche Beratung halte ich für den weitaus besseren Weg zur Problemlösung.

Zum Schluss eine Warnung und ein Versprechen. Die Warnung: Das *Handbuch wissenschaftliches Arbeiten* macht Ihnen Arbeit. Vieles von dem, was ich Ihnen auf den folgenden Seiten als Hilfestellung anbiete, müssen Sie üben. Sie müssen zunächst Arbeit investieren, um sich künftig die Arbeit zu erleichtern. Das Versprechen: Diese Investition lohnt und wird belohnt durch gelungene Hausarbeiten, interessante Referate oder einen überzeugenden Medieneinsatz.

## Abkürzungen, Abkürzungsverzeichnis

*AIDS* und *Attac.* Fast alle wissen, was gemeint ist. Kaum jemand weiß, wofür die vier Buchstaben stehen (*A*cquired *I*mmune *D*eficiency *S*yndrome bzw. *A*ssociation pour une *T*axation des *T*ransactions financières pour l'*A*ide aux *C*itoyens). AIDS und Attac werden – wie AStA oder NATO – als selbständiges Wort gesprochen. Das unterscheidet sie von den Akronymen DGB, ARD bzw. ZDF. Dabei kann AIDS auch eine gute Sache sein – jedenfalls dann, wenn die vier Buchstaben für »Automatic Installation and Diagnostic Service« stehen.

Abkürzungen sind nützlich und können lästig sein. Abkürzungen müssen eindeutig sein und korrekt geschrieben werden.

Vor allem bei bibliographischen Angaben, im Literaturverzeichnis bzw. in Anmerkungen, ersparen geläufige Abkürzungen viel Schreib- und Lesearbeit. Auf der Seite 12 sind die wichtigsten bibliographischen Abkürzungen aufgeführt.

In dieser Liste fehlen eine Reihe von Abkürzungen – zum Beispiel:

- et. al. — et allii (und andere)
- ib., ibid. — ibidem (ebenda)
- id. — idem (derselbe, dasselbe)
- loc. cit. — loco citato (am angeführten Ort)
- op. cit. — opere citato (im angeführten Werk)
- p. (Plural: pp) — pagina (Seite)

Ich rate von diesen Abkürzungen deshalb ab, weil sie vielen nicht geläufig sind. Abkürzungen sollten keine Rätsel aufgeben.

Zahlreiche Fachbegriffe und Namen sind sehr lang und gelegentlich wahre Zungenbrecher: Adoleszenz-Maximum-Hypothese, Organisation erdölexportierender Staaten, Personalvertretungsgesetz, American Standard Code for Information Interchange. Deshalb ist es sinnvoll, ASCII oder PersVG abzukürzen. Deshalb wird niemand etwas dagegen haben, wenn in einem Text von ADS (für Aufmerksamkeits-Defizit-Syndrom) die Rede ist oder in einem Vortrag von REACH (für Registrierung, Evaluation und Autorisierung von Chemikalien).

| | | | |
|---|---|---|---|
| a.a.O. | am angegebenen Ort | J. | Jahr |
| Abb. | Abbildung | Jb. | Jahrbuch |
| Abs. | Absatz | Jg. | Jahrgang |
| Anh. | Anhang | Mitarb. | Mitarbeiter, Mitarbeiterin |
| Anl. | Anlage | Ms. (Mss.) | Manuskript (Manuskripte) |
| Anm. | Anmerkung | N.F. | Neue Folge |
| Aufl. | Auflage | Nr. | Nummer |
| ausgew. | ausgewählt | o.J. | ohne Jahr(gang) |
| Bd. (Bde.) | Band (Bände) | o.O. | ohne Ort |
| bearb. | bearbeitet | o.V. | ohne Verfasser |
| Beil. | Beilage | Red. | Redaktion |
| Bl. | Blatt | S. | Seite |
| Ders. | Derselbe | s. | siehe |
| Dies. | Dieselbe(n) | Sp. | Spalte |
| Diss. | Dissertation | T. | Teil |
| dt. | deutsch | Tab. | Tabelle |
| Erg./erg. | Ergänzung/ergänzt | Übers. | Übersetzer, Übersetzerin |
| erw. | erweitert | übers. | übersetzt |
| f. (ff.) | folgende (fortfolgende) | veränd. | verändert |
| Fn. | Fußnote | verb. | verbessert |
| H. | Heft | Verf. | Verfasser, Verfasserin |
| Habil.-Schr. | Habilitationsschrift | Verl. (Vlg.) | Verlag |
| hekt. | hektographiert | vgl. | vergleiche |
| Herv. | Hervorhebung | Z. | Zeile |
| Hrsg. (Hg.) | Herausgeber | Ziff. | Ziffer |
| hrsg. | herausgegeben | Ztg. | Zeitung |

Bibliografische Abkürzungen

Solche Abkürzungen müssen eingeführt werden, wenn nicht vorausgesetzt werden kann, dass alle Leser bzw. Zuhörerinnen sie kennen.

In einem Text wird das Wort bzw. der Begriff zunächst ausgeschrieben und die Abkürzung dahinter in Klammern gesetzt: »Globalisierungskritiker stellten vor allem heraus, dass die Welthandelsorganisation (WTO) …« Dann wird nur noch die Abkürzung verwendet.

In einem Vortrag oder Referat muss die Klammer verbalisiert werden: »Das Bundesamt für Naturschutz, kurz BfN, konzentriert sich …«

Abkürzungen sollten sparsam eingesetzt werden. Sind viele Abkürzungen für die Leserinnen oder Zuhörer neu, wird das Lesen

bzw. Zuhören anstrengend, weil viele Abkürzungen behalten werden müssen: Wofür steht UNCTAD, GATT oder NGO? Was war der Unterschied zwischen CD und CI?

Kommunikations- und Werbefachleute kürzen *Corporate Design* »CD« ab. In anderen Zusammenhängen steht CD für *Corps Diplomatique* oder *Compact Disk.* Und »MS« *Word* ist weder ein *Motorschiff* mit dem Namen »Word« noch eine Software mit *Multipler Sklerose.* Kurz: Abkürzungen müssen stets eindeutig sein und dürfen immer nur in einer Bedeutung gebraucht werden. Wer über Aktiengesellschaften und Arbeitsgruppen oder über die Royal Air Force und die Rote Arme Fraktion schreibt, muss sich demnach entscheiden, welches Wort bzw. welcher Name mit AG oder RAF abgekürzt wird.

Zu vermeiden sind Neuschöpfungen für feststehende Abkürzungen wie GG (für Grundgesetz), BAB (Bundesautobahnen) oder HRG (Hochschulrahmengesetz).

Einfache Abkürzungen, die allgemein bekannt sind, wie z.B., u.a., d.h., z.T. sind legitim, aber nicht unbedingt eine Freude fürs Auge: Viele Abkürzungen wirken in einem Text störend und erinnern an Schreiben von Finanzämtern und anderen Behörden:

> »Die Autorin macht z.B. darauf aufmerksam, dass u.U. gerade die, v.a. beiläufig erwähnten ...«

Mit Ausnahme von *bzw.* und *usw.* steht nach jedem Buchstaben ein Punkt. Zwischen Punkt und Buchstaben kommt kein Leerzeichen (also nicht: z. B.). Die gängigen Abkürzungen für Maße und Gewichte – cm, km, kg und EUR – werden ohne Punkt am Ende geschrieben.

Akronyme, die als allgemein bekannt vorausgesetzt werden können, müssen nicht eingeführt werden: ARD und ZDF, SPD und CDU, DGB und USA. Während man davon ausgehen kann, dass alle die ARD kennen, sollten zum Beispiel Abkürzungen für die Landesrundfunkanstalten SWR, MDR oder RBB eingeführt werden: »Im März 2003 wurde die Intendantin der Zweiländeranstalt *Rundfunk Berlin-Brandenburg (RBB)* ...«

In der Regel werden Abkürzungen, die aus den Anfangsbuchstaben mehrerer Wörter gebildet werden, nicht dekliniert: »Die Chefredakteurin des WDR ...« (nicht WDRs). Keine Regel ohne Ausnahme: PCs und WCs, EKGs und CDs.

Für Abkürzungen, die als selbständiges Wort gesprochen werden,

gibt es keine verbindliche Groß- oder Kleinschreibung. Sowohl Nato oder Asta als auch NATO und ASTA (oder AStA) sind korrekt.

## Abkürzungsverzeichnis

Enthält eine Arbeit viele Abkürzungen, ist ein Abkürzungsverzeichnis Pflicht. Ein solches Verzeichnis steht nach dem Inhaltsverzeichnis.

Im Abkürzungsverzeichnis werden nicht aufgeführt:

- einfache Abkürzungen wie *usw.*, *vgl.* oder *z. B.*;
- allgemein bekannte Akronyme (SPD, CDU oder USA);
- geläufige Abkürzungen für Maße und Gewichte (cm, kg).

Abkürzungen, die in Abbildungen oder Tabellen verwendet werden, sind in einer Legende zur Abbildung bzw. Tabelle zu erläutern.

Das Abkürzungsverzeichnis wird alphabetisch geordnet:

| | |
|---|---|
| ADG | Antidiskriminierungsgesetz |
| BGH | Bundesgerichtshof |
| CD | Corporate Design |
| MIT | Massachusetts Institute of Technology |
| … | |

Werden in einem → Literaturverzeichnis viele Zeitschriften-Namen abgekürzt, wird dem Literaturverzeichnis ein Verzeichnis der Abkürzungen (Zeitschriftensigel) vorangestellt:

| | |
|---|---|
| Adv. Ecol. Res. | Advances in Ecological Research |
| BuE | Bildung und Erziehung |
| Educ. Res. | Educational Research |
| Nat. Landsch. | Natur und Landschaft |
| … | |

Die Namen von Zeitschriften sollten nicht willkürlich abgekürzt werden. In fast allen Disziplinen gibt es eingeführte Abkürzungen für Fachzeitschriften. Sie sind mit Hilfe einer Suchmaschine wie *Google* im Internet zu finden, wenn man *Abkürzungen* und *Zeitschriften* eingibt.

## Literatur

Wer eine Abkürzung nicht kennt, findet hier Erläuterungen:

- Wörterbuch der Abkürzungen. 4. Aufl. Mannheim u.a. Dudenverl. 1999
- http://www.abkuerzungen.de
- http://www.chemie.fu-berlin.de//cgi-bin/acronym

Für fast alles gibt es Normen des Deutschen Instituts für Normung (DIN): DIN 2340: Kurzformen für Benennungen und Namen; Bilden von Abkürzungen und Ersatzkürzungen; Begriffe und Regeln. Ausgabe 1987-12

## Anhang

Der Anhang einer wissenschaftlicher Arbeit lässt sich mit einem Balkon vergleichen: Er ist wichtig, aber nicht so zentral, dass man ihn ständig nutzt. Wer in einer medienwissenschaftlichen Hausarbeit eine Sitcom analysiert, für deren Verständnis alle Haupt- und Nebenrollen wichtig sind, kann in den Anhang ein Verzeichnis aller Personen aufnehmen, die in der Sitcom auftreten. Wer bei der Quellenrecherche für die Dissertation einen bisher unbekannten Erlass der preußischen Regierung aufstöbert oder den Brief einer Schriftstellerin, der als verschollen galt, dokumentiert diesen Erlass bzw. Brief im Anhang. Allgemeiner: Im Anhang werden die Daten, Fakten und Quellen angeführt, die für das Verständnis eines Textes *notwendig* sind bzw. Aussagen belegen. Zum Beispiel:

- der Text des Fragebogens, auf dem eine Untersuchung basiert,
- die Filmographie einer Regisseurin oder eines Schauspielers,
- das Beobachtungsprotokoll einer Unterrichtsstunde,
- der Wortlaut der Instruktionen, die Versuchspersonen erhielten,
- Tabellen mit Messwerten,
- schwer zugängliche Quellen, auf die häufig Bezug genommen wird,
- das Wortprotokoll einer Bundestagssitzung, die analysiert wird.

Man platziert solche Daten, Fakten, Quellen usw. im Anhang, wenn sie so umfangreich sind, dass sie die Lektüre des Hauptteils erschweren. Diese Auslagerung ist allerdings nur dann sinnvoll, wenn sie tatsächlich das Lesen erleichtert. Es ist keine Erleichterung für die Leserinnen und Leser, wenn sie häufig im Anhang nachschlagen müssen. Deshalb sind im laufenden Text die Daten und Fakten, die im Anhang stehen, so zusammenzufassen, dass die Leserinnen und Leser nur gelegentlich im Anhang nachschlagen müssen.

Der Anhang ist keine Deponie für Materialien, die für die Erarbeitung eines Themas wichtig waren, für seine Darstellung aber nicht erforderlich sind. Der Anhang ist auch kein Ort für Exkurse, die Befriedigung eines Mitteilungsbedürfnisses oder den Nachweis, was man alles weiß.

Der Anhang steht nach dem Literaturverzeichnis. Er erhält keine Gliederungsziffer und wird nicht gesondert nummeriert, vielmehr wird die Seitenzählung fortgesetzt. Besteht ein Anhang aus mehreren Teilen, gliedert man ihn mit Ziffern oder Buchstaben. Diese Gliederung sollte auch im Inhaltsverzeichnis aufgeführt werden. Zwei Muster (die Form ist nicht verbindlich):

...

7 Ausblick: Die Zukunft kleiner Parteien 189

Literaturverzeichnis 201

Anhang A: Befunde der Kleinparteienforschung 205

1 Nationale Studien über Kleinparteien 205
2 Ländervergleichende Studien über Parteien innerhalb einer »Kleinparteienfamilie« 209
3 Nationale Studien über Parteien aus mehr als einer »Kleinparteienfamilie« 210

Anhang B: Verzeichnis der Gesprächspartner 211

1 Deutsche Repräsentanten von Kleinparteien 211
2 Britische Repräsentanten von Kleinparteien 212

...

**7 Ausblick: Die Zukunft kleiner Parteien 189**

Literaturverzeichnis 201

**Anhang I: Befunde der Kleinparteienforschung 205**
I.1 Nationale Studien über Kleinparteien 205
I.2 Ländervergleichende Studien über Parteien innerhalb einer »Kleinparteienfamilie« 209
I.3 Nationale Studien über Parteien aus mehr als einer »Kleinparteienfamilie« 210

**Anhang II: Verzeichnis der Gesprächspartner 211**
II.1 Deutsche Repräsentanten von Kleinparteien 211
II.2 Britische Repräsentanten von Kleinparteien 212

...

**So nicht: Gliederung des Anhangs**

Einen Anhang gliedert man nach inhaltlichen Kriterien. Die Form, in der Daten oder Fakten vorliegen, ist kein sinnvolles Gliederungskriterium. Die folgende Gliederung des Anhangs einer Magisterarbeit ist daher ungeschickt:

»Anhang 1: Tabelle 1
Die Einnahmen von Greenpeace
Anhang 2: Tabelle 2
Die Herkunft der Erträge von Greenpeace
...
Anhang 5: Tabelle 5
Einnahmen des BUND
Anhang 6: Tabelle 6
Herkunft der Einkommen
...«

Funktionaler ist eine Gliederung nach Inhalten:

Anhang 1: Einnahmen und Ausgaben von Greenpeace
1.1 Die Einnahmen in den Jahren 1980 bis 1993
1.2 Die Herkunft der Einnahmen
...
Anhang 2: Einnahmen und Ausgaben des BUND
2.1 Die Einnahmen in den Jahren 1979 bis 1993
2.2 Die Herkunft der Einnahmen
...

Diese Version hat gegenüber dem Original zudem den Vorzug, dass nicht laufend verschiedene Wörter für denselben Sachverhalt benutzt werden:

- *Die* Einnahmen von Greenpeace
- Einnahmen des BUND
- *Die* Herkunft der *Erträge von Greenpeace*
- Herkunft der *Einnahmen*

So nachlässig sollte in einer Magisterarbeit nicht formuliert werden.

Ein Anhang ist keine *Anlage*. Anlagen sind Ergänzungen, die nicht in den Anhang aufgenommen werden können: Medien (z. B. eine CD-ROM) oder Materialien (z. B. Bau- oder Schaltpläne). Auch für Anlagen gilt: Sie müssen für das Verständnis einer Arbeit wichtig sein.

## Anmerkungen

Viele wissenschaftliche Texte sind mit Anmerkungen gespickt. Dietrich Schwanitz sieht im Bedürfnis nach Anerkennung den Hauptgrund für die Häufung von Fußnoten:

> Die Fußnote »ist für den Wissenschaftler das, was für den Ritter das Wappen war; sie weist ihn als Wissenschaftler aus, verleiht ihm Glaubwürdigkeit und die Berechtigung am Turnier teilzunehmen. Zugleich ist sie auch seine Waffe: Mit ihr mehrt er nicht nur seinen eignen Ruhm, sondern mindert auch den seiner Rivalen. Dabei erweist sie sich als Mehrzweckwaffe … Einige benutzen sie als Dolch, den man dem Gegner in den Rücken jagen kann; andere als Keule, um ihn niederzuschlagen; wieder andere als Florett, um elegante Duelle auszutragen.« Kontroversen, die in Fußnoten ausgetragen werden, gleichen »den Kämpfen, für deren Austragung die Streithähne kurz die Bar verlassen, um sich auf der Straße zu prügeln. In der Fußnote darf deshalb der Autor die Maske der Respektabilität fallen lassen, die er im Haupttext trägt, und sein wahres Gesicht enthüllen.« (2002, 461f.)

In einer Haus- und in einer Abschlussarbeit sollte zu lesen sein, was für die Erklärung eines Gegenstands wichtig und für das Verständnis eines Sachverhalts notwendig ist. Das reicht. Mehr ist nicht erforderlich und meist auch nicht sinnvoll. Nebensächlichkeiten gehören nicht in eine Arbeit – auch nicht in Anmerkungen. Wer imponieren möchte, sollte dies durch eine präzise Argumentation tun. Viele Anmerkungen demonstrieren in der Regel nicht »Wissenschaftlichkeit«, sondern die Unfähigkeit, sich auf das Wesentliche zu konzentrieren.

Anmerkungen sind

- kein Archiv für Textbausteine bzw. Notizen, die man sich während der Arbeit an einem Thema angelegt hat;
- nicht der Ort um nachzutragen, was man in der Darstellung vergessen hat. Zum Beispiel gehört folgende Information nicht in eine Fußnote zu diesem Text: In Anmerkungen darf nichts stehen, was die eigene Argumentation in Frage stellt.

Anmerkungen können ein »Schatzhaus« (Harnack) sein, wenn sie sinnvoll genutzt werden. Fußnoten sind der richtige Ort für

- Hinweise auf weiterführende Literatur[1],
- die Übersetzung einer Textstelle, die in der Originalsprache zitiert wurde,
- Informationen, die zwar nicht direkt zum Thema gehören, aber für die Leserinnen und Leser nützlich sein können[2],
- pointierte Zitate, die die eigene Meinung stützen, den Argumentationsgang aber stören würden,
- Verweise auf abweichende Meinungen[3],
- Verweise auf andere Passagen der eigenen Arbeit (häufen sich solche Verweise, kann dies ein Indiz dafür sein, dass die Gliederung der Arbeit Schwächen hat).

Und Fußnoten sind der Ort, um Zitate zu belegen und Gedanken, die von anderen übernommen wurden – sofern man sich nicht, wie in diesem Buch, für Kurzbelege im Text entscheidet → Zitat, zitieren.

Ich habe zwischen den Termini *Anmerkungen* und *Fußnoten* gewechselt. *Fußnote* bezeichnet streng genommen nur den Ort, an dem Zitate belegt, Hinweise auf Literatur gegeben oder ergänzende Informationen angeführt werden: am Fuß an einer Seite. Dies ist ein guter Ort, denn den Leserinnen und Lesern bleibt das mühselige Hin- und Herblättern erspart, zu dem sie gezwungen sind, wenn Anmerkungen am Ende einer Arbeit stehen.

Nummeriert man Fußnoten fortlaufend, erleichtert man sich den Verweis auf eine Anmerkung in der eigenen Arbeit.

---

1 Zur Funktion von Anmerkungen s.a. Eco (1977, 210 ff.).

2 Über die »Besessenheit nach Fußnoten« in den Rechtswissenschaften vgl. Slapnicar (1999, 253).

3 »Fußnoten sind in der Regel für eine wissenschaftliche Arbeit so nötig wie ein Kropf. Entweder ist die betreffende Ausssage wichtig, dann gehört sie in den Text. Oder sie ist unwichtig, dann hat sie in der Arbeit nichts zu suchen. ... Fußnoten (sind) oft nur eine Müllkippe für unreife Gedanken, überflüssige Anmerkungen und redundante Besserwisserei ... Sie lenken vom eigentlichen Thema ab, fördern scheinwissenschaftliche Geschaftlhuberei, fressen Zeit und Platz« (Krämer 1999, 116).

**So nicht: Anmerkungen**

Aus einer Geographie-Hausarbeit über Dürren im Sahel:

a »Ein flächenhafter Anbau ist nirgends möglich, sondern es erfolgt eine inselartige Konzentration auf die wenigen Gunstgebiete.«[1]

b »Das Überlebensmodell dominiert ab Mitte der 1980er Jahre die Erklärungsversuche für das Verhalten der Menschen. Eine entscheidende Erneuerung ist, dass hier nun im Gegensatz zu den beiden vorangegangenen Modellen die Aktivität der Betroffenen in den Mittelpunkt gestellt wird.«[2]

c »Weiter werden Beeren und andere Früchte verschiedener Baumarten gesammelt, aber auch Gummi arabikum[3], Futter für die Tiere, Brennholz sowie Holz und trockenes Gras als Baumaterial.«

---

1 z.B. in Senken

2 Dieses Konzept stellt, im Vergleich zu den beiden vorher beschriebenen Modellen, eine echte Erneuerung dar. Denn hier werden nicht nur vordergründig Beobachtungen zum Gegenstand gemacht, sondern die Tätigkeiten der Bevölkerung.

3 als Verdickungsmittel

Anmerkungen dienen nicht der Satzergänzung (a und c). Die Ergänzungen »zum Beispiel in Senken« und »als Verdickungsmittel« gehören – wenn sie wichtig sind – in den laufenden Text. Fußnoten beginnen wie ein normaler Satz mit einem Großbuchstaben und enden mit einem Punkt. Fußnoten sind (b) nicht der Ort, um einen Satz in anderen Worten zu wiederholen. Eine anmerkungsfreie Variante:

a Da Lebensmittel nicht auf großen Flächen angebaut werden können, konzentriert sich der Anbau inselartig auf die wenigen Gunstgebiete, zum Beispiel Senken. (Im ersten Satz ist eine begründende Konjunktion – *da* oder *weil* – sinnvoll.)

b Mitte der 1980er Jahre wird das *Überlebensmodell* zum dominierenden Erklärungsansatz für das Verhalten der Menschen.

Dieses Modell stellt das – in den beiden zuvor behandelten Konzepten vernachlässigte – Handeln der Menschen in den Mittelpunkt. Dies ist ein entscheidender Fortschritt. (Wenn *Überlebensmodell* eine feststehende Bezeichnung ist, sollte sie eingeführt werden – durch Kursivschrift oder Anführungszeichen.)

c Weiter werden gesammelt: Beeren und andere Früchte, Gummi arabikum als Verdickungsmittel, Futter für die Tiere, Brennholz sowie Holz und trockenes Gras als Baumaterial. (»Aber auch« ist überflüssig.)

In der zitierten Hausarbeit werden mehrere Anmerkungen mit folgenden Formulierungen eingeleitet:
- »Es sei darauf hingewiesen, dass diese Gruppen nicht ...«,
- »Hierzu sei der Hinweis gegeben, dass ...«

Diese Einleitungen sind überflüssig. Man kann direkt zur Sache kommen: »Diese Gruppen sind nicht ...«

Die Fußnotenziffer steht nach dem Satzzeichen, wenn sich die Anmerkung auf den gesamten Satz bezieht:

> ABC weist darauf hin, dass jede Anmerkung mit einem Punkt endet, aber niemals mit einem Abkürzungspunkt *und* einem Schlusspunkt.[1]

Bezieht sich eine Anmerkung auf ein Wort oder einen Teil eines Satzes, steht das Fußnotenzeichen unmittelbar nach diesem Wort bzw. der Wortgruppe:

> Worauf ist zu achten, wenn man Anmerkungen am Ende einer Arbeit platziert? Die Anmerkungen stehen – anders als dies *Microsoft Word* bei der Arbeit mit Endnoten vorgibt[1] – *vor* dem Literaturverzeichnis.

## Belegen

> »Es ist schwer zu sagen, ob man ausgiebig oder sparsam zitieren soll. Das hängt von der Arbeit ab. Die kritische Auseinandersetzung mit einem Schriftsteller verlangt natürlich, daß umfangreiche Stellen aus seinem Werk wiedergegeben und analysiert werden. Manchmal kann das Zitat ein Zeichen für Faulheit sein, weil der Kandidat nämlich bestimmte Angaben nicht zusammenfassen kann oder will und das lieber einen anderen machen läßt.« (Eco 1993, 196)

Ein Zitat. Sinn, Zweck und Handwerk des Zitierens wird an anderer Stelle erläutert (und auch: warum das Eco-Zitat optisch abgesetzt ist) → Zitat, zitieren.

»Eco 1993, 196« ist ein *Kurzbeleg* im Text. Der Kurzbeleg wird im → Literaturverzeichnis durch eine vollständige → Quellenangabe ergänzt.

Das anglo-amerikanische Kurzbelegverfahren, auch »Harvard-System« genannt, hat sich in den Sozialwissenschaften weitgehend durchgesetzt. Für dieses Verfahren spricht, dass
- der Lesefluss nicht unterbrochen wird,
- man sich viele Fußnoten und Schreibarbeit erspart. Das ist vor allem dann ein großer Vorzug, wenn man einen kurzen Überblick über den Stand bzw. die Entwicklung der Forschung oder einer Diskussion geben will. Ein Beispiel:

  > »In der Anglistik und Amerikanistik gibt es seit den siebziger Jahren eine andauernde Beschäftigung und Auseinandersetzung vor allem mit Autoren aus der Frühzeit der britischen Cultural Studies und des CCCS (Flunck 1979, Klaus 1979, 1983, 1994). Daneben gibt es vorwiegend in der englischen und amerikanischen Landeskunde Versuche der Umsetzung oder Anwendung der Cultural Studies zur Medienanalyse (Nierlich 1978). Diese Arbeiten werden ergänzt von Arbeiten zur marxistischen Tradition der Cultural Studies in England (Mahnkopf 1985, 1993; Lange 1984), die auch von der Anglistik in der DDR verfolgt wurden (Siegmund-Schultze 1970, 1974). Aktuelles Interesse findet derzeit vor allem die Post-

kolonialismusdebatte (vgl. Bronfen et al. 1997 und Mayer/Terkessidis 1998).« (Bromley, Göttlich, Winter 1999, S. 33)

Die Alternative ist mit fünf Fußnoten und zwölf Quellenangaben verbunden:

> In der Anglistik und Amerikanistik gibt es seit den siebziger Jahren eine andauernde Beschäftigung und Auseinandersetzung vor allem mit Autoren aus der Frühzeit der britischen Cultural Studies und des CCCS.[1] Daneben gibt es vorwiegend in der englischen und amerikanischen Landeskunde Versuche der Umsetzung oder Anwendung der Cultural Studies zur Medienanalyse.[2] Diese Arbeiten werden ergänzt von Arbeiten zur marxistischen Tradition der Cultural Studies in England[3], die auch von der Anglistik in der DDR verfolgt wurden[4]. Aktuelles Interesse findet derzeit vor allem die Postkolonialismusdebatte[5].

Entscheidet man sich für Kurzbelege im Text, wird im Literaturverzeichnis die Jahreszahl hinter den Namen der Autorin oder des Autors gestellt:

> Bromley Roger, Göttlich, Udo; Winter Carsten (Hrsg.) 1999: Cultural Studies. Grundlagentexte zur Einführung. Lüneburg: zu Klampen

Es ist Geschmackssache, ob man
- im Literaturverzeichnis die Jahreszahl in Klammern setzt,
- im Kurzbeleg vor die Seitenzahl »S.« schreibt (Hall 1999, S. 24) oder nicht (Hall 1999, 24) bzw. sich für einen Doppelpunkt entscheidet (Hall 1999: 24).

Werden mehrere Beiträge eines Autors zitiert, die im selben Jahr erschienen sind, ergänzt man die Jahreszahl um einen Buchstaben (Schneider 1998, 1999a, 1999b, 2000), der auch in der Quellenangabe im Literaturverzeichnis aufgenommen wird.

Kurzbeleg und …
… *wörtliches Zitat:* Bei wörtlichen Zitaten folgt der Kurzbeleg unmittelbar nach dem Abführungszeichen:

> »Es gibt nur wenige historische Hinweise darauf, daß radikale Kunstformen in politischer oder gesellschaftlicher Hinsicht spürbare Folgen gezeitigt hätten.« (Fiske 1999, 274f.)

… *indirektes Zitat*: Bei indirekten Zitaten sind zwei Varianten üblich:

> Fleisch und Ettelt weisen darauf hin, dass insgesamt über 120 Millionen mehr Menschen verhüten würden, wenn sie Zugang zu Verhütungsmitteln hätten (2002, 39).
>
> Fleisch und Ettelt (2002) weisen darauf hin, dass insgesamt über 120 Millionen mehr Menschen Verhüten würden, wenn sie Zugang zu Verhütungsmitteln hätten (S. 39).

… *Verweis auf die gesamte Veröffentlichung:* Wird nicht eine bestimmte Passage einer Veröffentlichung zitiert, sondern auf die gesamte Veröffentlichung verwiesen, steht die Jahresangabe direkt hinter dem Autor bzw. der Autorin:

> Tillner (1994) eröffnete mit ihrem Sammelband die Auseinandersetzung über die vernachlässigte Frage nach dem Verhältnis von Frauen und Rechtsextremismus.

Wenig Sinn machen – und deshalb setzt sich der Kurzbeleg nicht in allen Fächern durch – folgende Angaben: Kant (1974), Nietzsche (1980), Marx (1983). Sind in einer Arbeit ältere Veröffentlichungen die Ausnahme, kann man diesen Ausnahmen mit zwei Jahresangaben gerecht werden. Im Text weist man Marx mit 1857 aus (dem Jahr, in dem die zitierte Arbeit geschrieben wurde). Im Literaturverzeichnis wird das Jahr ergänzt, in der die Ausgabe erschienen ist, aus der zitiert wurde:

> Marx, Karl [1857]: Thesen über Feuerbach. In: Marx-Engels-Werke Bd. 3. Berlin/DDR: Dietz 1973, S. 5–7

Eine Alternative zum Harvard-System sind *Kurztitel* in Fußnoten. Sie haben den Vorzug, dass die Leserinnen und Leser – ohne Blättern zu müssen – eine erste Vorstellung bekommen, um welche Veröffentlichung es sich handelt.

> Text:
>
> »Daneben gibt es vorwiegend in der englischen und amerikanischen Landeskunde Versuche der Umsetzung oder Anwendung der Cultural Studies zur Medienanalyse«.[1]
>
> Fußnote:
>
> Vgl. E. Nierlich (Hrsg.): Fremdsprachliche Literaturwissenschaft und Massenmedien 1978.

Im Literaturverzeichnis steht die vollständige Quellenangabe:

> Nierlich, Edmund (Hrsg.): Fremdsprachliche Literaturwissenschaft und Massenmedien. Analyse von Medientexten aus Presse, Film und Fernsehen Englands und Nordamerikas. Meisenheim am Glan 1978.

Ich habe einleitend Umberto Eco zitiert. Das Buch hat den Titel »Wie man eine wissenschaftliche Abschlußarbeit schreibt«. Eine Kurztitel-Angabe in der Fußnote könnte so aussehen: U. Eco: Wissenschaftliche Abschlußarbeit. 1993, S. 196.

Der Vorzug des Kurztitel-Belegs geht verloren, wenn Kurztitel nicht in einer Fußnote auf derselben Seite angeführt werden, sondern in einem Anmerkungsapparat am Ende der Arbeit.

Beim *Vollbeleg* in der Fußnote wird jede Quelle bei erstmaliger Erwähnung vollständig in einer Fußnote ausgewiesen. Dieses Belegverfahren

- macht – wenn ohnehin ein Literaturverzeichnis verlangt wird – unnötige Arbeit;
- ist ohne Literaturverzeichnis für die Lesenden eine Zumutung, wenn sie nach zwanzig oder mehr Seiten auf Abkürzungen wie »Haug a.a.O., S. 27« stoßen und suchen müssen, wofür »a.a.O.« steht.

Wird auf ein Literaturverzeichnis verzichtet, entgeht Leserinnen und Lesern zudem die Möglichkeit, sich rasch einen Überblick über die herangezogene Literatur zu verschaffen.

# Bericht

Wer zum Studieren Seminarräume oder Hörsäle verlässt, hat etwas zu berichten. Zum Beispiel über eine Hospitation oder Beobachtung, ein Praktikum oder einen Feldversuch.

In Berichten wird festgehalten, was getan oder beobachtet und welches Ergebnis erzielt wurde. Berichte sollen umfassend darüber informieren, wie ein bestimmtes Ergebnis oder Ereignis zustande kam, wie ein Prozess verlief. *Umfassend* heißt: *Alle relevanten*

- Handlungen und Prozesse werden exakt beschrieben,
- Daten und Fakten werden angeführt.

Wie strukturiert und formuliert man einen Bericht?

## Gliederung

Für einen Bericht braucht man angemessene Gliederungskriterien, um

- die Relevanz von Informationen bestimmen,
- Daten und Fakten strukturieren

zu können.

Nach welchen Kriterien ein Bericht sinnvoll gegliedert werden kann, hängt vom Gegenstand ab, über den berichtet werden soll. Es gibt daher kein für alle Anlässe passendes Raster – aber nützliche Anhaltspunkte. Im Mittelpunkt eines Berichts stehen die Situationsanalyse, die Ergebnisse und deren Bewertung. Diese Informationen können ergänzt werden um eine Dokumentation und eine Chronologie der wichtigsten Handlungen.

1. *Situationsanalyse*: Was ist bzw. war und entwickelte sich wie?
   In der Situationsanalyse werden die internen und externen Bedingungen eines Projekts oder einer Institution bilanziert. Das können zum Beispiel sein:
   *Intern*
   - Personen
     Zahl der Kinder, der Beschäftigten, der Teilnehmerinnen und Teilnehmer, der Gefangenen mit Freigang; die Personalstruktur eines Unternehmens, einer Schule usw.

- Entscheidungsstrukturen
  hierarchische oder flache Strukturen, transparente oder unklare Entscheidungsmechanismen usw.
- Ausstattung
  Räume, Arbeitsmittel, Medien, Grünflächen usw.
- Finanzen
  Mittel für Personal, für Medien, Veranstaltungen, Werbung usw.
- Konflikte
  innerhalb der Belegschaft, zwischen Schülerinnen und Schülern, zwischen Lernenden und Lehrenden, zwischen russischen und türkischen Jugendlichen usw.

*Extern*

- Umgebung
  Lage des Freizeitheims, Sozial- und Infrastruktur des Einzugsgebiets usw.
- Wettbewerb
  zwischen Bildungsträgern, Jugendgruppen, von Dienstleistern um Kundinnen und Kunden, von Vereinen um Spenden usw.
- Konflikte in den Außenbeziehungen
  mit der Stadtverwaltung, mit Anwohnerinnen und Anwohnern.

2. *Ergebnisse*: Was hat sich (nicht) verändert? Was wurde mit welchen Mitteln (nicht) erreicht?

3. *Bewertung*: Warum verlief dieser Prozess so? Was müsste verändert werden, damit er anders verläuft? Welche Bedingungen und Maßnahmen waren entscheidend, um dieses Ergebnis zu erreichen? Woran lag es, dass die gewünschten Resultate nicht erzielt wurden? Was ist noch zu tun?

Die Darstellung dieser drei Punkte wird ergänzt um und erleichtert durch eine Dokumentation und eine Chronologie im Anhang. Dokumentation und Chronologie haben vor allem eine Funktion: Sie sollen den Hauptteil des Berichts entlasten von vielen Daten, Zahlen und Schilderungen von Abläufen.

4. *Dokumentation*: In die Dokumentation werden aufgenommen (Beobachtungs-)Protokolle, Interviews, Fotos, Tabellen, Statistiken, Bilanzen. Videoaufnahmen, Arbeitsproben usw. können als *Anlagen* einen Bericht ergänzen.

5. *Chronologie*: Was wurde in welcher Reihenfolge gemacht? Die Übersicht über die Abfolge von Treffen, Besprechungen, Reisen usw. kann tabellarisch dargestellt werden.

Diese fünf Gliederungspunkte sind nützlich – nicht verbindlich. Zum Beispiel muss nicht jeder Bericht alle fünf Punkte enthalten. Verbindlich sind folgende Grundinformationen, die am Anfang eines Berichts stehen:

- Art des Berichts
  Praktikum, Hospitation, Beobachtung, Ausstellung, Reise usw.;
- Thema, Gegenstand des Berichts
  *Gesundheitserziehung im Kindergarten,*
  *Lehrverhalten von Dozentinnen und Dozenten an Volkshochschulen,*
  *Ausstellung über die Gymnasien in ABC in der Weimarer Republik;*
- Ort und Berichtszeitraum
  *Evangelischer Kindergarten …,*
  *Altersstufe …,*
  *vom 1. 3. 2004 bis 30. 4. 2004;*
- Name der Verfasserin bzw. des Verfassers;
- Name des Betreuers, der Betreuerin des Berichts.

## Stil

Berichten heißt nicht dichten. Berichte müssen verständlich und präzise statt blumig sein. Sie sollten so umfassend wie nötig und so kurz wie möglich sachlich informieren. »Fakten, Fakten, Fakten« ist ein nützliches Motto für Berichte. Zwei Beispiele. Kurze Auszüge aus dem Tätigkeitsbericht einer Frauenbeauftragten und aus einem Bericht über ein Streikseminar:

> »Das Frauenbüro organisiert seit 1998 (Weiter-)Bildungsangebote. Für *Studentinnen* wird in jedem Semester ein Rhetorik-Kurs angeboten. Die Nachfrage ist kontinuierlich groß. Stets liegen wenige Tage nach der Ankündigung 40–50 Anmeldungen vor.«

»412 Besucherinnen und Besucher nahmen während der fünf Streiktage an unserer Seminarreihe ›Lernen im Alter‹ in einem Zelt auf dem Wittenbergplatz teil. Davon haben 321 unsere Protestresolution an den Senat unterschrieben.
Die Didaktik der Veranstaltungen und die Betreuung der Interessierten war unzureichend: Mit einer Ausnahme wurden alle Seminareinheiten durch Vorträge bestritten.«

In beiden Textausschnitten wird präzise informiert. Sie enthalten kein überflüssiges Wort. Es waren *412* und nicht *viele* Besucher. Für Studentinnen wird in *jedem Semester* und nicht *regelmäßig* ein Rhetorik-Kurs angeboten. *40 bis 50* Interessierte melden sich an – nicht *zahlreiche.*

Präzision ist gerade dann wichtig, wenn es um Gefühle geht – zum Beispiel den Liebeskummer eines Grundschülers oder das Leiden von Schwerkranken. *Präzise* heißt: Diese Gefühlsäußerungen so exakt wie möglich zu *beschreiben.*

Eigene Gefühle, zum Beispiel das Entsetzen über die beobachtete Gewalt in Strafanstalten oder der Wechsel zwischen Zuneigung und Distanz gegenüber den Bewohnerinnen und Bewohnern eines Altenheims, sollte man sehr ernst nehmen. In einen Bericht gehören sie nur dann, wenn Teil des Berichts eine Darstellung (und Analyse) der Reaktionen der Beobachter und Beobachterinnen bzw. aller Handelnden sein soll. Auch dann gilt: präzise beschreiben. Ein wenig überspitzt formuliert: Man braucht einen kühlen Kopf, um in einem Bericht *nachvollziehbar* über den eigenen Nervenzusammenbruch schreiben zu können.

## Literatur

Wer über ein Unterrichtspraktikum berichten muss, findet bei Narr nützliche Anregungen. Franck informiert über Berichte im Berufsalltag.

Horst Kretschmer, Joachim Stary: Schulpraktikum. Eine Orientierungshilfe zum Lernen und Lehren. Berlin: Cornelsen Scriptor 1998

Norbert Franck: Schreiben wie ein Profi. 3. Aufl. Frankfurt a. M.: Bund-Verl. 2000

# Diskussion

Es mag sie geben – die Studentin, die in Diskussionen gerne das »stille Mäuschen« spielt. Oder den Studenten, der sich dabei wohl fühlt, Diskussionen nur als stummer Gast zu verfolgen. Die Mehrzahl der Studentinnen und Studenten weiß:

- Man lernt erfolgreicher, wenn man Wissen anwendet. Diskussionen sind ein gut erreichbares Anwendungsfeld.
- Wissenschaft entwickelt sich in Kontroversen. Diskussionen sind ein Medium des Erkenntnisgewinns.
- Argumentationsfähigkeit ist eine zentrale berufliche Anforderung. Diskussionen sind ein Ort, an dem man diese Fähigkeit lernen kann.

Deshalb möchten die meisten Studierenden in Diskussionen gehört werden. Wer gehört werden *will*, muss reden. Doch wie muss man reden, damit man gehört *wird?* Notwendig sind Argumente und eine gute Präsentation der Argumente. *Gut* meint: Ein Diskussionsbeitrag lädt die Zuhörerinnen und Zuhörer zum Zuhören ein, weil er verständlich und anschaulich, bestimmt und strukturiert ist.

Die Kriterien *Verständlichkeit* und *Anschaulichkeit* werden an anderer Stelle ausführlich erläutert → Schreiben fürs Reden, → Schreiben in der Wissenschaft – Wissenschaftlicher Stil. Um bestimmte und strukturierte Diskussionsbeiträge geht es folgenden Seiten.

Diskussionen werden auch als Feld für kommunikative Fouls und als Bühne genutzt, auf der mancher Dozent oder Student den Selbstdarsteller oder Besserwisser gibt. Deshalb folgen Hinweise, wie man souverän mit Störungen, mit (Fang-)Fragen und (manipulativer) Kritik umgeht.

## 1. Bestimmt und strukturiert argumentieren

Eine Szene aus einer Diskussion: Eine Studentin macht einen Vorschlag und findet keine Resonanz. Wenig später trägt ein Student die gleiche Überlegung mit anderen Worten vor – und bekommt ein lebhaftes Echo.

Kein seltenes Phänomen und ein Hinweis darauf, dass es wichtig ist, *wie* Argumente vorgetragen werden.[1]

## Bestimmt argumentieren

Kommunikation hat eine Inhalts- und eine Beziehungsdimension. Mit dem Inhalt einer Mitteilung wird zugleich – durch Formulierungen, den Tonfall oder nonverbale Signale – eine Beziehung zu den Gesprächspartnern oder Diskussionsteilnehmerinnen hergestellt.

*Keine Unsicherheitssignale senden*
Es gibt viele Formulierungen, die als Signale der Unsicherheit aufgenommen werden und so die Wirkung eines Diskussionsbeitrags schmälern. Deshalb sollte man solche Signale vermeiden – vor allem die folgenden fünf:

1. Fragen statt Aussagen
   Ein klassisches Unsicherheitssignal ist die Frageform:
   »Diese These ist doch nicht haltbar, nicht wahr?«
   »Ist das nicht eine unzulässige Verallgemeinerung?«
   Wer wissen möchte, ob eine These haltbar ist, sollte fragen. Wer jedoch der Überzeugung ist, eine These sei nicht haltbar, sollte seine Meinung vertreten:
   - »Ich meine, diese These nicht haltbar ist, denn …«.
   - »Ich halte das für eine unzulässige Verallgemeinerung.«

   Diese Formulierungen sind angemessen und selbstbewusst. In die Kategorie der Unsicherheitssignale, von denen die Botschaft ausgeht, *Ich brauche Zustimmung*, gehören auch folgende Fragen:
   »Könnte es nicht sein …?«
   »Meinst du nicht auch …?«
   »Sollten wir nicht besser …?«

2. Konjunktiv
   »Ich würde sagen, Marx geht es an dieser Stelle um …«
   »Ich fände es besser, …«

1 *Wer* etwas sagt, spielt auch eine wichtige Rolle: Männer haben in vielen Zusammenhängen einen Bonus. Ihre Beiträge werden häufig mehr beachtet als die von Frauen (vgl. Pusch 1995, s.a. Franck 2003b, 184ff.).

In diesen beiden Sätzen wird der Konjunktiv falsch eingesetzt. Ein Sprachschnitzer ist kein Problem. Problematisch ist die unausgesprochene Botschaft: *Gestatten Sie mir, dass ich das sage. Ich bin bereit, es jederzeit anders zu sehen.* Die selbstbewusste Alternative: würde*los* sprechen:

- »Ich meine, Marx geht es …«
- »Ich finde es besser, …«

3. Entschuldigungen

»Vielleicht bringt uns das jetzt nicht weiter, aber …«
»Das ist nur so eine Idee vor mir.«
»Mehr fällt mir dazu nicht ein.«
»Ich meine ja nur (bloß).«
»Ich weiß ja nicht, ob das jetzt passt.«
»Ich bin mir nicht hundertprozentig sicher, ob …«

Es gibt keinen Grund, die eigene Meinung abzuschwächen. Die zitierten Dementis laden ein, eine Aussage bzw. Meinung zu überhören bzw. zu kritisieren. Deshalb:

- »Ich mache folgenden Vorschlag: …« (statt *Das ist nur so eine Idee von mir*).
- »So weit meine Überlegungen zu diesem Punkt.« (statt *Mehr fällt mir dazu nicht ein*).
- »Ich sehe keinen Zusammenhang zwischen …« (statt: *Es tut mir Leid, aber ich sehe …*).

4. Darf ich auch was sagen?

»Wenn ich auch einmal etwas dazu sagen darf.«
»Ich würde gerne einmal fragen …«

Ein Diskussionsbeitrag sollte nicht mit der Bitte um das Rederecht eröffnet werden. Alle Teilnehmer und Teilnehmerinnen haben dieses Recht.

5. Wir statt ich

»Wir sollten wieder zum Thema zurückkommen.«
»Müssten wir nicht erst klären, ob …?«
»Vielleicht sollten wir …«

In diesen Sätzen wird die eigene Person versteckt; Meinungen werden als Frage formuliert. Selbstbewusst wirken Aussagen, wenn

die Sprecherin oder der Sprecher Verantwortung übernimmt und sich keine Rückzugsmöglichkeiten offen hält:

- »*Ich* möchte, dass wir zum Thema zurückkommen.«
- »*Ich* meine, wir müssen erst klären, ob …«

Es gibt noch weitere Varianten des Verzichts auf die erste Person:

»Namhafte *Experten* haben herausgefunden, …«
»Neue *Untersuchungen* belegen, …«
»Der *Stand der Forschung* zeigt, …«

Die Vermeidung des Personalpronomens *Ich* mag wissenschaftlichen Stil kennzeichnen. In Diskussionsbeiträgen macht ein *Ich* Eindruck.[2]

*Verstärker einsetzen*

Verstärker verleihen einem Diskussionsbeitrag Nachdruck und tragen dazu bei, nicht überhört zu werden. *Verstärker* sind keine technischen Hilfsmittel oder rhetorischen Tricks, sondern sprachliche Signale, die eine These oder Schlussfolgerung zum Klingen bringen:

1. problemstrukturierende Begriffe (vgl. Seite 95)
   In Diskussionen verleihen vor allem folgende Strukturierungskategorien einem Beitrag Nachdruck: *Behauptung, Begründung, Standpunkt, Schlussfolgerung.*
   - »Ich *behaupte* … Diese Behauptung *begründe* ich …«
   - »Aus diesen Überlegungen *ziehe* ich den *Schluss* …«
   - »Ich komme daher zu dem *Ergebnis* …«

2. Kurze, prägnante Sätze (vgl. Seite 223 ff.)
   Wer »in Absätzen« spricht, hat es schwer, angemessen zu betonen. Ein klarer Satzbau und kurze Sätze sind Voraussetzung, um eindringlich sprechen und Wichtiges deutlich hervorheben zu können.

3. Nonverbale Verstärker:
   - Blickkontakt halten (vgl. Seite 182 f.).
   - Diskussionsbeiträge mit Gesten unterstreichen (vgl. Seite 184).

---

2 Wer sich in einer Streitfrage auf Autoritäten beruft, gebraucht nicht seinen Verstand, sondern das Gedächtnis.

Der »Brustton der Überzeugung« kommt zustande, wenn man Pausen macht, wenn man mal lauter und mal leiser spricht (aber immer gut hörbar), mal langsamer und mal schneller (aber nie zu schnell).

**Auf Inhalt und Prozess der Diskussion Einfluss nehmen**

In Diskussionen geht es nicht nur um »die Sache«. Eine Diskussion ist auch ein Prozess, in dem ein Diskussions*klima* entsteht und *Bedeutungszuschreibungen* vorgenommen werden (*kompetent, Langweiler, Expertin, (un-)wichtiger Diskussionsteilnehmer* usw.). Daher sollte man auf beide Dimensionen einer Diskussion Einfluss nehmen, auf den Inhalt und den Prozess. Man kann und sollte:

1. *Vorschläge zum Vorgehen* machen: In welcher Reihenfolge sollen die verschiedenen Themen-Aspekte diskutiert werden?
2. *Den Diskussionsverlauf ansprechen:* Vorschlagen, zum Thema zurückzukommen, wenn der rote Faden verloren gegangen ist.
3. *Strukturieren*: Meinungen zusammenfassen, auf Unterschiede und Gemeinsamkeiten hinweisen, Standpunkte verbinden oder Argumente weiterentwickeln.
4. *Zustimmen oder ablehnen:* Warum stimmt man einer Auffassung insgesamt oder nur zum Teil (nicht) zu?
5. *Fragen:* Bei unverständlichen Diskussionsbeiträgen fragen, was gemeint ist. Verständnisfragen sind auch im Interesse der anderen Teilnehmerinnen und Teilnehmer (und bringen gelegentlich einen Bluffer ins Schwitzen).
6. *Prüfen:* Sind Informationen (un-)vollständig bzw. (nicht) korrekt, sind Schlussfolgerungen schlüssig und folgerichtig?
7. *Konsequenzen abwägen:* Welche Konsequenzen ergeben sich aus einem Vorschlag? Wurden alle Faktoren berücksichtigt? Sind die Voraussetzungen zur Umsetzung eines Vorschlags gegeben?

Je früher man sich an einer Diskussion beteiligt, desto größer ist die Chance, Inhalt, Klima und Niveau einer Diskussion zu beeinflussen, und desto geringer ist die Gefahr, nicht in die Diskussion »reinzukommen«.

## Strukturiert argumentieren

Ein guter Diskussionsbeitrag ist ein *strukturierter* Diskussionsbeitrag. Zentrale Voraussetzung für einen strukturierten Diskussionsbeitrag ist Klarheit über Ziel und Zweck des Beitrags. Klarheit über Ziel und Zweck ist Voraussetzung für eine strukturierte Argumentation, weil zielbezogen argumentiert werden kann: Mit welchen Argumenten und Beispielen kann ich meinen Vorschlag, Standpunkt oder meine Behauptung begründen bzw. stützen?

Erst wenn diese Überlegungen abgeschlossen sind, geht es um die Frage, wie man an die bisherige Diskussion anknüpfen kann, welcher Einstieg dem Diskussionsverlauf angemessen ist.

Zwei Muster für »klassische« Argumentationsziele und den daraus folgenden Argumentationsaufbau:

*Vorschlag, Problemlösung*
Steht im Vordergrund eine Problemlösung, ein Vorschlag, bietet sich für den Hauptteil folgende Argumentationsstruktur an:
- *Situationsbeschreibung:* Wie ist der augenblickliche Zustand? Wie war die Situation bisher?
- *Perspektive:* Wie sollte es sein? Welcher Zustand soll erreicht werden? Wie sieht eine bessere Situation aus?
- *Lösungsmöglichkeiten:* Wie kann das Ziel erreicht werden?

Ein Beispiel (aus Franck 2003d):

> Einleitung
> »Wenn Alle schweigen und Einer spricht, dann nennt man das Unterricht.« Dieser auf die Schule gemünzte Satz beschreibt auch die Situation, die in vielen Seminaren anzutreffen ist.
>
> Hauptteil
> - *Situationsbeschreibung:* Viele Hochschullehrerinnen und Hochschullehrer kennen nur eine Unterrichtsmethode: Sie reden. Die Studierenden können allenfalls Fragen stellen. Die Monolog-Methode macht nicht fit für ein eigenständiges wissenschaftliches Arbeiten und ist keine geeignete Vorbereitung auf das Berufsleben.

- *Perspektive:* Es geht auch anders. Studierende übernehmen Verantwortung für die Gestaltung von Lehrveranstaltungen und beteiligen sich aktiv. Seminare sind problemorientiert statt stoffzentriert. In Diskussionen wird geübt, erworbenes Wissen anzuwenden. Kleine Präsentationen sind ein Übungsfeld für die verständliche Aufbereitung von Themen, Fragen und Problemen.
- *Lösungsmöglichkeit:* Hochschullehrerinnen und Hochschullehrer sollten sich stärker als Moderatoren begreifen, die mit unterschiedlichen Arbeitsformen, Mitteln und Medien aktives Lernen ermöglichen. Studierende müssen die Erwartungshaltung aufgeben, es genüge für eine qualifizierte Ausbildung, sich in Lehrveranstaltungen Wissen »abzuholen«.

Schluss
Die Fachschaft sollte beantragen, dass der Fachbereichsrat eine gemeinsame Fortbildung von Lehrenden und Studierenden über aktivierende Seminarmethoden finanziert. (277f.)

*Standpunkt*
Steht die Begründung eines Standpunkts im Vordergrund, ist folgende Argumentationsstruktur sinnvoll:
- *Einleitung:* These, Behauptung
- *Hauptteil:* Belege und Beispiele
- *Schluss:* Standpunkt, Schlussfolgerung

Ein Beispiel:

Einleitung
Die Orientierung an amerikanischen Eliteuniversitäten weist keinen Weg aus der Misere deutscher Hochschulpolitik.

Hauptteil
Der Verweis auf die USA heißt Äpfel und Birnen vergleichen. Harvard und Stanford oder Yale verfügen über finanzielle Ressourcen, von denen deutsche Hochschulen meilenweit entfernt sind.

In Deutschland steigt die Zahl der Studierenden, während die staatlichen Aufwendungen für die Hochschulen zurückgehen. Nur rund ein Drittel der Studierenden erhält Bafög. Wenn die meisten

Studierenden arbeiten müssen, Lehrveranstaltungen überfüllt sind, die Ausstattung von Bibliotheken und Laboren schlechter wird und Lehrende immer mehr Studierende betreuen müssen – dann sind dies keine guten Voraussetzungen für Spitzenleistungen.

Die Konzentration auf Eliteuniversitäten führt – das zeigen die Beispiele USA und Frankreich – zur Vernachlässigung der Mehrzahl der Hochschulen.

In Frankreich entfällt auf die Elitehochschulen, die von rund fünf Prozent der Studierenden besucht werden, mehr als ein Drittel aller Mittel für die Hochschulen.

In den USA führt die Konzentration der Mittel auf Eliteinstitutionen dazu, dass ein großer Teil der Spitzenforscher und Doktoranden nicht im eigenen Lande rekrutiert werden kann, sondern im Ausland geworben werden muss.

Deutschland hat in den PISA-Tests unter anderem deshalb so schlecht abgeschlossen, weil das deutsche Schulsystem sehr selektiv ist. Wenn die deutschen Hochschulen eine ähnliche Entwicklung nehmen sollten – auf der einen Seite einige gut ausgestattete Spitzenuniversitäten, auf der anderen Seite der große vernachlässigte Rest –, erreicht man allenfalls, dass eine gute Hochschulbildung wieder stärker von der sozialen Herkunft abhängen wird. Ein hohes Bildungsniveau, ein breites Fundament für wissenschaftliche Spitzenleistungen schafft man so nicht.

Schluss
Wer Spitzenleistungen an deutschen Hochschulen erreichen will, darf nicht andere Systeme kopieren, sondern muss die hausgemachten Probleme lösen.

Wird eine Argumentation in der Auseinandersetzung mit Beiträgen anderer Teilnehmerinnen und Teilnehmer entwickelt, greift man in der Einleitung deren Meinungen oder Vorschläge auf und

- widerspricht oder
- verbindet sie mit anderen Meinungen bzw. Vorschlägen oder
- entwickelt diese Meinungen bzw. Vorschläge weiter.

Drei Beispiele:

1. Widerspruch äußern
- *Anknüpfung:* Bernd meint, Programme zur Förderung von Elitehochschulen würden allen Hochschulen einen starken Reformimpuls geben.
- *Behauptung:* Ich meine: Man sollte ein Haus erst dann ausbauen, wenn das Fundament steht bzw. saniert ist.

2. Meinungen, Vorschläge verbinden
- *Anknüpfung:* Wir haben zwei Thesen gehört. These 1 lautet: Die Hochschule muss sich stärker auf ihren Bildungsauftrag konzentrieren. In der Gegenthese wird die Auffassung vertreten, die Hochschule habe fit für den Job zu machen.
- *Behauptung:* Meine Synthese lautet: Nur wenn die Hochschule ihrem Bildungsauftrag nachkommt, qualifiziert sie auch für das Berufsleben.

3. Standpunkte verbinden und weiterentwickeln
- *Anknüpfung:* Autor A betont die Notwendigkeit staatlicher Auflagen für den Umweltschutz. Autorin B plädiert dafür, freiwillige Vereinbarungen als Lenkungsinstrument zu implementieren.
- *Behauptung:* Ich meine, beide Auffassungen sind – erstens – keine Gegensätze und müssen – zweitens – ergänzt werden.

Der letzte, der »Zwecksatz« sollte wirklich der letzte Satz sein. Die Problemlösung, Aufforderung oder Schlussfolgerung soll wirken. Wird ein unbedeutendes Beispiel oder eine nebensächliche Bemerkung nachgeschoben, schmälert das die Wirkung der gesamten Argumentation → Schluss.

## 2. Mit Fragen und Kritik gelassen umgehen

Die Beteiligung an Diskussionen fällt leichter, wenn man sich zwei Zwänge nicht auferlegt und zwei Reaktionen vermeidet:
- den Schlagfertigkeits- und den Rechtfertigungszwang,
- die Tendenz, aus uneindeutigen Aussagen stets Kritik herauszuhören und Kritik stets persönlich zu nehmen.

**Störungen beheben**

Meinungsverschiedenheiten beleben eine Diskussion – wenn sie sachlich ausgetragen werden. Für manche Diskussionsteilnehmer ist *Sachlichkeit* allerdings ein Fremdwort: Sie »kämpfen« um den »Sieg«, reiten ein Steckenpferd oder hören am liebsten sich selbst reden. Was tun?

Verantwortung für einen vernünftigen Diskussionsverlauf übernehmen: nicht missmutig schweigen, keinen Unmut aufstauen, sondern *rechtzeitig* und *präzise*

1. *beschreiben*, was stört,
2. deutlich machen, warum ein Verhalten stört und
3. präzise sagen, was man geändert haben möchte.

Drei Beispiele:

1. »Alexander, du unterbrichst mich zum dritten Mal.
2. Ich möchte ungestört ausreden können.
3. Bitte halte dich an die Redeliste und unterbrich mich nicht mehr.«

1. »Wir haben verabredet, heute unseren Vorschlag für eine Seminar-Evaluation zu erarbeiten. Wir haben nur noch knapp eine Stunde Zeit und sind noch immer beim zweiten Tagesordnungspunkt.
2. Ich möchte, dass wir unseren Vorschlag heute noch zu Papier bringen.
3. Deshalb beantrage ich, die Diskussion zu beenden und sofort mit der Entwicklung von Kriterien für die Seminar-Evaluation zu beginnen.«

1. »Sie haben jetzt knapp zehn Minuten gesprochen.
2. Ich möchte noch weitere Argumente hören.
3. Deshalb bitte ich Sie, zunächst andere Teilnehmerinnen und Teilnehmer zu Wort kommen zu lassen.«

Fragen nach Vorschlägen bzw. Alternativen sind das beste Mittel, um *Dauerkritiker* zu bremsen, die alles kritisieren oder jeden Vorschlag ablehnen:

- »Was schlägst du vor?«
- »Wie würden Sie es machen?«

Oder ein wenig schärfer:

- »Ich habe den Eindruck, vor Ihren Augen besteht kein Argument. Deshalb interessiert mich, welchen Sinn Sie in der Diskussion sehen.«

Manche Diskussionsteilnehmer haben ein Faible für Fragen nach Begriffen und Definitionen: »Was verstehst du (eigentlich) unter … ?« »Wie definieren Sie …?« *Definitionsverliebte* sollte man darauf hinweisen, dass es um die Klärung einer Frage, um das Verständnis eines Problems geht und nicht um Definitionswissen:

- »Bei allem Respekt vor deiner Vorliebe für Definitionen, mir geht es im Moment darum …«

Oder ein wenig polemisch:

- »Ich halte es mit Ludwig Marcuse: *Die meisten Definitionen sind Konfessionen.*«

## Nicht vorschnell Kritik hören

Studentin A beendet ihr Referat über *Globalisierung und die Zukunft nationaler sozialer Sicherungssysteme.* Der Dozent fordert zu Fragen auf. Student B meldet sich und fragt: »Worum ging es dir eigentlich?«

Student B hat eine Frage gestellt. Studentin A kann die Frage unterschiedlich verstehen. Was sie hört, liegt in *ihrer* Verantwortung. Studentin A kann die Frage wörtlich nehmen. Und sie kann Kritik hören: *Du hast dich unklar ausgedrückt.*

Die Frage des Studenten *kann* eine versteckte Kritik sein. Student B kann sich aber auch unpräzise ausgedrückt haben. Für Studentin A gibt es daher keinen Grund, Kritik zu hören und sich zu rechtfertigen oder zu entschuldigen. Vielmehr sollte sie die Frage, die keine explizite Wertung enthält, wörtlich nehmen – und beantworten: »Ich habe deutlich gemacht, dass …«

Gelingt es, Fragen als Fragen zu »hören«, ist man davor gefeit, sich unnötig zu rechtfertigen bzw. zu verteidigen, in die Rolle einer oder eines Angeklagten zu schlüpfen.

Ein Beispiel aus dem Alltag: Claudia und Petra machen zusammen Urlaub. Sie sitzen beim Abendessen. Claudia: »Den ganzen Tag hast du faul am Strand gelegen.«

Petra verteidigt sich: »Ist ja überhaupt nicht wahr! Ich habe Karten für das Konzert am Donnerstag gekauft, den Ausflug nach Sevilla gebucht und Lebensmittel für unsere dreitägige Wanderung eingekauft!«

Richtig »hören« heißt: Claudia übertreibt und sagt nicht, worum es ihr geht. Deshalb sollte sie nicht aus der Verantwortung entlassen werden, sich präzise auszudrücken: »Ja, ich habe mehrere Stunden am Strand gelegen.« Jetzt ist Claudia wieder an der Reihe. Ist sie enttäuscht, dass Petra nicht mehr mit ihr unternommen hat, soll sie *das* sagen. Darüber lässt sich ein vernünftiges Gespräch führen.

Zurück an die Hochschule: Nach einem Referat in einem Diplomandenkolloquium fragt Studentin X: »War das nicht viel Theorie auf Kosten der Empirie?« (oder umgekehrt). Student Y bestätigte das, was zutrifft: »Ich lege großen Wert darauf, meine Aussagen theoretisch zu fundieren« (empirisch abzusichern).

Kurz: Man kann sich entschieden entspannter an Diskussionen beteiligen, wenn man Fragen nicht nur mit dem »Kritik-Ohr« hört und sich deshalb unnötig unter Rechtfertigungsdruck stellt.

### Nicht persönlich nehmen

Es gibt Fragen, bei denen eindeutig zu hören ist: Die oder der Fragende will verunsichern:

- »Meinst du das wirklich?«
- »Sind Sie da ganz sicher?«
- »Ist das eine ernsthafte These?«

Was tun? Aus vier Gründen schlicht und souverän mit »Ja« antworten:

1. Um deutlich zu machen: Ich lasse mich nicht verunsichern.
2. Um die Nerven zu schonen: Warum aufregen, wenn es auch gelassen geht?
3. Um nicht unter Niveau zu reagieren und mit gleicher Münze heimzuzahlen: Wer mit dem Kaminkehrer ringt, wird schwarz – egal, ob er oder sie gewinnt oder verliert.

4. Um die Sympathie der anderen Diskussionsteilnehmerinnen und Diskussionsteilnehmer zu gewinnen: Wer andere coram publico verunsichern oder klein machen will, ist nicht beliebt. Wohl aber diejenigen, die solche Menschen ohne verbale Kraftakte in ihre Schranken weisen.

Diese Empfehlung ist keine Aufforderung, die eigenen Gefühle zu ignorieren. Sind unsachliche Fragen und Bewertungen in einer Diskussion nicht die Ausnahme, sondern die Regel, sollte man dies deutlich ansprechen: »*Mir* missfällt der Diskussionsstil. *Ich* habe nicht mehr den Eindruck, dass es um den Inhalt meines Referats geht, sondern darum, mir Unzulänglichkeiten nachzuweisen.«[3]

## Gelassen statt schlagfertig

»Um keine Antwort verlegen«, »Nie wieder sprachlos« – so oder so ähnlich lauten die Titel von Veröffentlichungen, die Hilfen für einen souveränen Auftritt in Diskussionen versprechen. Im Vordergrund stehen dabei häufig Ratschläge zur Erhöhung der »Schlagfertigkeit«: Man soll »wie aus der Pistole geschossen« antworten – »kontern« – können und mit »Powertalk« beeindrucken.

Ratschläge können auch Schläge sein. Vor allem dann, wenn sie Druck produzieren. Wer meint, immer »schlagfertig« reagieren zu müssen, macht sich das Leben schwer. Diskussionen sind keine Fernsehshow, bei der »Diskussionsstars« gewählt oder Verlierer ins Schlammbad geschickt werden. Eine Diskussion an der Hochschule ist in der Regel kein *Schlag*abtausch, bei dem es darum geht, andere zu besiegen. Man muss daher auch nicht schlagfertig sein. Vielmehr sollte man sich um Gelassenheit bemühen, denn Gelassenheit hält den Kopf frei für *sachliche* Beiträge – mit denen man in Diskussionen Pluspunkte sammelt. Wer in einer Diskussion auf Kosten anderer »Punkte macht«, bezahlt das mit der Sympathie der Unterlegenen und all derer, die sachliche Auseinandersetzungen bevorzugen.

Wer auf *Gelassenheit statt Schlagfertigkeit* setzt, stellt sich nicht unter Druck und kann sich Zeit nehmen für sachliche Beiträge

---

3 Dabei ist es wichtig, keine Schuldzuweisungen vorzunehmen: »*Du* interessierst dich ja überhaupt nicht für meine Thesen, sondern *willst mich nur* …«

bzw. Antworten. Eine Pause signalisiert: Ich denke nach, um keine oberflächlichen Antworten zu geben. Ich stehe nicht unter Druck. – Denkpausen sind souverän.

Zeit zum Nachdenken verschafft man sich auf folgende Weise:

1. *Überbrückungssatz formulieren:* »Lassen Sie mich kurz nachdenken, um Ihre Frage so konkret wie möglich zu beantworten.«
2. *Antworten gliedern:* »Deine Frage spricht drei verschiedene Aspekte an. Ich will zunächst auf … eingehen, dann auf …. und schließlich auf die Frage nach …«
3. *Schmeicheln:* »Das ist eine sehr wichtige (interessante, spannende, zentrale) Frage.«
4. *Gegenfrage stellen:*
   - »Kannst du deine Frage etwas konkreter formulieren?«
   - »Wie meinst du das?«
   - »Was verstehen Sie unter *Eliteförderung*?«
5. *Frage analysieren:*
   - »Deine Frage beruht auf einer Voraussetzung, die ich nicht teile. Zu dem angesprochenen Problem meine ich: …«
   - »Ihre Frage enthält drei Aspekte. Ich gehe zunächst auf den aus meiner Sicht wichtigsten Aspekt ein: …«

Bereitet eine Frage Schwierigkeiten, helfen folgende Reaktionen:

1. Frage *einengen*: »Ich beantworte deine Frage an einem konkreten Beispiel.«
2. Frage *ausweiten*: »Ich ordne Ihre Frage in einen größeren Zusammenhang ein.«
3. Schließlich kann man *passen*: Niemand kann und muss alles wissen. Eine Wissenslücke ist keine Schande. Deshalb gibt es keinen Grund sich herauszureden. Zumal Ausflüchte häufig weitere Fragen provozieren, die »in die gleiche Kerbe hauen«.

### Nicht rechtfertigen

Wer studiert, ist nicht mehr in der Schule – und muss sich nicht täglich prüfen lassen und rechtfertigen. Übersieht man zum Beispiel einen wichtigen neuen Aufsatz, hat man einen wichtigen Aufsatz übersehen. Mehr nicht. Man hat keine *Schuld* auf sich geladen. Wird man auf dieses Versäumnis hingewiesen, ist das eine wichtige Rückmeldung: Sie verhindert, dass man diesen Fehler wiederholt. Recht-

fertigen muss man sich für diesen Fehler nicht. Wegen dieses Fehlers geht die Welt nicht unter.

Eine Entschuldigung ist angebracht, wenn man zu einer Verabredung zu spät kommt. Und man sollte, wenn Menschen warten mussten, *erklären*, warum man sich verspätet hat. Übersieht man einen Aufsatz, sagt man: »Den habe ich übersehen (noch nicht gelesen)«, oder bedankt sich: »Gut, dass Sie mich darauf hinweisen.« Das reicht.

Diese Haltung wappnet für den Umgang mit unklarer, versteckter, manipulativer Kritik. Drei Beispiele:

In einem Kolloquium bekommt Doktorandin X folgende Sätze zu hören:

- »Ich habe den Eindruck, dass du die internationalen Aspekte des Themas vernachlässigt hast«.
- »... aber das müsste viel differenzierter angegangen werden.«
- »Das ist ja sehr originell, aber ich kann die Relevanz für das Thema nicht sehen.«

Solche *Mängel-Rügen* beruhen auf einem einfachen Trick: Es wird auf Mängel verwiesen, die nicht präzise benannt werden. Das macht es leicht, andere zu kritisieren. Auch wenn man keine Ahnung von einem Thema hat, kann man andere kritisieren, sie hätten

- den internationalen Aspekt stärker berücksichtigen,
- das Thema differenzierter behandeln oder
- die Relevanz der Daten oder der Fragestellung deutlicher herausarbeiten

müssen.

Wie lässt sich souverän und gelassen reagieren? Drei verschiedene Antwortmuster stehen zur Verfügung, die eine Gemeinsamkeit haben: stets wird die eigene Leistung unterstrichen.

*1. Den Einwand überhören*

Antworten nehmen Bezug auf das, was gesagt wurde. Man kann sich allerdings aussuchen, auf welchen Teil einer Aussage man sich beziehen will. Und man sollte, wenn es um die Diskussion des eigenen Referats oder eigener Thesen geht, jede Chance nutzen, die eigene Leistung hervorzuheben.

»Ich habe den Eindruck, dass du die internationalen Aspekte des Themas vernachlässigt hast.«

- »Mir war es besonders wichtig herauszustellen, dass …«

»Das ist ja sehr originell, aber die Relevanz für das Thema kann ich nicht sehen.«

- »Danke für das Kompliment. Ich bringe noch einmal auf den Punkt, worin meines Erachtens die Originalität meiner Überlegungen besteht.«

*2. Nachfragen*

Jede Variante der »Mängel-Rüge« kann mit einer Nachfrage beantwortet werden.

»… aber das müsste viel differenzierter angegangen werden.«

- »Ich habe demonstriert, dass … An welcher Stelle sehen Sie die Notwendigkeit einer Differenzierung?«

Nachfragen ist Pflicht, wenn mit *Andeutungen* gearbeitet wird: »Ich sehe einmal von den Schwächen Ihrer Argumentation ab und möchte zwei Fragen zu den von Ihnen präsentierten Daten stellen: …«

Die Fragen nach den Daten sind zunächst uninteressant. Vorrangig muss die Andeutung angesprochen werden:

- »Welche Schwächen?«
- »Welche Ungereimtheiten meinen Sie?«

Solche Nachfragen bringen die Diskussionsteilnehmer ins Schwimmen, denen es nicht um eine sachliche Kritik geht, sondern um Einschüchterung. Hat eine Argumentation tatsächlich – präzise zu beschreibende – Schwächen, ist das kein Drama. Und es ist immer besser zu wissen, woran man ist, als eine Andeutung über Schwächen im Raum stehen zu lassen.

*3. Aus Vorwürfen Vorzüge machen*

Man kann in jeder Suppe ein Haar entdecken. Man kann Studentin A kritisieren, sie habe zu viel oder zu wenig Daten präsentiert. Man kann Student B vorhalten, er hätte den geschichtlichen Hintergrund des Problems zu knapp oder zu ausführlich referiert. Nichts ist unmöglich. Und fast jedes Referat lässt sich verbessern. Das wissen vernünftige Menschen. Deshalb nehmen sie oft ungeprüft eine Bewertung als Kritik an. Die alternative Haltung: Ich habe mir Mühe gegeben, ein gutes Referat auszuarbeiten. Deshalb ist mein Referat – bis zum Beweis des Gegenteils – *gut.*

»Sie haben mehr auf Verständlichkeit als auf Wissenschaftlichkeit geachtet.«

- »Mir ging es vor allem um den Nachweis, dass … Es freut mich, wenn meine Ausführungen verständlich waren.«
  »Du stützt dich zu sehr (oder: zu wenig) auf Zahlen.«
- »Die sorgfältige empirische Fundierung von Aussagen halte ich für unerlässlich.«
- »Ich wollte Sie nicht mit Zahlen langweilen. Ich liefere gerne die Daten nach, die Sie noch interessieren.«

Zusammengefasst: Wer

- richtig »hört«,
- nicht jede Kritik persönlich nimmt,
- auf sachliche Argumente statt aufs Kontern setzt und
- Fragen oder Kritik nicht als Aufforderung zur Rechtfertigung versteht,

hat gute Chancen, Diskussionen gelassen und souverän zu bestreiten.

## Literatur

Viele Veröffentlichungen über das Diskutieren und Argumentieren setzen auf »Sieg« und »Niederlage«, auf Argumentationstricks und Überrumpelungsstrategien. Von diesem Genre hebt sich die »Einführung in die Praxis vernünftiger Argumentation« positiv ab.

Eine praxisorientierte Einführung in die Kommunikationspsychologie gibt Schulz von Thun.

Franck erläutert, was bei der Leitung von Diskussionen zu beachten ist.

An zahlreichen Hochschulen gibt es Debattierclubs, in denen das Argumentieren, das Streitgespräch geübt wird. Mehr über diese Clubs erfährt man auf ihrem gemeinsamen Internet-Portal.

Jürgen August Alt: Miteinander diskutieren. Eine Einführung in die Praxis vernünftiger Diskussion. Frankfurt a. M., New York: Campus Verlag 1994

Friedemann Schulz von Thun: Miteinander reden 1 + 2: Reinbek: Rowohlt 1998

Norbert Franck: Fit fürs Studium. Erfolgreich reden, lesen, schreiben. 6. Aufl. München: Deutscher Taschenbuch Verlag 2004

www.debattierclubs.de

## Einleitung: Schriftliche Arbeit

Die Einleitung einer Haus-, Diplom- oder einer anderen schriftlichen Arbeit soll zum Lesen einladen.[1] Viele Einleitungen schrecken ab. Ein Beispiel: eine Hausarbeit einer Studentin im fünften Semester.

»Meiner Arbeit liegt der Roman ›Die Wahlverwandtschaften‹ von Johann Wolfgang von Goethe zugrunde. Der Titel dieses Romans besagt, dass beim Zusammentreten von zwei verschiedenen Verbindungen sich diese wieder auflösen und nach Wahlverwandtschaft zu neuen Verbindungen vereinigen können. Bei Goethe wird dieser aus der Chemie stammende Begriff Verbindung auf den zwischenmenschlichen Bereich übertragen, so dass es im Laufe dieses Romans zu einer neuen Verbindung zwischen zwei Paaren kommt.

Ich habe mich eingehend mit einer der Hauptfiguren, Ottilie, dem interessantesten Teil einer dieser Verbindungen beschäftigt. Sie ist die einzige Person in Goethes Wahlverwandtschaften, die sich bedeutend verändert und somit nicht nur interessant, sondern für den weiteren Verlauf der Handlung auch wichtig erscheint, denn ohne sie hätte es wohl keine neue Paarbildung gegeben.

Im Vordergrund steht jedoch die persönliche Entwicklung Ottilies. Diese möchte ich im Folgenden näher erläutern und an einigen Beispielen fest machen.

Es soll aufgezeigt werden, welche Faktoren sie in ihrer Entwicklung beeinflussen und wie sich ihre Wandlung vollzieht. Nicht nur Eduard, der Baron, mit dem sie ihre Liaison eingeht, durch welche sie sich schließlich schuldig macht, sondern auch der Dämon, der Teil ihrer selbst ist, lenken Ottilie in eine andere Bahn. Das Zusammentreten der vier Hauptfiguren zu neuen Verbindungen spielt in meiner Ausführung eine untergeordnete Rolle. Es kommt nur so weit zum Tragen, wie es für die Entwicklung Ottilies von Bedeutung ist.

Obwohl sie sich mit der Zeit mehr und mehr nach außen kehrt und eine persönliche Entfaltung ansatzweise erkennbar ist, kommt

---

1 Um die Einleitung von Referaten und Vorträgen geht es auf den Seiten 66 ff.

es zur erneuten Abschottung von der Außenwelt bis hin zur Todessehnsucht.
Nicht mehr befassen werde ich mich mit Ottilies Verbindungen zur übermenschlichen Sphäre, da dies Thema einer Kommilitonin ist. Trotzdem habe ich mich entschieden, den Einfluss des Dämonischen in kurzer Form einzubinden, da es meiner Meinung nach für ihren Entwicklungsverlauf von zu großer Bedeutung ist und sonst möglicherweise Verständnislücken auftreten könnten.«

Diese Einleitung schreckt aus zwei Gründen ab:

1. Die Leserinnen und Leser erhalten vage Hinweise, dass es in der Arbeit um die Entwicklung von Ottilie geht. Unklar bleibt, was an ihrer Entwicklung interessant sein und warum es sich lohnen könnte, die Arbeit zu lesen. Der Hinweis darauf, was der Romantitel »besagt«, erklärt nichts, sondern verwirrt. Nützlicher wären ein paar Zeilen über die Bedeutung und den Inhalt der *Wahlverwandtschaften*.
2. Die Einleitung ist unbeholfen formuliert (mehr dazu auf Seite 60).

Eine Einleitung, die nicht einleitet, erfüllt ihre Funktion nicht. Was soll eine Einleitung leisten? Der folgende (fiktive) Dialog zwischen Leser und Autorin gibt eine erste Vorstellung vom Ziel und dem Inhalt einer Einleitung:

L: Warum sollte ich Ihre Arbeit lesen?

A: Weil in ihr ein interessantes (wichtiges) Thema (Problem) behandelt wird.

L: Was habe ich davon, wenn ich Ihre Arbeit lese?

A: Sie bekommen Antworten auf folgende Fragen: …

L: Warum wird nicht das gesamte Problem behandelt?

A: Weniger ist aus folgenden Gründen mehr: …

L: Muss ich alles lesen?

A: Unbedingt. Die Argumente bauen aufeinander auf.

L: Und warum soll ich mich mit Theorien beschäftigen, wenn ich etwas über das Problem XY erfahren möchte?

A: Sie sollten wissen, warum ich wie vorgehe, um sich ein fundiertes Urteil bilden zu können. Und keine Angst: Meine Ausführungen zur Theorie folgen der Maxime: So viel wie nötig und so kurz wie möglich.

Eine Einleitung hat die Funktion,

- das Problem darzustellen, das behandelt wird: Worum geht es? Was macht die Sache relevant, interessant, fragwürdig?
- den Gegenstand zu präzisieren, ihn ein- bzw. abzugrenzen: Worum geht es genau? Warum werden gerade diese Gesichtspunkte behandelt? Auf welche Aspekte wird nicht (näher) eingegangen?
- den Ertrag zu skizzieren: Welches Ziel wird mit welchem Ergebnis verfolgt?
- die Voraussetzungen zu erläutern, unter denen das Thema behandelt wird: Welcher methodische Zugang wurde gewählt? Welche Literatur, welche Daten usw. wurden herangezogen?
- den Aufbau der Arbeit zu begründen: In welcher Reihenfolge wird vorgegangen?

Ob alle und wie ausführlich diese Punkte in einer Einleitung angesprochen werden müssen, hängt vom Gegenstand und Umfang der Arbeit ab. In einer Hausarbeit von zehn bis zwanzig Seiten ist es in der Regel nicht notwendig, Aufbau und Abfolge der Arbeit zu begründen. Doch zwei oder drei Sätze schaden nicht und sind eine gute Übung. In jedem Falle gilt: Eine Einleitung soll zum Hauptteil hinführen, ihn aber nicht vorwegnehmen.

Zwei Beispiele für den gelungenen Aufbau einer Einleitung stelle ich auf den Seiten 52 ff. vor:

Eine Einleitung ist kein → Vorwort und kein Ort für Geständnisse, Erlebnisberichte oder Prosaübungen. Aus einer Anglistik-Hausarbeit:

> »Die Beschäftigung mit den Werken von Toni Morrison hat in mir viele Gefühle ausgelöst. Je intensiver ich mich mit ihrem Werk auseinandergesetzt habe, um so vielschichtiger wurde mein Bild von der Autorin und ihrem Werk.«

Das ist schön – gehört aber nicht in eine Hausarbeit. Und folgende Offenbarungen nicht in eine Diplomarbeit.

> »Ich bin grundsätzlich davon überzeugt, dass sich der Einbezug des Körpers in die Diagnostik – und ebenso in die Therapie – lohnt. Daher fasziniert mich die bioenergetische Körperdiagnostik zwar, dennoch stehe ich den Konzepten mit einiger Skepsis gegenüber.

**Einleitung: 2 Beispiele**

Zwei Beispiele für einen gelungenen *Aufbau* einer Einleitung:

1. Die Gliederung der Einleitung einer Diplomarbeit, in der die internationale Forschung über einen bestimmten Aspekt studentischen Lernens analysiert wird (deshalb lautet der Gliederungspunkt 1.4 »Untersuchungsmaterial und Untersuchungszeitraum«).
2. Die ersten drei Seiten einer Magisterarbeit über deutsche Krimiserien. Ich habe einige Redundanzen und die Quellenangaben weggelassen, Füllwörter *kursiv* hervorgehoben und misslungene Formulierungen unterstrichen → Schreiben in der Wissenschaft – Wissenschaftlicher Stil.

Die Gliederung der Einleitung der Diplomarbeit:

**1 Einleitung** **1**
1.1 Problemgegenstand 1
1.2 Problembereich 11
1.3 Fragestellung, Aufbau, Methode 16
1.4 Untersuchungsmaterial und Untersuchungszeitraum 22

Die Einleitung der Magisterarbeit:

Wer sich näher mit deutschen Fernseh-Krimiserien beschäftigt, den werden sie zunächst aufgrund ihrer vielfachen Resonanz beeindrucken: Vielgescholten von der Kritik, vielgeliebt beim Publikum, vielgesendet und vielverkauft. Der Unterschied zwischen … der veröffentlichten Kritik und der Zuschauergunst, die sich … in konstant hohen Einschaltquoten bis zu 40% manifestiert, und der internationale Erfolg des Exportgutes »Deutsche Krimiserien« gab *dann auch* den Anstoß zu dieser Untersuchung.

Seinen scharfzüngigen Kritikern erscheint der Fernsehkrimi als realitätsfern und Ausdruck bürgerlicher Ordnungsliebe. Der deutsche Serienkrimi sei trivial … (und habe) systemstabilisierenden Charakter …

Im Brennpunkt der Kritik stehen … dramaturgische Konstruktionen wie Charaktere, Milieu usw. – und das heißt in erster Linie der Drehbuchautor und die Geschichte:

»Amerikanische Krimi-Serien werden von den Kritikern meist pauschal in Bausch und Bogen verdammt wegen ihrer Stereotypen, ihrer Klischee-Häufungen und ihrer Gewaltverherrlichung ... Programmverantwortliche heben immer wieder hervor, wie sehr sich das hausgemachte Produkt den aus Kostengründen eingeführten Importen in Realismusanspruch und Qualität überlegen sei. Und überhaupt hätten all diese Krimis ... etwas mit uns und unserer gesellschaftlichen Gegenwart zu tun. Für mich tritt da, mit Verlaub, ein gerüttelt Maß an Überheblichkeit zutage. (...) Einmal möchte ich über Horst Tappert lachen, wie ich das bei James Garner als Rockford konnte – aber das ist wahrscheinlich zuviel verlangt von einer Serienfigur, die allein mit ihrem Schreibtisch im Präsidium ständig den Beischlaf auszuüben scheint, während sie Frauen gegenüber die Erotik eines toten Fischs zur Schau stellt.«[1]

»Diese oberflächlichen Abziehbilder der Wirklichkeit, die nirgends den Anspruch der psychologischen und soziologischen Genauigkeit erfüllen, sind letztlich nur Funktionen einer bewusstlosen Dramaturgie, die sich durch ihre einfältigen Konstruktionen selbst desavouiert, durch ihre dilettantische Aneinanderreihung von Plattitüden von selbst erledigt.«[2]

»Seit Jahren machen deutsche Krimihelden ihren englischen und amerikanischen Kollegen erfolgreich Konkurrenz. (...) Versuche, an die angelsächsische Tradition anzuknüpfen und mehr Witz ins Spiel zu bringen statt der spärlich im Dialog verstreuten Kalauer, sind selten. Deutsche Reihen ... ersetzen Witz durch Pedanterie ...«[3]

Die Heerscharen internationaler Fans von »Derrick«, »Der Alte«, »Ein Fall für Zwei« und »Tatort« scheinen diese Kritik Lügen zu strafen. Krimiserien deutscher Provenienz reizen also zu den unterschiedlichsten Reaktionen, haben anscheinend etwas in sich, das die Gemüter zugleich aufregt und befriedigt. Dieses Etwas gilt es in der folgenden Untersuchung näher zu bestimmen, und zwar nicht – wie in den meisten Publikationen zum Thema deutsche Krimiserien – von der Wirkungsseite, also der Rezeption ... aus, sondern soll aus dem Baugerüst, den Konstruktionsprinzipien des Serienkrimis, selbst entwickelt werden.

Dramaturgie (Erzählweise) und dramatische Struktur (Erzählfolge) bilden demnach den Schwerpunkt der Untersuchung. Die bestimmenden Faktoren, die auf die Gestaltung des *letztendlichen* Produkts, der *fertigen* Serienfolge, Einfluß nehmen, werden *hierzu* zunächst im einzelnen analysiert: Klassische Erzählmuster des Krimigenres, Bedingungen und Konstanten der Serienproduktion wie gewachsene Traditionen des öffentlich-rechtlichen Fernsehens hinsichtlich Inhalt und Form des Serienkrimis.

Untersuchungsgrundlage sind *dabei* die Krimiserien des Zweiten Deutschen Fernsehens. Der Schwerpunkt ZDF ergibt sich aus der Tatsache, dass das Zweite Deutsche Fernsehen im Hinblick auf eigenproduzierte Krimiserien stilbildend war: Mit »Der Kommissar« ging die erste rein fiktionale Krimiserie auf Sendung. Das »Tatort«-Konzept der ARD ist eine Antwort auf den Erfolg des ZDF und hat sich zu einer Reihe mit ganz eigener Charakteristik und spezieller Prägung entwickelt.

Anhand eines Samples von Serienfolgen aus der aktuelleren Produktion soll *deshalb* festgemacht werden, was die ZDF-Krimiserien charakterisiert, und in welchem Zusammenhang die vermittelten Inhalte mit den vielfältigen Beschränkungen stehen, die der Serienkrimi in seiner Entstehung erfahren hat. Die Kritik des Fernseh-Serienkrimis soll …

> Die Theorien scheinen mir nachvollziehbar und eingängig, aber die häufig sehr metapherhaften Beschreibungen überzeugen mich nicht. Da ich aber der Auffassung bin, dass der Einbezug des Körpers weniger mit Glauben zu haben sollte und mehr mit Wissen, habe ich mich in dieser Arbeit an die empirische Überprüfung der Körperdiagnostik herangewagt.«

Subjektives Interesse ist ein guter Anlass, sich mit einem Thema bzw. Problem zu beschäftigen. Und es ist nichts gegen Überzeugungen und Faszination einzuwenden – eine ausreichende Begründung für eine Diplomarbeit sind Faszination und Überzeugungen nicht. Zumal dann nicht, wenn sie mit Geständnissen verbunden werden: »Da ich aber der Auffassung bin, dass der Einbezug des Körpers weniger mit Glauben zu haben sollte und mehr mit Wissen …« In der

**Einleitung: So nicht**

Für manche Schwächen in Einleitungen sind Dozentinnen und Dozenten verantwortlich: Sie verlangen, dass in Hausarbeiten zunächst »der Rahmen« beschrieben wird, innerhalb dessen eine Hausarbeit entstanden ist. Das führt zu Einleitungspassagen die für nichts gut, aber sehr langweilig sind. Zwei Beispiele:

> »Diese Arbeit erstelle ich im Rahmen des Seminars ›Probleme der sozialen Integration‹ im WS ... geleitet von ... Das Seminar gliedert sich in drei Teile. Im ersten Teil steht die theoretische Auseinandersetzung mit Gerechtigkeit und sozialer Ungleichheit. [sic] Dabei wurden Fragen, wie z. B. was [sic.] soziale Gerechtigkeit ist, behandelt. Weiter wurden die historische Entwicklung sowie neuere Erklärungsansätze von sozialer Ungleichheit betrachtet. Der zweite Teil ... Der letzte Teil des Seminars setzt sich mit verschiedenen sozialpolitischen Themenbereichen auseinander. Diese umfassen die Bereiche Arbeitslosigkeit, Alter, Chancengleichheit sowie Armut und soziale Ausgrenzung. Die hier vorliegende Arbeit behandelt den sozialpolitischen Themenbereich Armut und soziale Ausgrenzung und ist so in den letztgenannten Part des Seminars einzuordnen.«
>
> »Diese Arbeit erstelle ich im Rahmen des Seminars ›Leben am Limit – Naturrisiken und Naturkatastrophen‹ im Wintersemester ..., geleitet von ... Im ersten Teil des Seminars ...
> Die vorliegende Ausarbeitung ist in den Themenkomplex Dürren einzuordnen.«

Es kann sehr sinnvoll sein, eine Hausarbeit inhaltlich einzuordnen. Der Satz »Die hier vorliegende Arbeit behandelt den sozialpolitischen Themenbereich Armut und soziale Ausgrenzung und ist so in den letztgenannten Part des Seminars einzuordnen« leistet das nicht. Die Feststellung »Die vorliegende Ausarbeitung ist in den Themenkomplex Dürren einzuordnen« auch nicht.

Einordnung könnte zum Beispiel bedeuten: Eine kurze Zusammenfassung der Probleme sozialer Integration, um vor diesem Problemhintergrund zu begründen, was eine Auseinandersetzung mit »Armut und sozialer Ausgrenzung« zum Verständnis der Probleme sozialer Integration beitragen kann. *Dass* etwas in

einem Seminar behandelt wurde, ist uninteressant. Interessant ist, *was* die behandelten Themen für die eigene Arbeit inhaltlich bedeuten. Bloße Seminargeschichte macht überflüssige Schreibarbeit und langweilige Lesearbeit.

Einige Anmerkung zum Stil des ersten Beispiels:
- Wo die theoretische Auseinandersetzung steht, bleibt im dritten Satz unbeantwortet.
- Unpräzise Umgangssprache ist folgende Formulierung: »Dabei wurden Fragen, wie z.B. was soziale Gerechtigkeit ist, behandelt.«
- Mit dem Zusatz *Bereich* werden Termini unnötig aufgebläht. Das Ergebnis ist Sprachmurks: *Themenbereiche* umfassen *Bereiche* → Schreiben in der Wissenschaft – Wissenschaftlicher Stil.

Wissenschaft geht es nicht um Glauben. Das sollte man nach dem ersten Semester wissen und nicht mehr in der Einleitung einer Diplomarbeit bekennen.

Die Einleitung ist der Ort, an dem
- der Gegenstand der Arbeit,
- die Frage, die geklärt,
- das Problem, das behandelt,
- die These, der nachgegangen

werden soll, erläutert wird. Dazu kann es notwendig sein, die Problementwicklung (kurz) zu skizzieren. Ein Beispiel: die ersten Zeilen einer Diplomarbeit über vergleichende Werbung.

> »Die Entwicklung der vergleichenden Werbung in Deutschland war wechselhaft und oft Auslöser heftiger Diskussionen. Zum Zeitpunkt des Inkrafttretens des Gesetzes gegen unlauteren Wettbewerb (UWG) im Jahr 1909 stand das Reichsgericht der kritisierenden vergleichenden Werbevariante keineswegs grundsätzlich ablehnend gegenüber.[1] Dies änderte sich mit der berühmten ›Hellgold‹-Entscheidung vom 6.10.1931, die einen Verbotsgrundsatz zur Folge hatte.[2] In den 60er Jahren entflammten enorme Auseinandersetzungen, die das Für und Wider dieses grundsätzlichen Verbots zum Inhalt hatten. Die offizielle Zulassung von Ausnah-

> men seitens des BGH vom Verbotsprinzip brachte die wissenschaftliche Auseinandersetzung zeitweilig zum Erliegen.[3]
> Der Richtlinienvorschlag der EG-Kommission vom 28. Mai 1991 … ist Auslöser einer neuen Kontroverse.[4] So wird …«

Es folgt eine Darstellung dieser anhaltenden Kontroverse, aus der die → *Fragestellung* abgeleitet wird: In der Arbeit soll die »Wirkung und Wirksamkeit« vergleichender Werbung untersucht werden. Dann wird das *Ziel* formuliert, das mit der Arbeit verfolgt wird. Es folgen Hinweise auf den *Aufbau* der Arbeit: Auf sechs Seiten gelingt der Autorin eine schlüssige Einleitung (ich habe die Quellenangabe nicht aufgeführt).

Die Einleitung ist der Ort, an dem – sofern notwendig – die Eingrenzung des Themas begründet und erläutert wird, welche Konsequenzen diese Themen-Eingrenzung für die Reichweite und Verallgemeinerbarkeit der Ergebnisse oder Schlussfolgerungen haben. Zwei missglückte Beispiele. Aus einer Hausarbeit:

> »Das Thema Wissenschaftstheorie ist ein weites Feld. Daher wird in dieser Arbeit auf die nähere Analyse verschiedener wissenschaftstheoretischer Ansätze verzichtet.«

Das *weite Feld* hätte der Autor besser Fontane (»Das ist ein weites Feld, liebe Effi« [Briest]) überlassen und sich um die Logik gekümmert: Weil etwas komplex ist, wird auf die nähere Analyse verzichtet. Aus einem wissenschaftlichen Aufsatz:

> »*Themenkomplexe* wie das Verhältnis der polnischen Minderheit zu den deutschen Parteien, die Rolle der polnischen Fragen im preußischen Abgeordnetenhaus, die Tätigkeit der polnischen Berufsverbände, die polnischen Banken in Berlin etc. etc. wurden bei der Recherche zwar herangezogen, entsprechende Darlegungen *hätten* jedoch *den Rahmen* der Fragestellung *gesprengt.*« (Chahoud 1987, 143 – Herv. NF)

Der Verweis auf *Themenkomplexe, die Rahmen sprengen* hat keinen argumentativen Status. Sind *entsprechende Darlegungen* notwendig oder nicht? Was folgt daraus, dass auf *entsprechende Darlegungen* verzichtet wurde? Was folgt daraus, dass die *Themenkomplexe bei der Recherche herangezogen* wurden? Kurz: Einschränkungen sind erlaubt. Sie müssen jedoch begründet werden.

Den Aufbau der Arbeit erläutern, meint nicht: das Inhaltsverzeichnis nacherzählen. Ein Auszug aus dem Inhaltsverzeichnis und der Einleitung einer Diplomarbeit:



> »Gegenstand des sechsten Kapitels ist dann der entwickelte Prototyp. Es werden die einzelnen Domänen-Modelle des Prototypen und deren Schnittstellen erklärt. Eine Beschreibung der Implementierung und möglicher Erweiterungen des Prototypen folgen. Die Arbeit schließt mit dem Kapitel 7 ab, in dem ein Ausblick gegeben wird.«

Dem Inhaltsverzeichnis ist zu entnehmen, *was* im sechsten Kapitel steht und *dass* das siebte Kapitel das letzte ist. Worum geht es im Ausblick? Wohin wird vor welchem Hintergrund geblickt? Wie baut das sechste auf die vorangegangenen Kapitel auf? Die Beantwortung dieser Fragen liefert das Material für die *Erläuterung* des Aufbaus einer Arbeit. Diese Fragen sollten vor dem Schreiben der Endfassung stehen, denn sie sind eine unverzichtbare Kontrolle, ob die Arbeit schlüssig aufgebaut ist.

*Wie* eine Arbeit aufgebaut ist, lässt sich erst dann sinnvoll erläutern, wenn Auskunft darüber gegeben wurde, *was*, *warum* zu *welchem Zweck* behandelt wird. Deshalb stimmt in folgender Einleitung zu einer Magisterarbeit der Aufbau nicht.

> »Diese Arbeit möchte einen Beitrag zur Erforschung der italienischen Frauenliteratur leisten und beschäftigt sich mit der in Italien durchaus anerkannten und erfolgreichen Schriftstellerin Francesca Sanvitale, die in Deutschland hingegen kaum bekannt ist.
>
> Zunächst möchte ich einen allgemeinen Überblick über die Ent-

wicklung der Frauenliteratur in Italien im 20. Jahrhundert geben – Begriffsproblematik, zeitliche Einordnung, Themen und Motive – um einen Rahmen zu schaffen, in dem sich die Analyse bewegen wird.

Diese Arbeit ist kein Beitrag zur Feminismusdebatte und verzichtet daher ...«

Der Hinweis, was »zunächst« dargestellt wird, kommt zu früh, weil nicht begründet wird (und an dieser Stelle auch noch nicht begründet werden kann), warum es »zunächst« um dieses Thema geht. Und: Wir wissen zwar noch nicht, worum genau es gehen soll, erfahren aber bereits, worum es *nicht* geht. Es ist sicher wichtig darauf hinzuweisen, dass kein Beitrag zur Feminismusdebatte geleistet werden soll. Doch diese Feststellung sollte erst dann zu lesen sein, wenn klar ist, worum es der Autorin geht.

Der letzte Satz der Frage-Antwort-Runde auf Seite 50 lautete: »Meine Ausführungen zur Theorie folgen der Maxime: So viel wie nötig und so kurz wie möglich.« Für Hausarbeiten im ersten und zweiten Semester werden in der Regel keine wissenschaftstheoretische Begründungen verlangt. Wer an seiner Diplomarbeit oder Dissertation sitzt, sollte sorgfältig prüfen, ob es wirklich notwendig ist bzw. verlangt wird, in der Einleitung wissenschaftstheoretische »Bekenntnisse« abzugeben:

»Manch einer fühlt sich bemüßigt, ehe er richtig loslegt, auch noch seinen wissenschaftstheoretischen Standort zu fixieren. Er wird sich zum Kritischen Rationalismus, zum Konstruktivismus, zum Wissenschaftlichen Realismus oder zu was auch immer bekennen und sich daran messen lassen müssen. (...) Wer sich in der Wissenschaftstheorie nicht wirklich zu Hause fühlt, sollte besser die Finger davon lassen. Das Ganze könnte aufgesetzt wirken, ganz abgesehen davon, daß man dadurch Fußangeln auslegt, in die man selbst hineintreten könnte.« (Dichtl, 1995, 5)

In vielen Haus- und Diplomarbeiten fallen die Autorinnen und Autoren mit der Tür ins Haus:

»Die Arbeit behandelt die hexagonalen Bauten des Architekten ...«

**Einleitung: Anmerkungen zum Stil**

Die Einleitung zur Hausarbeit über Ottilie (vgl. Seite 49) und die anderen zitierten Beispiele enthalten zahlreiche stilistische Schwächen. Sie lassen sich vermeiden, wenn man sechs Hinweisen folgt (s. a. Seite 203 ff.):

*1. Präzise formulieren*

Es gibt sehr unterschiedliche Auffassungen darüber, was einen »wissenschaftlichen« Stil kennzeichnet. In einer Hinsicht besteht jedoch Übereinstimmung: Schreiben in der Wissenschaft heißt präzise schreiben. Nicht präzise sind folgende Formulierungen:

»Bei Goethe wird dieser aus der Chemie stammende Begriff Verbindung auf den zwischenmenschlichen Bereich übertragen, so dass es im Laufe dieses Romans zu einer neuen Verbindung zwischen zwei Paaren kommt.«

Goethe überträgt den Begriff »Verbindungen« – die Anführungszeichen oder eine Hervorhebung durch *Kursivschrift* müssen sein – auf was? Den »zwischenmenschlichen Bereich«. *Zwischenmenschlicher Bereich* ist unpräzise. Vom *zwischenmenschlichen Bereich* spricht und schreibt man in der Alltagspsychologie. In einer Hausarbeit sollte eine solche Floskel vermieden werden.

Goethe überträgt einen Begriff, »*so dass* es im Laufe dieses Romans zu einer neuen Verbindung zwischen zwei Paaren kommt.« *So dass* ist unlogisch. Weil Goethe einen Begriff überträgt, kommt es nicht im »Laufe dieses Romans zu einer neuen Verbindung zwischen zwei Paaren«.

Auch in folgendem Satz stimmt die Konjunktion nicht:

Ottilie »ist die einzige Person in Goethes Wahlverwandtschaften, die sich bedeutend verändert und *somit* nicht nur interessant, sondern für den weiteren Verlauf der Handlung auch wichtig erscheint, denn ohne sie hätte es wohl keine neue Paarbildung gegeben.«

Auch wenn sich Ottilie nicht verändern würde, könnte sie interessant sein – denn das Ausbleiben von Veränderung bzw. Ent-

wicklung einer Romanfigur kann sehr aufschlussreich, spannend bzw. für den Handlungsverlauf entscheidend sein. (Am Rande bemerkt: »Nicht nur« verlangt »sondern *auch*«).

> »Ich habe mich eingehend mit einer der Hauptfiguren, Ottilie, … beschäftigt. (…) Im Vordergrund steht *jedoch* die persönliche Entwicklung Ottilies. Diese möchte ich im Folgenden näher erläutern und an einigen Beispielen fest machen.«

Durch die Auslassungen wird deutlich: Das *jedoch* stellt einen Scheingegensatz her. Und: Was heißt »persönliche« Entwicklung? Welche andere Entwicklung könnte noch im Vordergrund stehen? Schließlich: Man kann ein Schiff im Hafen *fest machen.* In einer Hausarbeit werden Überlegungen, Analysen usw. an Beispielen *erläutert.*

*2. Nicht dick auftragen*

- »Ich habe mich *eingehend* mit einer der Hautfiguren, Ottilie, …. beschäftigt.«
- »Da ich aber der Auffassung bin, daß der Einbezug des Körpers weniger mit Glauben zu tun haben sollte und mehr mit Wissen, habe ich mich in dieser Arbeit an die empirische Überprüfung der Körperdiagnostik *herangewagt.*«
- »Die *fundamentale* Frage nach der Macht der Werbung soll angegangen werden über eine Analyse …«.
- »Um eine *umfassende* Darstellung zu gewährleisten, werde ich im ersten Teil kurz …«

Sowohl in Haus- als auch in Abschlussarbeiten sollte man mit Eigenlob zurückhaltend sein – und seine Darstellung nicht als *umfassend* loben, die Arbeit nicht als *Wagnis* bezeichnen. Und es reicht, sich mit Ottilie zu beschäftigen – dass man sich mit seinem Thema *intensiv* beschäftigt, ist selbstverständlich. Mehr noch: Der gesamte Satz ist überflüssig. Man schreibt auch nicht: *Ich habe viel gelesen.* Oder: *Ich habe angestrengt (intensiv) nachgedacht.*

Es genügt in einer Diplomarbeit, sich mit einer *zentralen* Frage auseinander zu setzen. *Fundamentale* Fragen sollten berühmten Philosophinnen und Philosophen überlassen werden. Und man

sollte Fragen nicht *über eine Analyse angehen*, sondern beantworten, in dem man analysiert.

Kurios ist die Formulierung, »Um eine *umfassende* Darstellung zu gewährleisten, werde ich im ersten Teil *kurz* …«

*3. Tun statt wollen*

»Zunächst möchte ich einen allgemeinen Überblick über die Entwicklung der Frauenliteratur … geben«.

*Möchte* die Autorin einen Überblick geben? Oder gibt sie einen Überblick? Wenn sie einen Überblick gibt, sollte sie das auch schreiben: Zunächst *gebe ich* einen allgemeinen Überblick über …

*4. Eine Arbeit ist kein Subjekt*

Eine Haus- oder Diplomarbeit (und ein Kapitel) kann nichts. Eine Hausarbeit *untersucht* nicht, eine Diplomarbeit *fragt* nicht und ein Kapitel *möchte* nicht irgendetwas leisten. Deshalb sollte man nicht schreiben:

»Diese Arbeit möchte einen Beitrag zur Erforschung der italienischen Frauenliteratur leisten und beschäftigt sich …«

»Die Arbeit behandelt die hexagonalen Bauten des Architekten …«

Die Alternative: Entweder man schreibt, wer fragt oder untersucht:

- Ich untersuche, ob …
- Im zweiten Kapitel gehe ich der Frage nach, ob …
- Ich setze mich in dieser Arbeit mit den hexagonalen Bauten des Architekten …
- Mit dieser Arbeit will ich einen Beitrag zur Erforschung …

Oder man muss etwas umständlicher formulieren:

- Im zweiten Kapitel steht die Frage im Mittelpunkt, ob …
- In dieser Arbeit wird überprüft, ob …
- Im Mittelpunkt dieser Arbeit stehen die hexagonalen Bauten des Architekten …
- Diese Arbeit soll einen Beitrag zur Erforschung der italienischen Frauenliteratur leisten …

*5. Eine Arbeit ist eine Arbeit*
Eine Arbeit will und kann nichts. Eine Arbeit muss auch nicht *vorliegen* oder *hier vorliegen*:

»Die vorliegende Arbeit befaßt sich mit den inhaltlichen und stilistischen …«

»Die hier vorliegende Arbeit behandelt den …«

Streicht man *vorliegend*, merkt man: »Die Arbeit befaßt sich …« ist ein einfallsloser Beginn. Mit *vorliegend* wird er nicht besser.

*6. Rechtschreibung und Grammatik müssen stimmen*
Rechtschreib- und Grammatikfehler machen keinen guten Eindruck. Das gilt für jede schriftliche Arbeit und besonders für die Einleitung: Es nicht förderlich, wenn auf den ersten Seiten der Eindruck entsteht, die Verfasserin oder der Verfasser tue sich schwer mit Rechtschreibung und Grammatik.

»Die vorliegende Diplomarbeit befaßt sich mit inhaltlichen und stilistischen Kriterien der Glaubhaftigkeitsdiagnostik.«

Es ist einfallslos, im ersten Satz wörtlich oder sinngemäß den Titel der Arbeit zu wiederholen. Die ersten fünf oder sechs Zeilen (in einer Diplomarbeit können es auch zwei Seiten sein) sollten zum Problem, zur Fragestellung hinführen. Zum Beispiel auf folgenden sechs Wegen:

1. Fakten, die ein Problem deutlich machen:

18 Prozent der Deutschen meinen, »die Weißen« seien zu Recht führend in der Welt.

Mehr als 59 Prozent vertreten die Meinung, in Deutschland lebten zu viele Ausländer. Fast 30 Prozent stimmen der Aussage zu, dass Ausländer zurückgeschickt werden sollten, wenn die Arbeitsplätze knapp werden.

Über 23 Prozent sehen »zu viel Einfluss« von Juden in Deutschland. Fast 55 Prozent unterstellen, Juden wollten aus der Vergangenheit Vorteile ziehen.

37 Prozent der Deutschen treten für die Entfernung von Obdachlosen aus Fußgängerzonen ein.

36 Prozent empfinden »Ekel«, wenn sich Homosexuelle küssen.

Mehr als 35 Prozent plädieren dafür, Muslimen die Zuwanderung nach Deutschland zu untersagen.

Mehr als 31 Prozent der Deutschen meinen, Frauen sollten sich wieder auf die Rolle der Ehefrau und Mutter besinnen.

Diese Zahlen ermittelte im Sommer 2003 …

2. Feststellung, die zunächst kurios erscheint:

Deutsche Außenpolitik kennt keine Grenzen. Das Referat 504 des Außenministeriums, »Besondere Rechtsgebiete«, ist auch für den Mond zuständig. Er gehört, wie die Antarktis oder die Ozeane, zu den staatsfreien Räumen.

»Alles sollte so einfach wie möglich gemacht werden, aber nicht einfacher.« (Albert Einstein)

3. Fragen:

Worauf lassen sich die Unterschiede zwischen Individuen zurückführen? Auf Vererbung oder auf Umwelteinflüsse?« Und worin besteht die praktische Relevanz dieser Frage?

4. Erfahrungsbericht, *der zum Thema führt*:

»Ich wohne in Bad Honnef. Ich habe, da ohne Kabelanschluß und vom schönen Siebengebirge am Empfang von Satelliten-Programme gehindert, die Auswahl zwischen drei TV-Programmen: ARD, ZDF und WDR III. Wenn Boris Becker oder Steffi Graf irgendwo auf dieser Welt um das große Geld spielen, kann ich mir, wenn sich ein Privatsender die Senderechte gekauft hat, nur eine Zusammenfassung dieser Spiele ansehen. Welcher Sender was übertragen – und was ich sehen oder hören – kann, wird zunehmend eine Frage des Geldes. Immerhin: Der Staatsvertrag über die Fernseh-Kurzberichterstattung stellt sicher, daß ich wenigstens rund eineinhalb Minuten Herrn Becker, Frau Graf oder sonst eine wichtige Sendung sehen kann.

Nun interessiere ich mich überhaupt nicht für Tennis. Und zudem ist mein Fernseh-Verhalten nicht von öffentlichem Interesse. Für relevant erachte ich allerdings eine Entwicklung, die – jedenfalls in Teilbereichen – von einer freien Berichterstattung hin zu ›Recht auf Kurz-Berichterstattung‹ verläuft.« (Franck 1992, 199)

5. Beschreibung, *die zum Problem führt*:

Ein Vorschlag für eine Arbeit über »Globalisierung«:

Ein griechischer Seemann eines in Taiwan gebauten und unter liberianischer Flagge fahrenden Frachters mit bulgarischer Besatzung, den ein belgischer Konzern von einem deutschen Reeder geleast hat, legt vor der Küste der USA die russische Raubkopie eines englischen Musikvideos mit deutschen Untertiteln in einem Videorecorder ein, der in Südkorea hergestellt wurde.

6. *Treffendes* Zitat:

Aus einer Hausarbeit über Umweltpolitik in der Europäischen Union:

»Eine gesunde Umwelt ist für die Lebensqualität von zentraler Bedeutung. Unsere Volkswirtschaften müssen Wohlstand mit Umweltschutz verbinden. Deshalb wird im Vertrag von Amsterdam hervorgehoben, daß der Umweltschutz in die Politiken der Gemeinschaft einbezogen werden muß, damit eine nachhaltige Entwicklung erreicht werden kann.« (Europäischer Rat 1998)

Ein Vorschlag für den Einstieg in eine Arbeit (oder einen Vortrag) über Lobbyismus, den Einfluss von Interessenverbänden:

»Gibt's auch keinen Gott dort oben,
gibt's doch viele, die ihn loben.
Dass dies bleibe, wie es ist,
wünscht sich fromm der Organist.«
(Gaßdorf 2003, 65)

## Einleitung: Referat, Vortrag

Auf den Anfang kommt es an – bei Haus- und Abschlussarbeiten und besonders bei Referaten und Vorträgen. Der erste Eindruck ist zwar nicht der entscheidende. Aber in den ersten zwei oder drei Minuten entscheidet sich, welche Erwartungshaltung bei den Zuhörerinnen und Zuhörern entsteht. Wer sein Publikum *nicht* positiv einstimmen möchte, sollte sich an Tucholskys *Ratschläge für einen schlechten Redner* halten:

> »Fange nie mit dem Anfang an, sondern immer drei Meilen vor dem Anfang! Etwa so: ›Meine Damen und meine Herren! Bevor ich zum Thema des heutigen Abends komme, lassen Sie mich Ihnen kurz…‹ Hier hast Du schon so ziemlich alles, was einen schönen Anfang ausmacht: eine steife Anrede; der Anfang vor dem Anfang; die Ankündigung, daß und was du zu sprechen beabsichtigst, und das Wörtchen kurz. So gewinnst Du im Nu die Herzen und die Ohren der Zuhörer.« (Tucholsky 1993, 290)

Wie können die »Herzen und Ohren der Zuhörer« gewonnen werden? Mit einem Anfang, der motiviert und orientiert. Was gehört zu einem solchen Anfang?

### 1. Interesse wecken

Bei einem Referat oder Vortrag darf man sich nicht erst verbal warmlaufen, sondern muss sofort durchstarten, um die Aufmerksamkeit der Zuhörerinnen und Zuhörer auf sich zu lenken. Das kann durch einen guten Aufmerksamkeitswecker erreicht werden. Sechs solcher Aufmerksamkeitswecker habe ich bereits vorgestellt → Einleitung.[1]

---

1 Ein Hinweis zum Zitat als Einstieg: Zitate müssen passend und verständlich sein. Und Zitate sind leichter zu schreiben als vorzutragen. Deshalb sollte stets geprüft werden: Ist ein Zitat als Einstieg geeignet? Kann das Zitat gut »rübergebracht« werden? Wer einen Vortrag mit vielen fremden Federn schmückt und Zitat an Zitat reiht, sendet nur eine Botschaft aus: Ich habe keine *eigenen* Gedanken.

Die folgenden sechs machen das (gute) Dutzend interessanter Einstiege voll.

1. Eine provozierende These oder Frage
   - Die Bundesrepublik ist keine Bildungsrepublik mehr.
   - Sind die Naturwissenschaften autoritäre Disziplinen, in denen mit Druck gelehrt wird?

2. Eine widersprüchliche Aussage
   - Das Volkseinkommen steigt und die Armut nimmt zu.
   - Das Geldvermögen der privaten Haushalte wächst. Und die Zahl der verschuldeten Haushalte steigt.
   - Wir wissen immer mehr und werden immer dümmer.
   - In den USA ist in nur wenigen Jahren die Adipositas um 40 % gestiegen. Gleichzeitig ist dort eine rasanter Anstieg von Bulimie zu beobachten.[2]

3. Eine themenbezogene Denksportaufgabe
   Thema Migration:
   - Wohnen mehr Türkinnen oder mehr Türken in Deutschland?
   - Wurde die Mehrheit der in Deutschland lebenden Italienerinnen und Italiener in Deutschland oder in Italien geboren?

   Thema Altersversorgung/Rente:
   - Gibt es mehr Mehrfachrentnerinnen oder mehr Mehrfachrentner?

4. Personalisieren
   Man kann einen Vortrag über die Rekrutierung politischer Eliten in der Demokratie mit einer Definition beginnen:

   Eliten sind »die mehr oder weniger geschlossenen sozialen Einflußgruppen, welche sich aus den breiten Schichten der Gesellschaft und ihrer größeren und kleineren Gruppen auf dem Wege der Delegation oder der Konkurrenz herauslösen, um in der sozialen oder politischen Organisation des Systems eine bestimmte Funktion zu übernehmen.« (Stammer 1951, 1)

---

2 Ob die Begriffe *Adipositas* und *Bulimie* angebracht sind oder besser von *Fett-* und *Magersucht* gesprochen werden sollte, hängt von den Vorkenntnissen der Zuhörerinnen und Zuhörer ab. Auf jeden Fall gilt: dem Publikum keine Rätsel aufgeben.

Und man kann den Vortrag mit der Frage beginnen, wie Gerhard Schröder, Angela Merkel oder Joseph Fischer Spitzenpolitiker wurden.

Mit der zweiten Variante erreicht man mehr Aufmerksamkeit.

5. Eine einfache Feststellung, in der anklingt: Die Sache ist nicht so einfach

   Ob aus der Retorte oder aus der Pflanze: Vor dem Gesetz sind alle Arzneien gleich. (Bader, Göpfert 1996, 99)

6. Sympathiewerbung
   Ein bekannter Mann hat einmal gesagt, man könne über alles reden – nur nicht länger als 45 Minuten. Ich will in knapp 20 Minuten versuchen …

Aufmerksamkeitswecker können auch kombiniert werden. Zum Beispiel so:

> »Niemand ist so arm, dass er nicht etwas abgeben könnte. Und niemand ist so reich, dass er nicht noch ein bisschen mehr Geld gebrauchen könnte« – meinte Jakob Fugger, Gläubiger von Kaiser und Papst, vor einigen hundert Jahren.
> Hat sich die Bundesregierung mit der »Agenda 2010« an Fugger orientiert?

Aufmerksamkeitswecker sind dann *gute* Aufmerksamkeitswecker, wenn sie eine Brücke schlagen zum Vorwissen, zu den Interessen und Erfahrungen der Zuhörerinnen und Zuhörer. Zwei Beispiele:

Man kann ein Referat über »Theorien optimaler Währungsräume und ihre Implikationen für die Europäische Währungsunion« so anfangen:

> »Die Theorie optimaler Währungsräume beschäftigt sich mit der Frage, welches das optimale Gebiet ist, in dem eine Währung gelten soll. Über eine Reihe von Kriterien, die den Ländern bei der Wahl ihrer Wechselkurse behilflich sein können, und über die Darstellung von Kosten und Nutzen der verschiedenen Regime soll eine Entscheidung darüber ermöglicht werden, ob der Beitritt zu einer Währungsunion für ein Land vorteilhaft ist.
> Ein *Währungsraum* ist dabei ein geographisches Gebiet, in dem …«
> (Vortrag einer Doktorandin der Volkswirtschaft)

Und man kann zunächst auf die Erfahrung verweisen, dass man bei Reisen in die EU-Staaten Dänemark, Schweden und Großbritannien Geld umtauschen muss – um dann zu fragen, warum diese Länder an der Krone bzw. dem Pfund festgehalten haben.

Ein Referat über die unisono beschworene Bedeutung von Bildung für den »Standort Deutschland« kann man mit Ausführungen über die Ressource »Humankapital« beginnen. Oder mit Hinweisen auf Widersprüche:

- Alle reden von der Bedeutung von Bildung. Und alle Bundesländer kürzen die Etats für die Hochschulen.
- Vier Namen, eine Frage: Boris Becker und Dieter Bohlen, Verona Feldbusch und Daniel Küblböck. Sind Erfolg und Wohlstand in der modernen Gesellschaft nicht längst von Bildung abgekoppelt?

## 2. Den Nutzen hervorheben

Ein Grundsatz in der Werbebranche lautet: Will man Aufmerksamkeit und Interesse für ein Produkt oder eine Dienstleistung wecken, muss man den Nutzen des Angebots herausstellen.[3] Wie könnte, wenn man für ein Referat oder einen Vortrag werben wollte, der Nutzen der Dienstleistung »Referat« herausgestellt werden? Man müsste deutlich machen,

- warum jemand kommen sollte,
- was am Thema des Referats interessant ist,
- was Neues geboten wird,
- worin der Vorzug des Vortrags gegenüber einem gedruckten Text besteht.

Ein kompetenter Überblick, eine neue Problemsicht oder eine aufschlussreiche Interpretation könnten zum Beispiel für potenzielle »Kunden« interessant sein.

---

3 Nicht selten wird ein Nutzen versprochen, der mit dem eigentlichen Zweck oder der Beschaffenheit des Produkts nichts oder wenig zu tun hat – etwa dann, wenn *Volvo* verspricht, dass die Nachbarn garantiert neidisch werden, wenn man mit dem neuen *Volvo* vorfährt. Oder wenn in der Werbung für *Fruchtzwerge* Eltern suggeriert wird, sie würden Gesundheit für ihr Kind kaufen.

Ein wenig Werbung sollte man, mit der in der ehrwürdigen Hochschule gebotenen Zurückhaltung, auch in der Einleitung eines Referats machen. Wer einem Vortrag oder Referat zuhört, hofft etwas zu lernen, etwas Interessantes zu erfahren. Diese Hoffnung sollte man bestärken und zu Beginn eines Referats den Nutzen hervorheben: Was wird *zu welchem Zweck* in den Mittelpunkt gestellt? Gewinnen die Zuhörerinnen und Zuhörer den Eindruck, Zuhören lohnt sich, hat man ihre Aufmerksamkeit und Vorschusslorbeeren.

## 3. Einen Überblick geben

Eine Orientierung über den Aufbau des Vortrags erleichtert es den Zuhörenden zu folgen. Deshalb sollte man sagen, dass sich das Referat – zum Beispiel – in drei Teile gliedert: »Ich untersuche zunächst die Theorie von ABC. Dann beleuchte ich den Ansatz von XYZ. Abschließend arbeite ich Differenzen und Gemeinsamkeiten beider Konzepte heraus.«

Der nächste Satz kann den Hauptteil eröffnen: »Ich beginne mit dem ersten Teil, einer Analyse des Ansatzes von ABC.«[4]

## 4. Zusammenhänge herstellen

Ist das Referat Teil eines Seminars oder einer Vortragsreihe, sollte man darauf hinweisen,

- wie sich das Referat in den Seminar-Zusammenhang einordnet,
- in welcher Hinsicht der Vortrag einen Sachverhalt vertieft oder im Widerspruch zu dem steht, was zuvor bzw. bisher vorgetragen wurde,

---

4 Man kann diesen Überblick auch auf einer Folie präsentieren. In den Natur- und Wirtschaftswissenschaften ist das zwar mittlerweile die Regel, aber nur dann zu empfehlen, wenn

- eine solche Folie die *komplexe* Struktur eines Vortrags verdeutlicht,
- weitere Folien folgen: Eine Folie weckt die Erwartung, dass weitere folgen. Auf eine Folie sollte man sich nur dann beschränken, wenn diese Folie einen hohen Aufmerksamkeitswert hat → Medien einsetzen.

- worauf man nicht eingeht, weil dieser oder jener Aspekt in einem der folgenden bzw. vorangegangenen Referate behandelt wird bzw. wurde.

Es gibt zwei Möglichkeiten, auf Zusammenhänge hinzuweisen:
1. nachdem man Interesse für das Thema geweckt oder
2. nachdem man die Ziele des Referats erläutert hat.
   Für jede Variante ein Beispiel:
- Das Volkseinkommen steigt und die Armut nimmt zu *(Interesse wecken).*
  Diese Feststellung widerspricht den Aussagen über den Zusammenhang von wachsendem Volkseinkommen und individuellem Wohlstand, die in der letzten Woche vorgetragen wurden *(Zusammenhänge herstellen).*
  Ich will zeigen, dass steigendes Volkseinkommen, die Zunahme des Geldvermögens privater Haushalte und wachsende Armut keine Gegensätze sind. Im Mittelpunkt steht dabei der Nachweis, dass … *(Nutzen hervorheben).*
  Zunächst werde ich … (Überblick geben).

- Das Volkseinkommen steigt und die Armut nimmt zu *(Interesse wecken).*
  Ich will zeigen, dass steigendes Volkseinkommen, die Zunahme des Geldvermögens privater Haushalte und wachsende Armut keine Gegensätze sind. Im Mittelpunkt steht dabei der Nachweis, dass … *(Nutzen hervorheben).*
  Ich widerspreche damit der These über den Zusammenhang von wachsendem Volkseinkommen und individuellem Wohlstand, die wir am Vormittag gehört haben *(Zusammenhänge herstellen).*
  Ich werde zunächst … (Überblick geben).

## 5. Begrüßen und mehr

Verlässt man den (vertrauten) Seminarraum, um auf einer Tagung oder einem Kongress einen Vortrag zu halten, kommt ein fünfter Einleitungsschritt hinzu: begrüßen, danken und vorstellen. Viele Wissenschaftlerinnen und Wissenschaftler betrachten diesen Teil

des Vortragsanfangs als »Formalia«, die sie routiniert und wenig ambitioniert hinter sich bringen. Das ist nicht verkehrt. Es gibt keinen richtigen oder falschen Vortragsbeginn. Das ist nicht verkehrt, aber langweilig. Meyer zu Bexten u.a. empfehlen Naturwissenschaftlern und Ingenieuren, Langeweile zu verbreiten:

> »Jeder Vortrag sollte ... zunächst mit einer Titelfolie eingeleitet werden, um folgende wichtige Fragen zu klären:
> Wie lautet der Vortragstitel?
> Wer sind die Autoren der Arbeit?
> Von welcher Organisation kommen die Autoren?« (1996, 37)

Es geht auch anders. Wenn man

- das Wohlwollen der Zuhörerinnen und Zuhörer gewinnen will, die Abwechslung schätzen,
- Aufmerksamkeit auf sein Thema lenken will,
- den Zuhörenden als Person in Erinnerung bleiben will und nicht nur als Medium eines Themas,

dann sollte man die Begrüßung, den Dank für die Einladung usw. nicht als »Formalia« behandeln, sondern als wichtigen Teil der Einleitung. Deshalb:

- Die Begrüßung muss nicht am Anfang stehen.
- Die Damen und Herren im Publikum müssen nicht »verehrt« werden.
- Konkret sprechen: *Guten Tag* (oder Morgen) statt *Ich begrüße Sie.*
- Es ist ein Privileg und/oder ein Chance, einen Vortrag auf einem Kongress oder einer Tagung halten zu können. Man sollte daher zum Ausdruck bringen, dass man sich über die Einladung *gefreut* hat.
- Für die Einladung *bedankt* man sich dann, wenn es *die* große Ausnahme ist, dass man als Diplomand oder Doktorandin eingeladen wurde. Ansonsten gilt: Wer anderen etwas bietet, muss sich dafür nicht bedanken.
- Alle Zuhörerinnen und Zuhörern freuen sich über ein paar freundliche persönlich nette Worte – zum Beispiel über ihre Stadt: »Ich bin gerne in das schöne Leipzig gekommen.«

Zwei Beispiele:

1. Präsident George W. Bush hat angekündigt, dass die USA für freie und faire Wahlen im Irak sorgen will. Das ist gut. Auch gut wäre es, wenn er dieses Vorhaben auf die eigene Nation übertragen würde. — *Aufmerksamkeitswecker*

2. Guten Morgen, meine Damen und Herren. — *Begrüßung*

3. Die Unregelmäßigkeiten bei den Präsidentschaftswahlen 2000 in den USA sind mindestens unter zwei Gesichtspunkten für das Verständnis des Wahl- und Regierungssystems der Vereinigten Staaten interessant. Wir können Aufschluss gewinnen — *Nutzen hervorheben*
   - erstens über die ... und
   - zweitens über den Zusammenhang von ...

4. Mein Name ist ... Ich forsche im Projekt »Parteiensysteme« an der Universität ... über ... Ich habe mich über die Einladung zu dieser Tagung sehr gefreut. Es ist eine große Chance, den Stand meiner Untersuchung einem kompetenten Auditorium vorstellen zu können.[5] — *Vorstellen (danken und schmeicheln)*

5. Ich gehe zunächst auf ... ein. Im zweiten Schritt skizziere ich ... Dann ...« — *Vorschau*

Dieser Aufbau ist als Anregung zu verstehen. Die fünf Schritte können flexibel arrangiert werden. Wenn man zum Beispiel vorgestellt wurde, verändern sich Inhalt und Position des vierten Schritts »vorstellen«.

1. 18 Prozent der Deutschen meinen, »die Weißen« seien zu Recht führend in der Welt.

---

5 Die Vorstellung sollte schlicht sein, weder hochstapeln noch tiefstapeln ist angebracht. Und man sollte beachten, dass

- der Kumpel im Revier beliebt ist, aber nicht in der Wissenschaft,
- der Clown im Zirkus die Menschen erfreut, aber nicht auf Kongressen,
- die Selbstdarstellerin bei Beckmann oder Maischberger gut aufgehoben ist, aber nicht auf Tagungen,
- der Ort für Sexy-Mäuschen Stefan Raabs »TV total« ist.

Mehr als 59 Prozent vertreten die Meinung, in Deutschland lebten zu viele Ausländer. Fast 30 Prozent stimmen der Aussage zu, dass Ausländer zurückgeschickt werden sollten, wenn die Arbeitsplätze knapp werden.

Über 23 Prozent sehen »zu viel Einfluss« von Juden in Deutschland. Fast 55 Prozent unterstellen, Juden wollten aus der Vergangenheit Vorteile ziehen.

Mehr als 31 Prozent der Deutschen meinen, Frauen sollten sich wieder auf die Rolle der Ehefrau und Mutter besinnen.

Diese Zahlen, ermittelt in einer repräsentativen Befragung im Sommer 2003, zeigen: Mit der steigenden Zahl der Arbeitslosen steigt auch Rassismus, Antisemitismus und Sexismus.

2. Guten Tag, meine Damen und Herren.

3. Bevor ich diese These differenziere, möchte ich mich für die freundliche Vorstellung bedanken. Ich habe mich über die lobenden Worte über meine bisherige Arbeit gefreut.

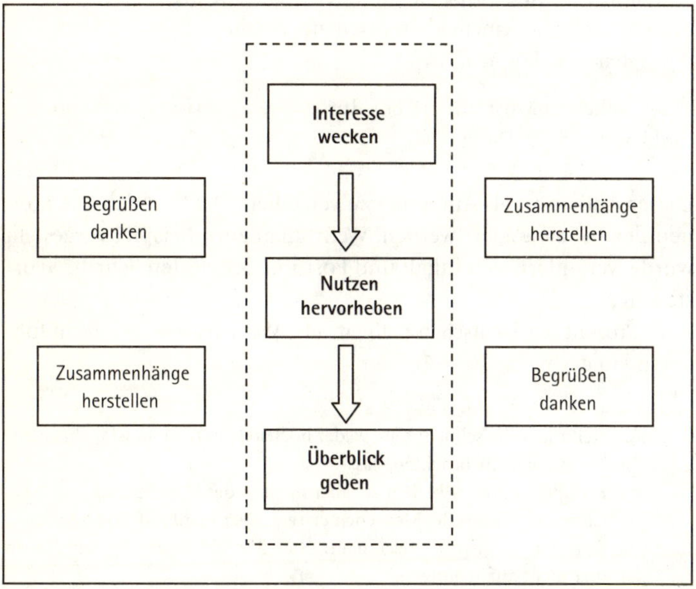


Abbildung 1: Die Elemente einer Einleitung

4. Nun zur Differenzierung. Das Verhältnis zwischen steigender Arbeitslosigkeit und zunehmendem Rassismus, Antisemitismus und Sexismus ist nicht linear, nicht monokausal. Ein entscheidender Faktor muss hinzukommen: die Frage, welche Erklärungs- und welche Lösungsmuster bestimmen den politischen Diskurs über Arbeitslosigkeit? Sind in den Diskursmustern vom »Gürtel«, der »enger geschnallt werden muss«, von der »höheren Eigenverantwortlichkeit« der Einzelnen, vom Ende des »Versorgungsstaats« Anhaltspunkte zu finden, die Rassismus, Antisemitismus und Sexismus fördern – ohne selbst rassistisch, antisemitisch oder sexistisch zu sein?

5. Ich zeige zunächst …

# Exposé

Eine Arbeit schreiben ist etwas anderes als Domino spielen. Eine Haus- oder Abschlussarbeit sollte man wie den Bau eines Hauses angehen – systematisch, mit einem Plan → Schreiben in der Wissenschaft – Der Prozess. Der Grundriss für das Schreiben ist ein Exposé: eine Kurzbeschreibung der geplanten Arbeit.

Auf den folgenden Seiten geht es zunächst um das »große« Exposé für eine Dissertation, das mit Abstrichen auch für eine Diplom- oder eine andere Abschlussarbeit erforderlich ist.[1] Im zweiten Schritt geht es um das »kleine« Exposé für eine Hausarbeit.

## Das Exposé für eine Dissertation oder Abschlussarbeit

Ein Exposé ist für Dissertationen und Abschlussarbeiten aus zwei Gründen Pflicht:

1. Für diese Arbeiten muss eine Betreuerin oder ein Betreuer gewonnen werden. *Gewinnen* heißt vor allem: vom Sinn und der Machbarkeit der Arbeit überzeugen. Ein Exposé ist eine gute Grundlage, um sich ergebnisorientiert über die geplante Arbeit zu verständigen.
2. Wer sich zwischen sechs Monaten und mehreren Jahren mit einem Thema beschäftigen will, sollte wissen, was er oder sie tut bzw. besser lässt. Ein Exposé hilft, Irrwege zu vermeiden.

In einem Exposé wird über (bis zu) neun Aspekte der geplanten Arbeit Auskunft gegeben.

*1. Problem*

Welches theoretische, praktische, soziale, juristische usw. Problem ist Ausgangspunkt der Arbeit?

> Allgemeines Problem: Das Verhältnis von Politik und Medien
> Problemstellung der Arbeit: Der Einfluss von Parteien auf die Personalpolitik des öffentlich-rechtlichen Rundfunks.

---

1 In kleinerer Schrift werden die Erläuterungen durch ein Beispiel illustriert.

*2. Forschungsstand*

Welche Erkenntnisse liegen vor? Was ist bislang noch nicht ausreichend behandelt oder unzureichend geklärt? Liegen widersprüchliche Aussagen bzw. Interpretationen vor? Welchen Bezug zur vorliegenden Forschung hat die eigene Arbeit?

Problemstellung und Forschungsstand sind miteinander verknüpft: Aus Lücken in der Forschung ergibt sich häufig die Problem- bzw. Fragestellung.

*3. Fragestellung*

Auf welche Frage(n) soll in der Arbeit eine Antwort gegeben werden?

Die → Fragestellung

- wird in der Auseinandersetzung mit dem Problem entwickelt,
- ist auf einen Problem-Ausschnitt gerichtet,
- wird so formuliert, dass sie beantwortet werden kann. Deshalb sollte die Fragestellung »schlank und möglichst präzise sein« (Narr 2003, 25).

> Welchen Einfluss haben SPD und CDU auf die Personalpolitik der ARD?

*4. Erkenntnisinteresse*

Warum will man sich mit diesem Problem beschäftigen, dieser Frage nachgehen?

> Wenn Medien in der Demokratie eine Kontrollfunktion einnehmen sollen, dann dürfen Repräsentanten der zu kontrollierenden Instanzen nicht in den Medien das Sagen haben.
>
> Gefährdet der Einfluss der Parteien die Presse- und Rundfunkfreiheit?
>
> Ist der Einfluss der Parteien mit Artikel 5 des Grundgesetzes[2] zu vereinbaren?
>
> Wie kann der Einfluss von Parteien auf die Personalpolitik verringert werden?

---

2 »Jeder hat das Recht, seine Meinung in Wort, Schrift und Bild frei zu äußern und zu verbreiten und sich aus allgemein zugänglichen Quellen ungehindert zu unterrichten. Die Pressefreiheit und die Freiheit der Berichterstattung durch Rundfunk und Film werden gewährleistet. Eine Zensur findet nicht statt.« (Absatz 1)

Fragestellung und Erkenntnisinteresse sind Ausgangspunkt für die Wahl eines Erklärungsansatzes oder Theorierahmens, auf den man sich in der Arbeit stützen bzw. beziehen will (vgl. Punkt 6).

*5. Ziel bzw. Hypothese*
Was soll erreicht, bewiesen oder widerlegt werden?

Vor dem Schreiben ist Klarheit über das Ziel einer Arbeit erforderlich, sonst besteht die Gefahr, dass man sich in Einzelheiten und Nebensächlichem verliert. Deshalb sollte man präzise bestimmen: *Was* will ich wissen? (Fragestellung), *wozu* will ich das wissen? (Ziel).

Wer weiß, was eine Arbeit leisten soll, kann zielgerichtet arbeiten. Mit einem klaren Ziel hat man eine Orientierung, welche Wege eingeschlagen werden müssen, um voranzukommen. Wer *realistische* Ziele formuliert, kann am Ziel ankommen.

Otto Kruse hat eine Liste möglicher Ziele zusammengestellt. Unter anderem führt er folgende »weite« und »enge« Ziele auf:

*Weite Ziele:*
- einen Beitrag zum Verständnis von … leisten,
- Wissen über … zusammentragen,
- Klarheit in eine Kontroverse bringen,
- etwas Neues bekannt machen,
- eine bereits durchgeführte Studie replizieren,
- eine Institution oder Prozesse evaluieren,
- auf etwas Vergessenes hinweisen.

*Enge Ziele:*
- einen Sachverhalt erklären,
- eine Behauptung prüfen,
- einen Zusammenhang untersuchen,
- Theorien, Positionen etc. vergleichen,
- Argumente für und gegen eine wissenschaftliche Position diskutieren,
- einen Sachverhalt analysieren,
- ein Werk interpretieren,
- ein Themenfeld systematisieren. (1995, 176)

*Wissen zusammentragen* zum Beispiel über Medien und Politik ist ein weites Ziel, weil noch unbestimmt ist,

- welche Frage(n) mit dem zusammengetragenen Wissen beantwortet werden sollen,
- ob zu diesem Zweck Fakten dokumentiert, wissenschaftliche Erklärungen interpretiert oder Zusammenhänge analysiert werden sollen.

Deshalb sollte dieses Ziel um greifbare engere Ziele ergänzt werden – zum Beispiel:

- den *Zusammenhang untersuchen* von Parteienmacht und politischem Einfluss auf den öffentlich-rechtlichen Rundfunk und
- alternative Modelle zur Besetzung von Rundfunkräten *zusammentragen* und *bewerten.*

*6. Theoriebezug*

Auf welche Erklärungsansätze bzw. Theorien wird Bezug genommen?

*7. Methode*

Mit welcher Methode soll das Problem bearbeitet, die Frage beantwortet werden?

> Befragung ehemaliger Intendanten, Chefredakteure und Ableitungsleiter und/oder Datensammlung: führende Positionen in der ARD und Parteimitgliedschaft.

*8. Material*

Welche Quellen (Daten) liegen vor, welche müssen ermittelt werden? Welche Quellen sollen herangezogen werden?

> ARD-Jahrbücher, Berichte in Zeitschriften, Zeitungen über Auseinandersetzungen um die Besetzung leitender Positionen.

*9. Vorläufige Gliederung*

Welche Aspekte sollen in welcher Reihenfolge behandelt werden? → Gliederung

Eine Anmerkung zu den Punkten 6 bis 8: In der eigentlichen Arbeit sollten die Ausführungen zu Theorie, Methode und Material kurz und knapp gehalten werden. Allgemeine Theorieüberblicke oder das

Referieren von Grundsatzdebatten über Methoden sind weder notwendig noch sinnvoll. Die Ausführungen zu Theorie, Methode und Material müssen einen Bezug zur Fragestellung und zum Ziel der Arbeit haben. Zwei Beispiele:

Man begründet, warum man sich bei einer Arbeit über »Studienmotivation« nicht ausschließlich auf Befragungen von Studierenden stützen kann.

Oder: Man erörtert die Grenzen der Aussagefähigkeit des Materials, wenn für eine Arbeit über Reisen von Frauen im 19. Jahrhundert nur Briefe und Reisetagebücher als Quellen vorliegen.

Zu einem Exposé gehört zudem ein Zeitplan: Wie viel Zeit wird für die wichtigsten Arbeitsschritte benötigt? Bis wann soll die Arbeit abgeschlossen werden?

Bei Forschungs- oder Stipendienanträgen ist außerdem ein Überblick über die benötigten Mittel (Sach-, Reise- und Personalkosten) erforderlich.

## Das Exposé für eine Hausarbeit

Ein Exposé für eine Hausarbeit enthält vier Punkte: Man formuliert einen Arbeitstitel, der die Fragestellung zum Ausdruck bringt, macht eine vorläufige Gliederung und schreibt eine vorläufige Einleitung, in der in wenigen Sätzen Auskunft gegeben wird über:

1. das *Problem*, mit dem man sich auseinander setzt,
2. die *Frage*, der man nachgeht,
3. das *Ziel* der Arbeit,
4. den *Aufbau* der Arbeit und – wenn erforderlich – die Quellen, die herangezogen werden.

Für das Exposé einer Hausarbeit braucht man nicht mehr als zwei Seiten. Das Entscheidende ist: Erst dann, wenn man die (vorläufige) Gliederung und die (vorläufige) Einleitung schreiben kann, hat man die Sicherheit, dass man auch die *eigene* Arbeit schreiben kann.

Die Gliederung verändert sich im Verlauf der Arbeit. Die endgültige Einleitung unterscheidet sich von der ersten. Das ist kein Problem, sondern die Regel. Wichtig ist: Man

- verändert die *eigene* Gliederung und Einleitung,

- hat eine Arbeitsgrundlage, einen Ausgangs- und Bezugspunkt, der verhindert, in der Literatur unterzugehen oder von neuen Informationen bzw. Erkenntnissen so irritiert zu werden, dass es nicht mehr gelingt, das Material zu strukturieren.

Kurz: Ein Exposé erspart unnötige Arbeit.

## Exzerpieren

> »Eine Regel beim Lesen ist die Absicht des Verfassers und den Hauptgedanken sich auf wenig Worte zu bringen und sich unter dieser Gestalt eigen zu machen. Wer so liest … gewinnt.« (Lichtenberg, 321)

Exzerpieren ist eine nützliche Methode der Text-Erschließung. Sie ist vor allem dann nützlich, wenn man einen Text besonders sorgfältig studieren will, weil er für das Studium oder eine Hausarbeit wichtig ist, zum Beispiel ein Standardwerk des Positivismus oder ein Klassiker der Motivationspsychologie.

Exzerpieren macht mehr Arbeit als inhaltliches und logisches Gliedern → Lesen. Diese Mehrarbeit lohnt, weil Exzerpieren die Chance erhöht, sich einen Text wirklich zu Eigen zu machen.

Exzerpieren heißt, Auszüge machen. Wie man mit Gewinn exzerpiert, hängt vom Lese*ziel* ab: Sucht man nach Antworten auf bestimmte Fragen, oder will man sich grundlegend über ein Thema oder die Auffassungen eines Autors informieren?

### 1. Spezifische Fragestellung

Hat man eine oder mehrere konkrete Fragen an einen Text, notiert man die Antworten, die im Text zu finden sind. Ein Beispiel: Man liest unter der Fragestellung: Was schlägt die Autorin vor, um das Problem der Arbeitslosigkeit zu lösen? Exzerpieren heißt dann: die Vorschläge (und deren Begründungen) schriftlich festzuhalten.

Dabei ist auf den Zusammenhang zu achten, in dem die gesuchten Aussagen stehen. Sonst besteht die Gefahr, die Intention eines Autors oder die Voraussetzungen einer Autorin unzureichend zu berücksichtigen. Deshalb sollte man mindestens das Kapitel sorgfältig lesen, im dem man die Antworten auf seine Fragen findet.

### 2. Allgemeine Fragestellung

Texte können auch unter einer globalen Fragestellung exzerpiert werden: Was wird in dem Text zum Thema *Arbeitslosigkeit* ausgesagt?

Exzerpieren unter einer allgemeinen Fragestellung wird von zwei Fragen geleitet:

- Wie lautet das Thema des Absatzes?
- Was wird über das Thema ausgesagt?

Man notiert Absatz für Absatz zunächst die Antwort auf die Frage nach dem *Thema* des Absatzes: Worum geht es, worüber wird informiert? Dann notiert man – möglichst in eigenen Worten –, welche *Aussage(n)* zu diesem Thema gemacht werden.

Ein Beispiel. Zunächst der Text, dann (auf der Seite 85) das Exzerpt.

Die 30-Stunden-Woche für Europa
Von Mohssen Massarrat

Die Massenerwerbslosigkeit ist ein weltweites Phänomen. In den Industrieländern bewegt sich die Arbeitslosenrate in der Spannbreite von 3% (Luxemburg) bis 12% (Spanien). In den östlichen und südlichen Transformations- und Entwicklungsländern um 20% und deutlich darüber.

Die Ursachen sind dabei nicht die selben: In den hoch entwickelten kapitalistischen OECD-Staaten gehören hohe Wachstumsraten der Vergangenheit an, sie bewegen sich seit Anfang der siebziger Jahre tendenziell unterhalb der Steigerungsrate der Arbeitsproduktivität. Das hohe Rationalisierungstempo als Folge des flächendeckenden Einsatzes von High-Tech und Kommunikationstechnologien kann durch die Mobilisierung von neuen Wachstumskapazitäten trotz erheblicher Anstrengungen nicht mehr aufgefangen werden. Hier wird immer mehr gesellschaftlicher Reichtum mit immer weniger lebendiger Arbeit produziert. Ganze Bevölkerungsschichten verlieren ihre Arbeit und werden auf Dauer vom Arbeitsprozess und vom Wirtschaftskreislauf abgekoppelt.

In den Transformations- und Entwicklungsgesellschaften werden zwar sehr hohe Wachstumsraten erzielt und die Wachstumsressourcen werden für lange Zeit auch beträchtlich bleiben. Trotz hoher Wachstumsraten und Wachstumspotentiale herrscht auch hier Massenerwerbslosigkeit, weil die Aufnahmekapazität der Arbeitsmärkte dieser Gesellschaften nicht groß genug ist, um jenes beträchtliche neue Arbeitskräftepotential aus den noch nicht durchkapitalisierten Bereichen zu absorbieren.

Der Keynesianismus lieferte über mehrere Jahrzehnte in den OECD-Staaten wirkungsvolle Konzepte zur Eindämmung der

Massenerwerbslosigkeit. Als Strategie zur Mobilisierung von Wachstumsressourcen war er während der Nachkriegsära in den Industriestaaten des Nordens mit ihren als unerschöpflich erscheinenden Wachstumskapazitäten in der Tat unschlagbar. Wo aber Wachstumsressourcen zur Neige gehen, das Rationalisierungstempo rasant ansteigt und extensive durch intensive Wachstumsstrategien abgelöst werden, verlieren keynesianische Instrumente auch hinsichtlich der Schaffung von Arbeitsplätzen ihre Durchschlagskraft. Dies ist m.E. der Hauptgrund für die Krise des Keynesianismus seit dem Beginn der achtziger Jahre und für die tiefgreifende Unsicherheit der Keynesianer aller Schattierungen gegenüber den neoliberalen Postulaten von Liberalisierung, Privatisierung, Deregulierung und Flexibilisierung. Bis heute befindet sich die keynesianische Beschäftigungspolitik in einer Defensive, aus der sie auch absehbar nicht herauskommen dürfte.

Der Neoliberalismus verdankt seinen Siegeszug einerseits dem wirtschaftspolitischen Vakuum, das der Keynesianismus hinterließ und andererseits der anhaltend wachsenden globalen Massenerwerbslosigkeit. Neoliberale Heilsversprechungen zur Modernisierung der Industrie- und Entwicklungsgesellschaften haben sich nach über zwei Jahrzehnten neoliberaler Dominanz als pure Ideologie erwiesen. Herausgekommen ist dagegen, dass überall in der Welt Reiche reicher und Arme ärmer wurden. Der Neoliberalismus ist in der Tat eine Strategie der Reichtumsumverteilung und das bisher wirksamste Instrument, eine schmale Schicht der Superreichen auf dem Rücken von Milliarden Menschen noch reicher zu machen. Er ist eine Strategie des Nullsummenspiels, führt an einem Ort zu mehr Beschäftigung, weil an einem anderen Ort gleichzeitig Menschen ihre Arbeit verlieren, und er stimuliert Wachstum nur durch Verbilligung der Arbeit und der Natur, durch Überausbeutung menschlicher Arbeitskraft und natürlicher Lebensgrundlagen. Echte Modernisierungen – wo sie durch den Zerfall verkrusteter staatlicher wie nicht-staatlicher Strukturen tatsächlich stattfinden – sind allenfalls Nebeneffekte des Neoliberalismus, jedoch nicht dessen Hauptzweck.[1]

---

1 Kurzfassung: Frankfurter Rundschau vom 17.12.2003.
Langfassung: http://www.fr-aktuell.de/doku (19.1.2004)

| Seite | Mohssen Massarrat:<br>Die 30-Stunden-Woche für Europa<br>www.fr-aktuell.de/doku(19.1.2004) – Kurzfassung: Frankfurter Rundschau vom 17.12.2003 | Anmerkungen |
|---|---|---|
| 1 | *Massenarbeitslosigkeit*<br>MAL: weltweites Phänomen. Arbeitslosenrate Industrieländer: zwischen 3% (Luxemb.) und 12% (Spanien). Transformations- und Entwicklungsländer: um 20% und deutlich darüber. | 3 % MAL? Große Unterschiede unerheblich? |
| | *Ursachen Massenarbeitslosigkeit*<br>OECD-Staaten<br>– seit Anfang der 70er Jahre keine hohen Wachstumsraten mehr;<br>– hohes Rationalisierungstempo, das nicht durch durch neues Wachstum aufgefangen werden kann. | Zahlen |
| | *Ursachen Transformations- und Entwicklungsländer*<br>MAL trotz hoher Wachstumsraten und Wachstumspotentiale: Aufnahmekapazität der Arbeitsmärkte ist nicht groß genug, um das »beträchtliche neue Arbeitskräftepotential aus den noch nicht durchkapitalisierten Bereichen zu absorbieren«. | |
| | *Keynesianismus als Lösungskonzept*<br>K. lieferte Jahrzehnte in den OECD-Staaten wirkungsvolle Konzepte zur Eindämmung der MAL.<br>»Als Strategie zur Mobilisierung von Wachstumsressourcen war er während der Nachkriegsära in den Industriestaaten des Nordens mit ihren als unerschöpflich erscheinenden Wachstumskapazitäten … unschlagbar.« | Kern des Konzepts? |

| | | |
|---|---|---|
| | Keynesianische Instrumente verlieren Durchschlagkraft, wenn<br>– Wachstumsressourcen zur Neige gehen,<br>– das Rationalisierungstempo rasant ansteigt,<br>– extensive durch intensive<br>Wachstumsstrategien abgelöst werden.<br>Dies ist »Hauptgrund für die Krise« des K. seit Beginn der 80er und für die »tiefgreifende Unsicherheit der Keynesianer … gegenüber den neoliberalen Postulaten«.<br><br>*Neoliberalismus als Lösungskonzept*<br>Ursachen »Siegeszug«:<br>– Vakuum, das der K. hinterließ<br>– anhaltend wachsende globale Massenerwerbslosigkeit.<br>Neolib. »Heilsversprechungen« haben sich als »pure Ideologie« erwiesen. Ergebnis neolib. Wirtschaftspolitik: Weltweit werden »Reiche reicher und Arme ärmer«.<br>Neolib.:<br>– »Strategie der Reichtumsumverteilung«, das »bisher wirksamste Instrument, eine schmale Schicht der Superreichen auf dem Rücken von Milliarden Menschen noch reicher zu machen.«<br>– »Nullsummenspiel«: mehr Beschäftigung an einem Ort, weil an einem a.O. gleichzeitig Menschen ihre Arbeit verlieren; | |
| 2 | – »stimuliert Wachstum nur durch Verbilligung der Arbeit und der Natur«. | |
| | »Echte Modernisierungen« – Auflösung verkrusteter (staatlicher) Strukturen – sind »Nebeneffekte«, nicht Hauptzweck des Neolib. | Beispiele? |

Vier Anmerkungen zum Exzerpt dieses Textes:

1. Die Abkürzungen, die man verwendet, sollten auch nach sechs Monaten oder einem Jahr noch verständlich sein.
2. Die Fragen, die in der Rubrik »Anmerkungen« stehen, bedeuten keine Kritik des Autors: Es ist zum Beispiel legitim, das Konzept des Keynesianismus als bekannt vorauszusetzen.
3. In dem Beispiel wurde, um das Verfahren zu demonstrieren, Absatz für Absatz exzerpiert. Es wäre viel zu zeitaufwendig, auf diese Weise ein Buch von hundert und mehr Seiten zusammenzufassen. Um sich mit dem Verfahren vertraut zu machen, sollte man zwei oder drei Aufsätze kleinteilig exzerpieren. Hat man Routine entwickelt, werden längere Textpassagen zusammengefasst. Entscheidend für das Textverständnis ist die Unterscheidung zwischen Thema und Aussage.
4. Werden in einem Text andere Autorinnen und Autoren referiert, sollten die Quellenangaben festgehalten werden, um wichtige Passagen im Original überprüfen zu können. Texte, die für eine Arbeit wichtig sind, sollten stets im Original gelesen und nicht aus zweiter Hand zitiert werden (vgl. Seite 298).

Am Ende eines Abschnittes oder Kapitels wird das Exzerpt zusammengefasst und schließlich eine Gesamtzusammenfassung der Teilzusammenfassungen geschrieben. Die Zusammenfassung des Beispiel-Exzerpts:

> Massenarbeitslosigkeit ist ein weltweites Phänomen. Die Arbeitslosenrate beträgt in den Industrieländern zwischen 3 und 12 Prozent, in den Transformations- und Entwicklungsländern zwanzig Prozent und mehr.
>
> Die Massenarbeitslosigkeit in den OECD-Staaten hat vor allem zwei Ursachen: (1.) Seit dreißig Jahren gibt es keine hohen Wachstumsraten mehr. (2.) Die forcierte Rationalisierung wird nicht durch neues Wachstum aufgefangen.
>
> In den Transformations- und Entwicklungsländern herrscht trotz hoher Wachstumsraten und Wachstumspotentiale Massenarbeitslosigkeit. Der Grund: Die Aufnahmekapazität der Arbeitsmärkte ist nicht groß genug, um das »beträchtliche neue Arbeitskräftepotential aus den noch nicht durchkapitalisierten Bereichen zu absorbieren.«

Der Keynesianismus ist kein wirkungsvolles Konzept zur Eindämmung der Massenarbeitslosigkeit, wenn die Wachstumsressourcen zur Neige gehen, das Rationalisierungstempo rasant ansteigt und extensive durch intensive Wachstumsstrategien abgelöst werden. Deshalb steckt der Keynesianismus seit Beginn der achtziger Jahre in der Krise.

Ergebnis neoliberaler Politik ist nicht weniger Arbeitslosigkeit, sondern Umverteilung von Reichtum: Weltweit werden »Reiche reicher und Arme ärmer«. Neoliberalismus ist eine Strategie des »Nullsummenspiels«: An einem Ort wird mehr Beschäftigung erreicht, weil gleichzeitig an anderen Orten Menschen ihre Arbeit verlieren.

## Fragen

»Wer suchet, der findet.« Jede Nation hat ihre Sprichwörter über das Fragen. »Wer fragt, ist ein Narr für fünf Minuten. Wer nicht fragt, bleibt ein Narr für immer.« Sagt man in China. Und in Deutschland weiß man: »Durch Fragen wird man klug.« Deshalb: »Besser zweimal fragen als einmal irregehen.«

Fragen ist das A und O der Wissenschaft. Ohne Fragen keine Wissenschaft. In der Schule fragen vor allem die Lehrerinnen und Lehrer. Fragen sind dort primär ein Kontrollinstrument. Studieren heißt: selbst Fragen stellen. Fragen, die auf Erkenntnis zielen. Ohne einen Rollenwechsel vom befragten Objekt zum fragenden Subjekt kommt man an der Hochschule nur mühsam voran, macht Studieren keinen Spaß.

Fragen sind ein Patentmittel für die effektive Lektüre von Texten und wenn es darum geht, eine Hausarbeit zu schreiben oder ein Referat vorzubereiten. Wer fragt, gewinnt.

### Lesen

Brecht empfahl im *Buch der Wendungen*, Texte zu lesen »als die Schriften von Verdächtigen« (1967, 560). Verdächtige werden verhört. Das Mittel sind Fragen.

Gefragt werden sollte bereits vor dem Lesen, denn ohne Fragen wird man vom Text gesteuert. Mit Fragen bestimmt man den Leseprozess selbst – zum Beispiel wenn es darum geht, sich einen ersten Überblick über ein Thema, ein Problem oder die Auffassungen einer Autorin zu verschaffen. Gleich, ob es um *Armut in der Europäischen Union* oder um *Medienpolitik* geht, um den *Mittleren Osten*, *George Sand*, um die *Deutsche Bildungskatastrophe*, um *Tierhaltungsverordnungen* oder *Biodiversität* – zunächst sollte man klären, was man wissen will. Fragen orientieren. Sie machen zur bzw. zum aktiv Suchenden und setzen der Lektüre greifbare Ziele.

Ein nützliches Frageinstrument sind die »W-Fragen«:

| Frage | zielt auf | Beispiele |
|---|---|---|
| Wer | Personen<br>soziale Gruppen<br>Handelnde<br>Betroffene | Wer hat die geringsten Bildungschancen? Welche literarischen Vorbilder hatte George Sand? |
| Was | Gegenstandsbestimmung | Was versteht der Autor unter *Armut*? Was heißt *Neoliberalismus*? |
| Warum, wozu | Ursache, Grund, Zweck, Ziel | Warum gibt es in der EU noch Armut? Welche Probleme sollen mit Ganztagsschulen behoben werden? |
| Wie | Art und Weise | Wie hat sich die Medienpolitik im letzten Jahrzehnt entwickelt? |
| Wo | Ort<br>Geltungsbereich | In welchen EU-Staaten gibt es (große) Armut? Welche EU-Staaten haben Programme zur Bekämpfung von Armut? Für welche Lernprozesse treffen behavioristische Erklärungen zu? |
| Wann | Zeit | Seit wann gibt es Dürren im Sahel? Seit wann existiert in Italien Frauenliteratur(-Forschung)? |

Mit Hilfe der W-Fragen lassen sich die Titel und (Kapitel-)Überschriften eines Buches oder Zeitschriftenaufsatzes in Fragen umwandeln. Ein Beispiel: ein Aufsatz in einer Fachzeitschrift mit dem Titel »Gewalt in der Schule«.

- Wer übt Gewalt in der Schule aus?
- Wer sind die Opfer von Gewalt?
- Was wird unter Gewalt verstanden?
- Wie wird Gewalt ausgeübt?
- In welchen Formen wird Gewalt ausgeübt?
- Welche Mittel werden eingesetzt?
- Warum wird Gewalt ausgeübt?

- Welche Ursachen hat die Gewalt?
- Seit wann tritt Gewalt in der Schule gehäuft auf?
- In welchen Schultypen wird Gewalt ausgeübt?
- Wo wird Gewalt in der Schule ausgeübt?
- Was wird gegen Gewalt in der Schule unternommen?
- Wer soll gegen Gewalt in der Schule vorgehen?

Fragen orientieren das Lesen. Fragen steuern das gezielte Suchen nach Antworten. Fragen helfen, Lücken in Texten zu entdecken. Fragen haben einen weiteren Vorteil: Mit ihrer Hilfe können die Antworten – vorläufig – strukturiert werden, die man in Texten findet. Ein Beispiel:

| | |
|---|---|
| Was<br>Gegenstandsbestimmung | Was ist Armut? |
| Warum<br>Gründe | Warum entsteht Armut, wird jemand arm? |
| Wer<br>Betroffene | Wer ist von Armut betroffen? Welche Personengruppen sind armutsgefährdet? |
| Wann<br>Entwicklung | Wann ging absolute Armut in der EU zurück? Seit wann nimmt die relative Armut zu? |
| Wo<br>Verbreitung | In welchen Staaten gibt es in welchem Umfang absolute und relative Armut? |
| Warum<br>Ursachen | Was sind die Hauptursachen für die unterschiedliche Armutsverteilung? |
| Wie<br>Gegenmaßnahmen | Mit welchen Maßnahmen wird Armut staatlich bekämpft? |

Diesen Gliederungspunkten können die (unterschiedlichen) Antworten zugeordnet werden, die in der Literatur gefunden wurden. Zum Beispiel zur ersten Kategorie:

*Absolute* Armut: Das physische Existenzminimum (Nahrung, Kleidung, Wohnung, Gesundheitsversorgung) ist nicht gewährleistet (Bäcker 2000, 35, Huster 1966, 22).

*Relative* Armut: Lebenslage am untersten Ende der Einkommens- und Wohlstandspyramide (Geißler 1996, 181, Huster 1996, 22).

## Ein Thema bearbeiten

Wie fürs Lesen gilt für die Bearbeitung eines Themas: Fragen, Fragen, Fragen. Viele Studierende quälen sich mit dem Schreiben einer Hausarbeit oder bei der Vorbereitung eines Referats, weil sie mit einem Handikap beginnen. Sie vertiefen sich – nach der Devise: »Mal sehen, was ich aus dem Thema machen kann« – sofort in die Literatur. Das Ergebnis: Die Arbeit wird zu einem zeitaufwendigen Prozess von Versuch und Irrtum. Die Ursache: Es fehlen Kriterien, was warum wichtig ist und was nicht.

Beginnt man mit Fragen, mit einer Reflexion des Themas, ertrinkt man nicht in der Literaturflut, sondern kann gezielt Literatur suchen und auswerten. – Ein paar Beispiel-Fragen zum Thema *Globalisierung:*

| **Frage** | **zielt auf** | **Beispiele** |
|---|---|---|
| Was | Gegenstandsbestimmung | Was heißt *Globalisierung*? |
| Warum, wozu | Ursache, Grund, Zweck, Ziel | Warum werden wozu welche Vorgänge *global*? |
| Wie | Art und Weise | Wie und in welchen Bereichen vollzieht sich *Globalisierung*? |

| | | |
|---|---|---|
| Wer | Person, soziale Gruppen | Wer sind die Akteure der *Globalisierung*? Wer ist betroffen? Wer sind die Gewinner und wer die Verlierer von *Globalisierung*? |
| Wo | Ort Geltungsbereich | Welche Regionen werden von *Globalisierung* erfasst? Was wird in diesen Regionen *globalisiert*? |
| Wann | Zeit | Wann setzte *Globalisierung* in welchen Bereichen ein? |

Diese und die Fragen auf den vorangegangen Seiten beziehen sich auf reale Vorgänge, auf Gegenstände wissenschaftlicher Erkenntnis. In der Wissenschaft nennt man dies »Objektebene«.[1]

In vielen Disziplinen ist es sinnvoll und nützlich, auch – auf einer »Metaebene« – danach zu fragen, wie und warum ein Sachverhalt, ein Vorgang zum Thema der Wissenschaft wird und wie dieser Sachverhalt oder Vorgang in der Wissenschaft behandelt wird.

Die Fragen zum Thema Gewalt in der Schule (vgl. Seite 90) können zum Beispiel um folgende Fragen ergänzt werden:

- Seit wann wird Gewalt in der Schule wissenschaftlich untersucht?
- Warum wurde zu diesem Zeitpunkt Gewalt in der Schule zum Gegenstand der Wissenschaft?
- Wer hat Gewalt in der Schule zum Thema gemacht, und welche Disziplinen beteiligen sich an der Diskussion?
- Wie wird über Gewalt in der Schule diskutiert?

---

1 *Objekttheorien* beziehen sich auf Objekte, Prozesse, Vorgänge usw. Sie enthalten Aussagen über diese Objekte, Prozesse, Vorgänge – zum Beispiel Lern- oder Motivationstheorien. Die zentralen Begriffe dieser Theorien (zum Beispiel Leistungsmotivation) gehören zur *Objektsprache.*
*Metatheorien* enthalten Aussagen über Theorien – zum Beispiel über Erkenntnisvoraussetzungen oder Forschungslogik. Die zentralen Begriffe einer Metatheorie (zum Beispiel Widerspruchsfreiheit) gehören zur *Metasprache.*

- Was wird in dieser Diskussion nicht berücksichtigt?
- Was hält die Diskussion am Leben?

Das Hilfsmittel W-Fragen lässt sich um problemstrukturierende Begriffe wie *Fragestellung*, *Prämisse*, *Problem* ergänzen. Diese Begriffe sind logisch-analytische Kategorien – keine inhaltlichen wie Armut, Globalisierung, Sexualität oder Biodiversität. Auf der nächsten Seite sind rund hundert wichtige problemstrukturierende Begriffe aufgeführt.

Einige Beispiele für die Kombination von W-Fragen mit problemstrukturierenden Begriffen:

- *Warum* wurde diese *Fragestellung* in der Psychologie relevant?
- *Welche Prämissen* liegen dem Ansatz zugrunde?
- *Wann* wurde das *Problem* der Gewalt in der Schule erstmals formuliert?
- *Wer* sind die *Adressatinnen* und *Adressaten* dieser sozialpolitischen Maßnahme?
- *Welches Problem* soll mit diesen Arbeitsmarktreformen gelöst werden?
- *Wie* kann dieses (pädagogische) *Ziel* erreicht werden?

Häufig ist es sinnvoll, problemstrukturierende Begriffe zu verbinden:

- *Struktur* und *Funktion* der Länderparlamente,
- *Ursache* und *Wirkung* der Auflösung klassischer Familienstrukturen,
- *Möglichkeiten* und *Grenzen* der Arbeitsmarktpolitik.

Mit der Kombination von W-Fragen und problemstrukturierenden Begriffen kann man in der Auseinandersetzung mit der Literatur fragend eine eigene → Fragestellung entwickeln.

Dieses Frage-Set ist zudem nützlich, um sich Klarheit über die eigene Arbeit zu verschaffen:

- *Was* möchte ich herausbekommen? *Fragestellung*
- *Warum* möchte ich das herauskriegen? *Ziel*
- *Wie* will ich vorgehen? *Methode*
- Auf *welche* Quellen stütze ich mich? *Material*

→ Exposé

## Problemstrukturierende Begriffe

Adressat
Aktualität
Analyse
Anfänge
Anlass
Ansätze
Ansatzpunkt
Anwendung
Aspekt
Ausgangspunkt
Ausmaß

Basis
Bedeutung
Bedingungen
Begriff
Begründung
Beispiel
Beziehung

Charakteristik

Daten
Definition
Determinanten
Dimension

Einsichten
Elemente
Entstehung
Entwicklung
Ergebnis
Erscheinungen

Fakten
Folgen
Folgerungen
Forderungen
Formen
Fragen

Gefahren
Geltungsbereich
Geschichte
Gründe
Grundfragen
Grundlagen
Grundstruktur

Hauptströmungen
Hintergrund
Hypothese

Inhalte
Intentionen
Interesse
Ist-Zustand

Kategorien
Konkretisierung
Konsequenzen
Konzept(ion)
Kriterien
Kritik

Leitgedanke
Leitlinien
Lösung

Merkmale
Methode
Mittel
Modell
Motiv

Nachteil
Notwendigkeit

Ordnungskriterien
Organisation

Perspektiven
Phase
Position
Praxis
Prinzip
Probleme
Programm

Quellen
Querverbindungen

Relevanz
Richtlinien
Richtungen

Schema
Schwerpunkt
Schwierigkeit
Selbstverständnis
Situation
Struktur
Synthese
System
Systematisierung

Techniken
Tendenz
Terminologie
Thema
Theorie
These

Übersicht
Ursprung

Vorgeschichte
Vorteil

Zukunft
Zusammenhang
Zweck

## Fragestellung

Was tun, wenn man eine Hausarbeit schreiben oder ein Referat halten soll über

- das Parteiensystem in den USA oder
- Armut und Ausgrenzung in der Europäischen Union oder
- vergleichende Werbung oder
- Glaubhaftigkeitsdiagnostik oder
- Dürren im Sahel oder
- Umweltpolitik in der Europäischen Union?

Was wird verlangt? Worauf kommt es an? Mit diesen Fragen lassen Lehrende die Studierenden oft allein. Allenfalls kommen Hinweise wie »Lesen Sie mal den Aufsatz von …« oder »Bei … finden Sie wichtige Ausführungen«. Die so betreute Studentin, der so beratende Student liest viel. Beide wissen nach der Lektüre mehr als zuvor – aber nicht, was sie mit dem Thema machen sollen. Soll referiert werden, was in der Literatur steht? Geht es »nur« um eine Zusammenfassung? Und wenn ja, was ist dabei wichtig? Oder soll – zum Beispiel – das Parteiensystem in den USA bewertet werden? Und ist für die Bewertung ein Vergleich mit anderen Parteiensystemen erforderlich?

Die Studentin, der Student müssen sich – sofern sie keine eindeutigen Vorgaben haben – entscheiden, ob sie Wissen *wiedergeben* oder *anwenden* wollen.

> »Knowledge transforming … means using the knowledge of the scientific field for a purpose chosen by the student, as opposed to just paraphrasing sources. When you write down your questions to the field, or your interpretations, or the points you have observed and the points you find it important to make, when you take out parts of for example a theory and use it in a new context, for a new purpose, in a new combination, you are transforming the knowledge that was already there. Knowledge-transformation is the hall-mark of what is requested from … students.« (Rienecker 1999, 96)

Wenn man sich dafür entscheidet, in einer Hausarbeit oder einem Referat Wissen *anzuwenden*, braucht man eine Fragestellung: Man kann zum Beispiel mit bzw. aus dem Thema »Das Parteiensystem in den USA« viel machen. Man kann der Frage nachgehen,

- wie das Parteiensystem entstand und sich entwickelte,
- welche Funktionen und welche Strukturen das Parteiensystem hat,
- ob es einen Zusammenhang zwischen Mehrheitswahlrecht und dem Parteiensystem gibt,
- welche Vor- und welche Nachteile die Stabilität des Parteiensystems in den USA hat,
- ob und wenn ja welche Zusammenhänge zwischen Wahlsystem, Wahlverhalten und Parteiensystem bestehen.

Man kann ganz unterschiedliche Fragen an das Thema »Parteiensystem in den USA« stellen – und dementsprechend zu sehr unterschiedlichen Antworten kommen. Deshalb ist es notwendig sich zu entscheiden, was man über das Parteiensystem in den USA wissen will. Allgemeiner: Man braucht eine Fragestellung.

Zu einer Fragestellung kommt man mit der Hilfe von → Fragen. Der Zeitpunkt für die Formulierung einer Fragestellung lässt sich nicht eindeutig festlegen. In der Regel wird sie im Prozess der Auseinandersetzung mit der Literatur entwickelt. Ein Beispiel:

> Studentin A soll eine Hausarbeit über Medien und Politik schreiben. »Die Themenanalyse und eine erste Literatursichtung haben ihr deutlich gemacht, dass in diesem Thema viele Themen stecken. Studentin A interessiert, welche Medienpolitik die Parteien in der Bundesrepublik verfolgen. Sie entscheidet sich deshalb, dieser Frage nachzugehen. Im Prozess der Literaturauswertung stellt sie fest: Die Medienpolitik aller Parteien kann sie im Rahmen einer Hausarbeit nicht – angemessen – behandeln. Da sie keine Diplomarbeit schreiben und nicht hochstapeln will, muss die Frage enger gefasst werden. Studentin A prüft deshalb, ob sie die Medienpolitik
>
> - einer Partei untersucht,
> - der Parteien in ausgewählten Feldern (zum Beispiel öffentlich-rechtlicher Rundfunk) analysiert oder
> - zweier Parteien unter bestimmten Aspekten vergleicht.
>
> Nehmen wir an, Studentin A entscheidet sich für die erste Mög-

lichkeit und nimmt sich vor, die Medienpolitik der Grünen zu analysieren. Ihre Fragestellung: Wie wollen die Grünen die Presse- und Meinungsfreiheit gewährleisten?

Vielleicht wird Studentin A während der weiteren Arbeit feststellen, dass diese Frage noch konkretisiert werden muss ... Das ist

- kein Unglück, sondern die Regel,
- kein Problem, sondern ein Hinweis darauf, dass Studentin A ihr Thema in den Griff bekommt.« (Franck 2003c, 169)

Studentin A wendet Wissen an. Wissen, das andere erarbeitet haben. Sie referiert dieses Wissen nicht einfach, sondern nutzt es für ihre Fragestellung. Niemand erwartet von ihr bahnbrechende neue Erkenntnisse, sondern den Nachweis, dass sie ein Thema mit Hilfe vorliegender Erkenntnisse bearbeiten kann. Kurz und umgangssprachlich formuliert: Eigene Fragen und wissenschaftliche Literatur ergeben die richtige Mischung für eine Hausarbeit oder ein Referat.

C. W. Müller weist in einem Brief an einen (fiktiven) jungen Wissenschaftler darauf hin, dass in den Human- und Geisteswissenschaften »nahezu alle uns gegenwärtig relevant erscheinenden Themen in dem einen oder anderen Zusammenhang schon hinreichend *häufig* behandelt« wurden (1999, 79). Darüber *wie* diese Themen behandelt wurden, ist mit dieser Feststellung keine Aussage getroffen. Mit einer (originellen) Fragestellung kann man die »hinreichend häufig behandelten« Themen neu akzentuieren oder sogar – in einer Abschlussarbeit – so strukturieren und bewerten, dass ein Erkenntnisgewinn dabei herauskommt.

Ohne Fragestellung erscheint die Literatur als Materialberg, der sich allenfalls mit viel Fleiß abtragen lässt. Die Unsicherheit, ob man dies »richtig« gemacht hat, kann Fleiß nicht beseitigen. Eine Fragestellung hilft, Kriterien für das zu entwickeln, was für eine Arbeit oder ein Referat notwendig und wichtig ist. Last but not least: Eine Fragestellung hilft, Durststrecken beim Schreiben und Lesen zu überwinden, denn eine Fragestellung macht ein Thema zum *eigenen* Thema.[1]

---

1 Eine Fragestellung ist eine *wissenschaftliche* Fragestellung, wenn ein *Problem* vorliegt: Was ist unbekannt, unklar oder widersprüchlich an dem Gegenstand,

»A good Research Question
- is *interesting* to its writer
- and is *relevant* to the subject
- is based on:
  - ›something not right‹: ›it is said … but in reality‹
  - ›the relation between X and Y‹
  - ›the observation that sticks out‹
  - ›a sense of wondering‹
- makes it possible to *debate and argue a point*
- and makes it possible to *conclude* something
- is in *question-* or *statement* (claim-)form
- has *one* clear main question (and subquestions)
- in *posed* in *precise words*
- is *clearly marked* in the introduction
- is, wherever possible, *short*, preferably less than 10 lines long!«

(Rienecker 1999, 98)

## Literatur

Lotte Rienecker: Research Questions and Academic Argumentation: Teaching Students How to Do it. Using Formats and Model-Examples. In: Otto Kruse, Eva-Maria Jakobs, Gabriela Ruhmann: Schlüsselkompetenz Schreiben. Konzepte, Methoden, Projekte für Schreibberatung und Schreibdidaktik an der Hochschule. Neuwied u.a.: Luchterhand 1999, S. 95–108

über den eine Arbeit geschrieben werden soll? Was muss getan werden, um dieses Problem zu lösen, diese Wissenslücke zu schließen? Eine wissenschaftliche Fragestellung zielt auf neue Erkenntnisse. In Hausarbeiten werden keine Probleme gelöst, sondern *Aufgaben*: Man weist nach, dass man vorhandenes Wissen nach wissenschaftlichen Standards bearbeiten kann. Diese Aufgabe mag Probleme bereiten; sie ist jedoch nicht mit der Anforderung verbunden, die Wissenschaft zu bereichern.

## Gliederung, gliedern

Eine Gliederung ist Ergebnis und Voraussetzung für eine schriftliche Arbeit oder ein Referat.

*Voraussetzung:* Man muss den Bereich abstecken, der in einer Arbeit behandelt werden soll. Mit einer *vorläufigen* Gliederung schafft man einen Bezugspunkt für die Auseinandersetzung mit der Literatur. Mit einer vorläufigen Gliederung hat man einen Ausgangspunkt, um eine Rohfassung zu schreiben, in der das erarbeitete Wissen über ein Thema und eigene Überlegungen einzelnen Gliederungspunkten zugeordnet werden.

Im Prozess des Schreibens wird die Gliederung verändert. Das ist kein Problem, sondern die Regel. Entscheidend ist: Man verändert die *eigene* Gliederung, arbeitet also an der eigenen Arbeit. Wer sich ohne Gliederung ans Schreiben macht, startet zu früh und kommt in der Regel nicht oder nur über große Umwege ans Ziel (vgl. Seite 203 ff.).

Es gibt viele Möglichkeiten, eine Arbeit zu gliedern – zum Beispiel:

- nach *zentralen Merkmalen* (interne und externe Faktoren oder: Geschichte, Ziele, Aufbau und Organisation),
- *chronologisch,*
- nach *Funktionen* (Erziehung, Bildung, Berufs-, Weiterbildung) oder *Funktionsbereichen* (Einkauf, Produktion, Vertrieb),
- geografisch,
- *nach Theorien und Konzepten* (phänomenologische, systemtheoretische, kommunikationstheoretische, materialistische Soziologie).

Für empirische bzw. experimentelle Arbeiten in den Sozial- und Naturwissenschaften gibt es Standardgliederungen (vgl. Seite 101).

Als *Ergebnis* ist eine Gliederung die Grundlage für das → Inhaltsverzeichnis. Die endgültige Gliederung muss schlüssig und übersichtlich sein.

*Schlüssig:* Die Gliederungsziffern müssen die Beziehungen, die Über- und Unterordnungen zwischen den einzelnen Themenaspekten angemessen zum Ausdruck bringen. Sind *Funktionsbereiche*

**Gliederung experimenteller Untersuchungen in den Sozialwissenschaften**

Empirische Arbeiten haben in der Regel die Struktur
- Darstellung und
- Lösung

eines Problems.

Die Problem-*Darstellung* gibt Auskunft über
1. das Problem, seine Relevanz und den Wissensstand über das Problem. Das Problem kann zum Beispiel darin bestehen, dass Untersuchungen über ein bestimmtes Phänomen (soziales Lernen im Vorschulalter, die Wirkung von Gewaltdarstellungen in den Medien) zu widersprüchlichen Ergebnissen kommen und deshalb keine wissenschaftlich gesicherten Handlungsempfehlungen formuliert werden können.
2. das Vorgehen, um einen Beitrag zur Lösung des Problems zu leisten:
   - Fragestellung,
   - Annahmen: Hypothese(n) und Vorhersage(n).

Die Problem-*Lösung* umfasst
- den Versuch (das Experiment): Aufbau der Untersuchung (Versuchsaufbau, Versuchspersonen, Versuchsablauf) und Durchführung der Untersuchung,
- die Ergebnisse,
- die Diskussion der Ergebnisse und Schlussfolgerungen.

Von der Art der Arbeit hängt es ab, wie umfangreich die Darstellung des Problems sein muss, ob sie in der Einleitung erfolgen kann oder ein eigenes Kapitel erfordert.

das Gliederungsprinzip, müssen zum Beispiel Einkauf, Produktion, Vertrieb in der Gliederung auf der gleichen Ebene zu finden sein. Gliedert man eine Arbeit über Medien nach den Kriterien *Struktur* und *Funktion*, werden alle behandelten Medien nach diesen Kriterien gegliedert: das Kapitel über Printmedien ebenso wie das über die elektronischen und die digitalen Medien.

*Übersichtlich* wird eine Gliederung, wenn die folgenden vier Gesichtspunkte beachtet werden:

1. Das Gliederungsprinzip, für das man sich entschieden hat, wird konsequent durchgehalten.
2. Die Gliederung sollte ausgewogen sein, das heißt relativ gleichmäßig unterteilt.
3. Nur ein Unterpunkt zu einem Kapitel oder Abschnitt macht keinen Sinn. Jeder Gliederungspunkt muss mindestens zwei Unterpunkte haben. »Wer A sagt, muss auch B sagen«. Für Gliederungen gilt diese ansonsten fragwürdige Maxime.
4. Maximal acht Unterpunkte pro Gliederungspunkt, damit die Gliederung übersichtlich bleibt.

Der Auszug aus dem Inhaltsverzeichnis einer Diplomarbeit über »Geschlechterpolitik im europäischen Integrationsprozess« (Seite 103) ist ein Beispiel für eine gelungene Gliederung:

- das gewählte Gliederungsprinzip wird konsequent durchgehalten,
- die Gliederung ist ausgewogen, das heißt relativ gleichmäßig unterteilt,
- die Gliederung ist mit acht Unterpunkten noch übersichtlich.

Meiner Variante dieser Gliederung ist zu entnehmen, dass man Ziffern und Buchstaben kombinieren kann. Und man kann auf römische und arabische Zahlen, große, kleine und griechische Buchstaben zurückgreifen – sofern das nicht den Konventionen der jeweiligen Disziplin widerspricht.

### Literatur

Nützliche Hinweise zur Gliederung empirischer Arbeiten in den Naturwissenschaften gibt Ibbeken. Auf den Webseiten des Fachbereichs Psychologie der Universität Osnabrück ist eine Anleitung zur Gliederung experimenteller Arbeiten in der Psychologie zu finden.

Hilbert Ibbeken: Die Schwarzwälder Kirschtorte und das Problem eines wissenschaftlichen Textes. In: Wolf-Dieter Narr, Joachim Stary (Hrsg.): Lust und Last des wissenschaftlichen Schreibens. Frankfurt a. M.: Suhrkamp 1999, S. 176–190

http://www.w3psy.uos.de/subpages/Hinweise%20fuer%20Studierende/berichteschreiben.pdf (30.5.2004)

Inhaltsverzeichnis

**Inhaltsverzeichnis**

**A Einleitung**

**B Wohlfahrtsstaatliche Geschlechterregime**

1 Die theoriegeleitete Klassifizierung wohlfahrtsstaatlicher Geschlechterregime

2 Das Geschlechterregime Schwedens
2.1 Familienstruktur
2.2 Einkommenssituation
2.3 Das System der sozialen Sicherung
2.3.1 Berechtigung zu Sozialleistungen
2.3.2 Sozialausgaben und Sozialleistung
2.3.3 Alterssicherung und Altenbetreuung
2.3.4 Mutterschafts- und Familienleistungen
2.4 Arbeitsmarkt
2.4.1 Dienstleistungssektor
2.4.2 Arbeitszeit
2.4.3 Arbeitslosigkeit
2.4.4 Arbeitslosengeld und Arbeitslosenhilfe
2.5 Steuersystem
2.6 Politische Partizipation
2.7 Bildung
2.8 Kinderbetreuung

3 Das Geschlechterregime der Bundesrepublik Deutschland
3.1 Familienstruktur
3.2 Einkommenssituation
3.3 Das System der sozialen Sicherung
3.3.1 Berechtigung zu Sozialleistungen
3.3.2 Sozialausgaben und Sozialleistung
(…)

**C Die Gleichstellungspolitik der Europäischen Gemeinschaft und der Europäischen Union**

1 Die Phase 1957 bis 1972: Lohngleichheit nach Artikel 119 EWGV
(…)

## Handout

Vorträge und Referat können mit → Medien veranschaulicht und sollten mit einem Handout abgerundet werden. Das können Kopien der wichtigsten Folien sein oder Unterlagen mit den relevanten Zahlen, Daten und Formeln, mit Definitionen, Begriffen und weiterführenden Literaturhinweisen oder Daten über Personen. Solche Handreichungen erleichtern es den Zuhörenden, sich auf den Vortrag zu konzentrieren; sie entlasten vom Mitschreiben und geben die Möglichkeit zum Nachlesen.

Ein Handout sollte

- alle notwendigen Angaben enthalten (wer spricht über was in welchem Zusammenhang),
- kurz, knapp und übersichtlich sein,
- dem Aufbau des Vortrags folgen,
- Raum für Notizen lassen.

Zur Kür gehört eine »Themen-Landkarte«, die am Anfang des Handouts steht und einen Überblick über die Themen bzw. die Struktur des Referats gibt. Eine Themen-Landkarte kann man als Gedanken-Landkarte anlegen (vgl. die Abbildungen 4 und 9) oder als Netzwerk wie in der Abbildung 2 (Seite 106).

Mit *PowerPoint* können problemlos Handouts mit Verkleinerungen der Folien erstellt werden (vgl. Seite 107). Wer diese Möglichkeit nutzt, sollte zwei Punkte beachten:

- Die besten Vorlagen erhält man mit den Druck-Optionen »Reines Schwarzweiß« und »Folien Rahmen«. Zudem sollte für den Ausdruck auf einen farbigen Folien-Hintergrund verzichtet werden.
- Großzügig sein: Handouts mit nur drei Folien auf einer Seite lassen den Zuhörerinnen und Zuhörern genügend Platz für Notizen.

Es gibt kein Patenrezept, wann ein Handout verteilt werden sollte. Gleich, ob man Unterlagen zu Beginn oder am Ende des Vortrags verteilt: Die Zuhörenden sollten zu Beginn des Referats informiert werden, ob und wann sie Unterlagen erhalten.

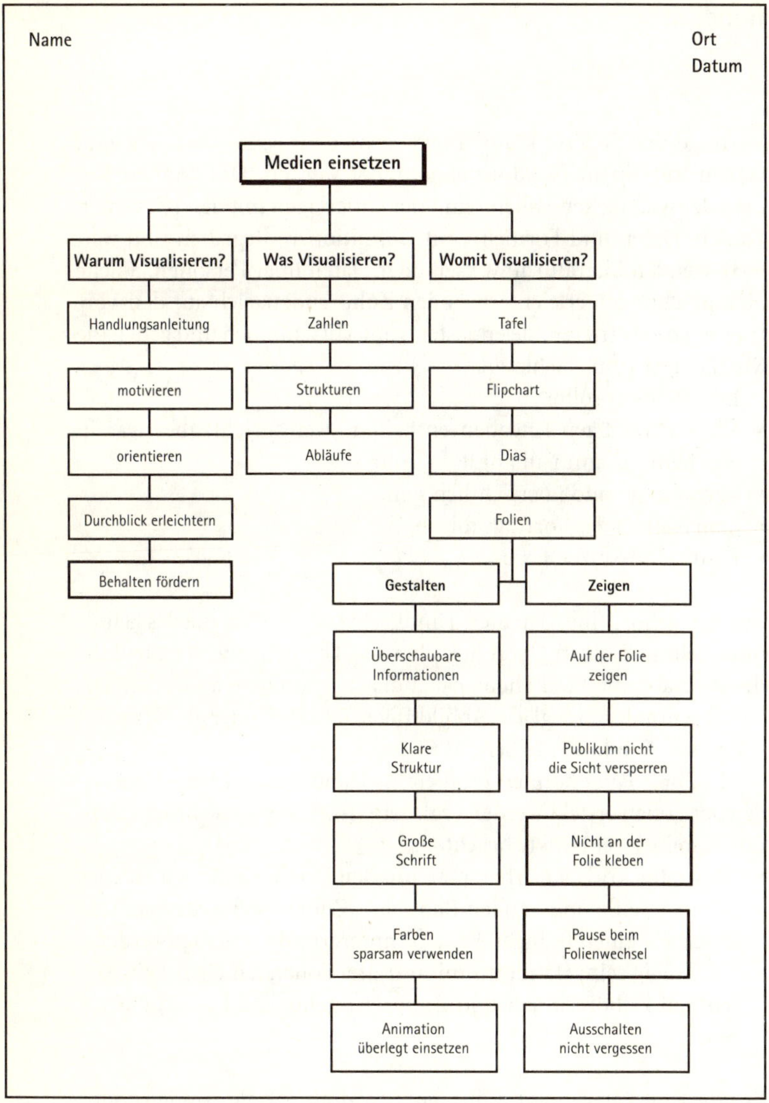


Abbildung 2: Themen-Landkarte (Franck 2003a, 93)

Dr. Norbert Franck: Gesellschaftsorientierte Öffentlichkeitsarbeit

Hannover
Juni 2004

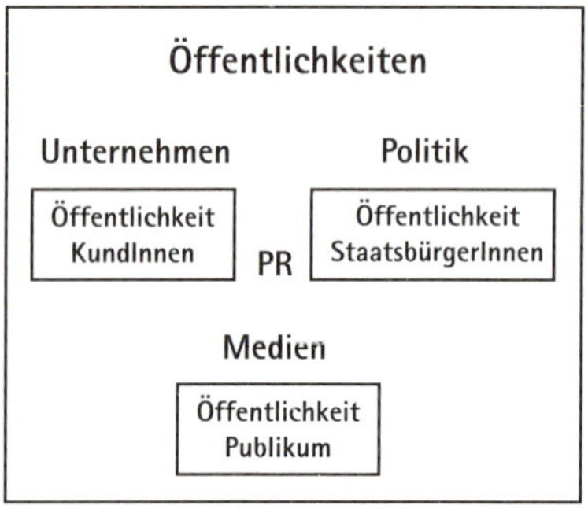


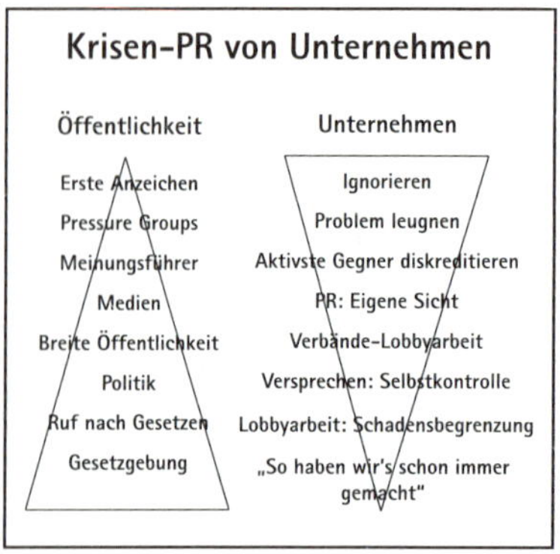


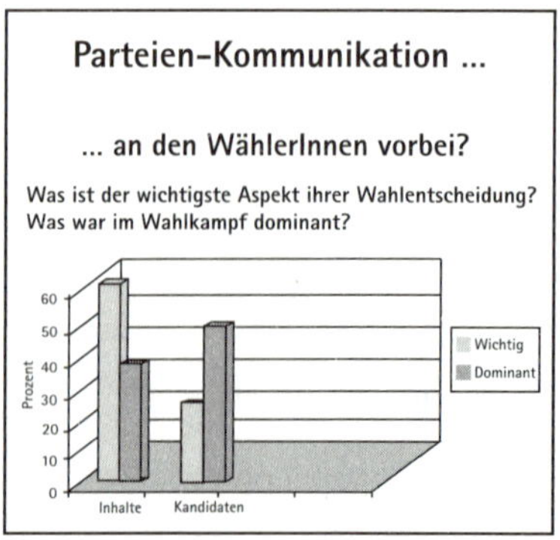


Abbildung 3: Handout einer PowerPoint-Präsentation

## Inhaltsverzeichnis, Inhaltsübersicht

Ein Inhaltsverzeichnis ist die in Form gebrachte → Gliederung einer Arbeit. Es spiegelt den Aufbau einer Arbeit und erleichtert den Lesenden die Orientierung und das Nachschlagen.

Von den Konventionen des Fachs sollte die Entscheidung abhängig gemacht werden, ob man zur Gliederung nur Ziffern verwendet oder Ziffern und Buchstaben kombiniert, ob man römische und arabische Zahlen, große, kleine und griechische Buchstaben nutzt.

Im Text werden die Gliederungspunkt des Inhaltsverzeichnisses wiederholt. Zudem kann innerhalb eines Kapitels durch Absätze, Spiegelstriche usw. optisch gegliedert werden.

Ist ein Inhaltsverzeichnis sehr umfangreich, kann eine *Inhaltsübersicht* vorangestellt werden, in der nur die Kapitel ohne Unterpunkte aufgeführt sind. Enthält eine Arbeit viele Tabellen bzw. Abbildungen oder Abkürzungen, ist ein *Verzeichnis der Tabellen* und/oder *Abbildungen* Kür, ein *Abkürzungsverzeichnis* Pflicht. Solche → Verzeichnisse stehen nach dem Inhaltsverzeichnis.

**So nicht: Inhaltsverzeichnis**

Der Kernbestandteil eines Inhaltsverzeichnisses, die → Gliederung einer Arbeit, sollte ausgewogen und übersichtlich sein. Zwei Beispiele für das Gegenteil: das Inhaltsverzeichnis

- einer Hausarbeit über den Asylkompromiss von 1993, die von einem Studenten im ersten Semester geschrieben wurde,
- einer Magisterarbeit über die Umweltverbände Greenpeace und Bund für Umwelt und Naturschutz Deutschland (BUND)

Zunächst zur Hausarbeit:

**I. Vorbemerkung** 1

**II. Betrachtung der Entstehungsgeschichte und -bedingungen** **2**

1. Zahlenentwicklung 2
2. Der Umgang mit dem »Asylproblem« in Politik und Bevölkerung 3

Die Gliederung ist unausgewogen: Während der Abschnitt II.2 mehrere Seiten umfasst, ist Kapitel III übergliedert, vor allem auf den Seiten 7 und 8. Sprachlich ist das Inhaltsverzeichnis misslungen:

- »Betrachtung der Entstehungsgeschichte und -bedingungen«: Während nicht angegeben wird, um welche *Entstehungsgeschichte und -bedingungen* es sich handelt, ist *Betrachtung* überflüssig. Die *Betrachtung* sollte exklusiv dem Aufsatz im Deutschunterricht der gymnasialen Oberstufe vorbehalten blieben – an der Hochschule wird dargestellt, analysiert, verglichen, bewertet usw.
- »Zahlenentwicklung« ist unpräzise und daher ohne Aussagehalt.
- »Der Umgang mit dem ›Asylproblem‹ *in* Politik und Gesellschaft« ist eine Formulierung aus dem Floskelbaukasten, die zu Lasten der Präzision geht.
- Die »Vorbemerkung« gibt es nicht → Vorwort.

Eine ausgewogene und sprachlich aussagekräftigere Variante:

Auszüge aus dem Inhaltsverzeichnis der Magisterarbeit:

Dieses Inhaltsverzeichnis spiegelt einen zentralen inhaltlichen Mangel wider: Eine Arbeit von über hundert Seiten wird auf nur einer Seite »eingeführt« (eine »Einführung« gibt es nicht, sondern nur eine Einleitung). Das ist entschieden zu wenig, um das Ziel, die Materialauswahl und das methodische Vorgehen zu begründen → Einleitung. Der »Ausblick« fällt ebenfalls sehr knapp aus.

Die römischen Ziffern sollte man sich sparen, wenn »Einführung« und »Ausblick« nur eine bzw. zwei Seiten lang sind. Nach römischen Ziffern wird kein Komma gesetzt, sondern ein Punkt.

Die Arbeit ist uneinheitlich gegliedert:

- Unter II.1 gibt es drei Abschnitte über Greenpeace, aber nur zwei über den BUND.
- Zu II.2 gibt es ein Fazit (das korrekt die Gliederungsziffer 4 haben müsste, da es ein Fazit des gesamten Kapitels II.2 ist). Ein solches Fazit fehlt bei II.1 und II.3.
- Zu verschiedenen Kapiteln gibt es eine »Einführung« – zu anderen nicht.
- In II.3 werden die Abschnitte 2, 3 und 4 untergliedert, der Abschnitt 5 nicht.

Die Arbeit ist übergliedert. Das wird in II.1 besonders deutlich: Auf der Seite 2 stehen fünf Gliederungspunkte. Wenn so wenig zu einem Themenaspekt geschrieben wird, kommt man mit weniger Gliederungsziffern aus:

| | | |
|---|---|---|
| II.1 | Interne Faktoren | 2 |
| 1 | Finanzen | 2 |
| 1.1 | Einnahmen und Ausgaben von Greenpeace | 2 |
| 1.2 | Einnahmen und Ausgaben des BUND | 5 |

Und man sollte sich entscheiden, ob es um Faktoren oder Ressourcen geht und nicht den Lesenden die Auswahl überlassen. Auf das Wort Darstellung kann verzichtet werden.

Die Schwächen der Arbeit, die das Inhaltsverzeichnis zeigt, lassen sich nicht beheben. Formal kann das Inhaltsverzeichnis optimiert werden:

Eine Anmerkung zu dieser Alternative: Zu Beginn eines Kapitels sollte stets eine (kurze) Einführung stehen (vgl. Seite 210). Eine solche Kapitelvorschau erhält keine Gliederungsziffer, deshalb wurde »Einführung« gestrichen.

## Lampenfieber

An deutschen Hochschulen hält sich hartnäckig die Fiktion, wer ein guter Wissenschaftler oder eine gute Wissenschaftlerin sei, lehre auch gut. Deshalb ist nach wie vor die Chance gering, in deutschen Hörsälen gute Vorträge zu hören, die als Anregungen für eigene Referate oder Vorträge dienen können.

Deutsche Hochschulen sind paradoxe Orte: Es wird vorausgesetzt, was systematisch gelehrt und geübt werden müsste: die Fähigkeiten und Fertigkeiten ein Referat oder einen Vortrag zu halten, Diskussionen zu bestreiten und zu leiten.

Fehlen Erfahrung, Übung und Routine, stellt sich vor Referaten, Vorträgen oder in Diskussionen häufig eine unerwünschte Begleiterin ein: die Aufregung. Wie kann man sie loswerden oder zumindest auf Abstand halten?

Eine sorgfältige Vorbereitung (vgl. Seite 188 ff.) und ein gutes → Manuskript sind wichtige Voraussetzungen zur Minimierung von Lampenfieber. Eine gründliche Vorbereitung ist zwar nicht alles. Aber ohne gute Vorbereitung wird ein Referat nichts.

Worauf kommt es noch an? Man darf sich nicht überfordern und sollte realistische Vorstellungen von den Erwartungen haben, die andere – Lehrende und Lernende – an ein Referat oder einen Vortrag haben.

*Sich nicht überfordern:* Gedanken, Ideen und Argumente in eine für Zuhörerinnen und Zuhörer verständliche und interessante Form zu bringen, muss *gelernt* und *geübt* werden. Diese Fähigkeit ist kein Nebenprodukt der Auseinandersetzung mit einem Thema oder Studienfach. Wer von sich verlangt, es *können* zu müssen, überfordert sich und blockiert Lernprozesse.

Lernen braucht Erfolgszuversicht: *Ich will* Surfen (Spanisch, Klavier spielen) lernen, und *ich kann* mir die dafür notwendigen Fähigkeiten und Fertigkeiten aneignen. Diese Erfolgszuversicht stellt sich bei vielen Studierenden vor Vorträgen oder Referaten nicht ein – weil sie zu viel von sich verlangen. Statt das nächste Referat, den nächsten Vortrag als Übungsmöglichkeit zu begreifen, wird Perfektion angestrebt:

- Ich darf nicht rot werden.
- Ich muss sicher wirken.
- Mir darf kein Satz verunglücken.
- Ich muss meine Rede ohne Versprecher bestreiten.

*Erwartungen realistisch einschätzen:* Das sind keine Anforderungen, die in Prüfungs- oder Studienordnungen erhoben werden, sondern hausgemachte Vorschriften. Was wird tatsächlich verlangt? Erwartet wird

- ein strukturierter Vortrag – kein perfekter »Auftritt«,
- ein verständliches Referat – kein rhetorisches »Feuerwerk«,
- Sachkenntnis – keine Perfektion,
- ein origineller Gedanke, ein interessanter Gesichtspunkt, eine klare Meinung – keine Show.

Niemand hält einen Versprecher oder einen verunglückten Satz für eine Katastrophe oder eine Zumutung. Und rhetorische Glanzleistungen sind an der Hochschule selten. Die meisten Studentinnen und Studenten sind zufrieden, wenn ein Vortrag »Hand und Fuß« hat, wenn ein Diskussionsbeitrag verständlich ist oder zum Nachdenken anregt. Werden zudem noch gute Folien eingesetzt (vgl. Seite 156 ff.) und ein informatives → Handout verteilt, ist das mehr als in der Regel geboten wird. Von den Dozentinnen und Dozenten kommen allenfalls Hinweise auf inhaltliche Schwächen.

Es sind offenkundig nicht die Anforderungen selbst, die viele Studierende vor Referaten nervös machen. Vielmehr bereiten die *Vorstellungen* über die Anforderungen Unbehagen. Diese Vorstellungen rufen Gefühle hervor. Beruhen diese Vorstellungen auf falschen Annahmen, lösen sie Gefühle aus, die unsere Handlungsfähigkeit beeinträchtigen können. Solche falschen Annahmen gehen in folgenden Worten durch den Kopf: *Wenn ich einen Vortrag halte, geht das schief. Wenn es schief geht, kann ich mit den Konsequenzen nicht umgehen.*

Eine rationale Betrachtung der Anforderung und der bisherigen Lernerfahrungen wird in der Regel zu folgendem Ergebnis führen: Es geht *nicht* notwendig schief, wenn ich ein Referat halte. Das Gegenteil ist auch möglich. Die Welt geht *nicht* unter, wenn mir zwei oder drei Sätze verunglücken, wenn ich an einer Stelle hängen bleibe oder am Anfang rot werde. Mit diesen Schwächen werde ich fertig.

Gelingt diese selbstbewusste Betrachtung von Anforderungen und Erfahrungen, ist das ein gutes Stück auf dem Weg, die lästige Begleiterin Aufregung loszuwerden. Wie kann das Vorankommen auf diesem Weg beschleunigt werden?

*Nicht zu viel auf einmal verlangen:* Wenn sich vor einem Referat oder einem Vortrag körperliche Stress-Symptome einstellen, sollte man das – einige Zeit – akzeptieren und nicht das momentan Unmögliche verlangen. Gelassen und entspannt einem Vortrag oder Referat entgegenzusehen, ist Ergebnis von Übung und Erfahrung. Deshalb sollte man seine Energien auf das Referat konzentrieren – und sich folgende Tatsache bewusst machen: Das Publikum kann nicht in mein Innenleben schauen. Die Zuhörenden sehen nicht, dass mein Blutdruck steigt oder mein Herz schneller schlägt. In der Regel hört auch niemand meine Stimme »zittern« (wir hören uns anders reden – mit dem »Innenohr« – als die anderen, die unsere Stimme mit dem »Außenohr« aufnehmen).

# Lesen

An Hochschulen sind wechselseitige Schuldzuweisungen Alltag. Hochschullehrer klagen, Studierende seien »unfähig, das Wesentliche eines Textes zu erfassen«, und könnten nicht »zwischen eigener Meinung und dem Inhalt eines Textes unterscheiden« (Franck 2000, 5).

Lehrende, klagen Studierende, »vermitteln keine Methoden und Verfahren für den Umgang mit wissenschaftlicher Literatur« und formulieren »unklare Arbeitsaufträge« (ebd.).

Fakt ist: Der Umgang mit wissenschaftlicher Literatur bereitet Studierenden häufig mehr Frust als Lust. Der Grund: Viele Texte dokumentieren in erster Linie die Unfähigkeit oder mangelnde Bereitschaft der Autoren, sich klar auszudrücken. Wissenschaftliche Texte werden für die *scientific community* geschrieben. Und das heißt in Deutschland, nach dem Motto zu schreiben: Wenn du eine Chance hast, einen Sachverhalt kompliziert auszudrücken, nutze sie.

Klagen hilft, jedenfalls Studierenden, nicht. »Ein fleissiges Literaturstudium … kann dem Studierenden nicht genug empfohlen werden. Die Literatur ist die halbe Gelehrsamkeit.« Meinte Carl Kirchner vor gut hundertfünfzig Jahren (1852, 132). Nüchtern formuliert: Während des Studiums muss man viel lesen – zwischen einem Drittel und der Hälfte der Studienzeit ist Lesezeit. Deshalb sollte das Verhältnis von Aufwand und Ertrag stimmen, deshalb sollte die Menge der gelesenen Texte und die investierte Zeit in einem vernünftigen Verhältnis zu dem stehen, was »hängen bleibt«.

Darum geht es auf den nächsten Seiten, um Mittel und Wege, die dazu führen, dass man nicht, wie einst Goethe, klagen muss:

> »Die guten Leutchen wissen nicht, was es einem für Zeit und Mühe gekostet, um lesen zu lernen. Ich habe achtzig Jahre dazu gebraucht und kann noch jetzt nicht sagen, daß ich am Ziele wäre.« (Bd. 24, 709)

Zwei Anmerkungen vorab:

1. »Man lasse sich durch den schlechten Styl nicht abhalten, ein sonst wichtiges Buch zu lesen.« (Kiesewetter 1811, 207)

2. Mit dem Essen kommt der Appetit. Lesen erleichtert das Lesen: Je mehr man lesend seinen Wissenshorizont erweitert, desto besser werden die Voraussetzungen, Texte zu verstehen. Und desto größer wird die Wahrscheinlichkeit, dass man motiviert liest.

## Vor dem Lesen: Fragen

Liest man einen Roman oder ein Gedicht, ist der Weg das Ziel – jedenfalls dann, wenn man nicht Literaturwissenschaft studiert. Die Lektüre *wissenschaftlicher* Texte ist Mittel zum Zweck. Bevor man sich auf den Weg durch viele Seiten macht, sollte man Klarheit über das Ziel haben und darüber, warum man sich auf den Weg macht. *Vor* dem Lesen ist daher zu klären:

- Warum lese ich diesen Text?
- Was will ich von dem Text wissen?
- Was kann ich von dem Text erwarten?

Erst fragen, dann lesen. Dieser Grundsatz schützt vor unsystematischem Lesen und davor, sich in Nebensächlichem oder in Einzelheiten zu verlieren.

### Warum lese ich diesen Text?

> »Man lese nicht zuviel auf einmal, damit man sich nicht mit einem halben Verstehen begnüge oder das Gelesene sich nicht zu eigen mache.« (Kiesewetter 1811, 206)

Klarheit über die Leseabsicht hilft, das Lektüre-Pensum und die Lektüre-Intensität festzulegen:

- Will ich mir einen Überblick über ein Themengebiet verschaffen?
- Will ich mich mit der Meinung des Autors, der Autorin auseinander setzen?
- Bin ich auf der Suche nach Daten und Fakten?

### Was will ich wissen?

Ist der Anlass und das Ziel des Lesens geklärt, sollte man weiter fragen: Was will ich wissen? Fragen orientieren, sie geben der Lektüre ein greifbares Ziel. Ein nützliches Frageinstrument sind die »W-Fragen«, die an anderer Stelle ausführlich behandelt werden → Fragen.

Notiert man vor dem Lesen die Fragen an einen Text, hat man ein gute Lektüre-Stütze und eine Hilfe für die Lektüre-Bilanz: Kann man die Fragen beantworten? Lässt der Text Fragen offen? Wurden bestimmte Aspekte nicht behandelt?

»Es genügt nicht, ein Buch vor Augen zu haben, man muß es auch lesen können.« (Althusser 1975, 105) Fragen sind *die* Lesehilfe.

### Was kann ich erwarten? Relevanz prüfen

Wir können nicht allen Menschen, die uns begegnen, die gleiche Aufmerksamkeit schenken. Und wir können nicht alle Bücher und Aufsätze lesen, die veröffentlicht wurden. Man muss eine Auswahl treffen. Deshalb sollte man vor dem Lesen prüfen:

- Was kann ich von diesem Text erwarten?
- Ist jener Text das richtige Mittel zum Zweck?

Diese Überprüfung kann vor dem Lesen unwichtiger Texte und damit vor Enttäuschungen bewahren; sie schafft Zeit für die Lektüre relevanter Veröffentlichungen.

Bei *Zeitschriftenbeiträgen* ist eine solche Prüfung einfach: Die Zusammenfassung, die dem Text häufig voran- oder nachgestellt ist, gibt einen Überblick über Fragestellung und Ergebnisse. Für die Prüfung der Relevanz eines *Buches* gibt es sieben Anhaltspunkte:

*1. Titel*

Was verspricht der *Sachtitel*? Ist er für die eigene Fragestellung relevant? Welche Konkretisierungen oder Einschränkungen werden im *Untertitel* vorgenommen? Wie lautet bei Übersetzungen der *Originaltitel?*

Wer ist der *Autor*, die *Autorin*? Hat er mehr zum Thema veröffentlicht? Gilt sie als Autorität auf einem bestimmten Gebiet? Ein »Ja« ist zwar noch kein Gütekriterium, aber eine erste Orientierung.

Erscheint das Buch in einer *Reihe*? Wer gibt sie heraus? Wer publiziert in dieser Reihe? Erscheinen in der Reihe vor allem Dissertationen und Habilitationen, ist ein umfassender Überblick über ein (bei Dissertationen häufig schmales) Gebiet zu erwarten. Diese Leistungsnachweise sind in der Regel schwere Kost.

Hat der *Verlag* einen guten Ruf? Gilt er als ausgewiesener Fachverlag für Erziehungswissenschaft, Jura oder Wirtschaft? Wer publiziert in diesem Verlag? Ist er weltanschaulich gebunden?

*2. Impressum*

Das Erscheinungsjahr und die Auflage sind wichtige Anhaltspunkte. Das *Erscheinungsjahr* gibt Aufschluss, über welche Themen man Informationen erwarten kann. So sind nur in Veröffentlichungen aus der jüngsten Zeit Informationen über *Präimplantationsdiagnostik* oder den *Europäischen Stabilitätspakt*, über *PISA* oder *SARS* zu finden. Bei Übersetzungen ist das Datum der *Erstveröffentlichung* entscheidend, da die deutschsprachige Ausgabe oft erst einige Jahre später herauskommt.

Bücher werden ergänzt und überarbeitet. Deshalb sollte man immer die *neueste Auflage* lesen, sonst riskiert man, Zeit für die Rezeption einer überholten Diskussion zu opfern bzw. zu übersehen, dass eine Autorin ihre Auffassung verändert hat oder ein Autor seine Thesen mit neuen Argumenten stützt. Ist die Theorie einer Wissenschaftlerin oder die Entwicklung eines Autors Gegenstand einer Haus- oder Abschlussarbeit, sollten alle Ausgaben herangezogen werden, die grundlegend überarbeitet wurden.

*3. Klappentext*

In seriösen Klappentexten findet man Informationen über den Inhalt, den Autor bzw. die Autorin und Hinweise, für wen das Buch in erster Linie geschrieben wurde.

*4. Inhaltsverzeichnis*

Das Inhaltsverzeichnis gibt Aufschluss über den Aufbau und welche Schwerpunkte gesetzt werden.

*5. Vorwort*

Neben Danksagungen an die Gattin, die dem Autor alle Hausarbeiten abnahm, an die Kinder, die ihren schreibenden Vater nicht mit Schularbeiten und anderen Nebensächlichkeiten belästigten, oder an die Sekretärin, die geduldig jede Überarbeitung auf die Festplatte gebracht hat, findet man im Vorwort Hinweise über die Intentionen des Autors, über die Zielgruppe, an die sich eine Autorin vorrangig wendet.

*6. Register*

Das Personen- und Sachregister ist vor allem für Fortgeschrittene eine nützliche Entscheidungshilfe. Anhand des Registers lässt sich

prüfen, ob zentrale bzw. aktuelle Begriffe, wichtige Autorinnen und Autoren oder Personen der (Zeit-)Geschichte behandelt bzw. berücksichtigt wurden.

*7. Literaturverzeichnis*
Gütemaßstab ist die Aktualität – nicht die Zahl – der aufgeführten (Sekundär-)Literatur und deren Breite: Werden unterschiedliche Ansätze berücksichtigt und die Grenzen des Fachs überschritten? Um von einem Literaturverzeichnis auf die Relevanz einer Veröffentlichung schließen zu können, muss man sich allerdings bereits in das Fach bzw. Thema eingearbeitet haben.

Nützlich ist es zudem, Rezensionen zu lesen. Besprechungen sozial- und geisteswissenschaftlicher Veröffentlichungen werden in der *Internationalen Bibliographie der Rezensionen* nachgewiesen, die in großen wissenschaftlichen Bibliotheken eingesehen werden kann. Fach- bzw. themenbezogene Rezensionszeitschriften findet man im Internet, wenn man in eine Suchmaschine den Begriff »Rezensionszeitschrift« eingibt.

Erscheint nach diesen Prüfschritten ein Buch relevant und interessant, sollte man die Einleitung und einige Seiten lesen, um sich zu vergewissern, ob der Anspruch des Buches dem eigenen Vorwissen angemessen ist. Man sollte sich weder überfordern noch unterfordern – und Kiesewetters Rat beherzigen: »Man beharre nicht dabei ein Buch zu Ende zu lesen, sobald man inne wird, daß das darin Gesagte von keinem erheblichen Nutzen sein könne.« (1811, 207)

## Inhalt und Aufbau erfassen

Texte müssen »gelesen werden als die Schriften von Verdächtigen« – empfahl Brecht (Bd.12, 560). Kiesewetter wies darauf hin, dass man Texte »ohne vorgefaßte Meinung« lesen müsse (1811, 205). Beide Empfehlungen sind wichtig. Texte sollten kritisch gelesen werden. Eine kritische Lektüre setzt einen kühlen Kopf voraus, der zunächst unvoreingenommen zur Kenntnis nimmt, was ein Autor sagt, was eine Autorin will. Als Leistungsanforderung formuliert: Man muss einen Text *korrekt wiedergeben* können.

Daran schließt sich die *immanente Beurteilung* an:

- Welches Ziel verfolgt der Autor?
- Hat er dieses Ziel erreicht?
- Was will die Autorin beweisen?
- Ist ihr dieser Beweis gelungen?

Erst dann ist eine fundierte *weitergehende Kritik* möglich: Ist beispielsweise das gesteckte Ziel sinnvoll? Ist die Fragestellung relevant? Weil ein kühler Kopf gebraucht wird, um »Verdächtigen« auf die Spur zu kommen, hat Kiesewetter *zeitlich* Vorrang vor Brecht.

Ein kühler Kopf ist beim Lesen zurückhaltend im Umgang mit Textmarkern. Während des Lesens viele Stellen zu markieren, mag das Gewissen beruhigen und das Gefühl vermitteln, einen Text bearbeitet zu haben. Doch häufig ist das Ergebnis nicht mehr als ein bunter Text. Farbe im Text ergibt noch kein Verständnis des Inhalts. Ist ein Thema neu, erscheint fast alles wichtig oder interessant. Wird das Neue angestrichen oder unterstrichen, zeigen die An- oder Unterstreichungen, was neu oder wichtig und interessant *erscheint*. Die inhaltliche und logische Struktur des Textes heben solche Markierungen nicht hervor. Diese Strukturen zu erfassen, ist jedoch Ziel jedes produktiven Lesens.

Wer auf Unterstreichungen nicht verzichten will, sollte zunächst den gesamten Text lesen und erst im zweiten Durchgang unterstreichen. Unterstreicht man bereits beim ersten Lesen, trifft man Entscheidungen über die Bedeutung von Aussagen, ohne den Zusammenhang zu kennen, in dem diese Aussagen stehen. Man entscheidet also ohne stichhaltige Entscheidungskriterien.

*Den Inhalt erfassen: Inhaltlich gliedern*

Texte verstehen heißt:

1. sie auf ihren Kern verdichten und
2. logische Zusammenhänge (oder Brüche) herausarbeiten.

*Inhaltliches* Gliedern ist ein bewährtes Verfahren, um die Kernaussagen eines Textes herauszuarbeiten: Mit Leitwörtern, die den Inhalt einer Textpassage zusammenfassen, wird die inhaltliche Struktur eines Textes hervorgehoben. Die leitende Frage lautet: Worum geht es in diesem Absatz? Was ist Thema dieses Absatzes? Man notiert am Textrand ein Stichwort aus dem Text oder wählt selbst einen Begriff, der den Inhalt zusammenfasst.

Die inhaltliche Gliederung kann mit Unterstreichungen kombiniert werden: Mit den Leitworten hebt man hervor, worum es geht, wie das *Thema* eines Absatzes lautet. Im Text unterstreicht man die *Aussagen*, die zu dem Thema getroffen werden:

| | |
|---|---|
| Mit der modernen Wissenschaft setzte sich die Erkenntnis durch, daß die Erde keine Scheibe ist, sondern eine Kugel, die sich um die Sonne dreht und nicht im Mittelpunkt des Universums steht. Der Glaube an die göttliche Ordnung der Welt hatte keinen Platz mehr in der Wissenschaft. Nur eines blieb: der Glaube an den Mann als Maß aller Dinge. Und während Wissenschaft und Technik sich rasant entwickelten, wurden bis ins 20. Jahrhundert Theorien über die Minderwertigkeit der Frau vorgelegt. | Wissenschaftsentwicklung und Geschlechterverhältnis |
| Frauen wurden als Subjekt und Objekt der Forschung aus der Wissenschaft ausgeschlossen. In Deutschland erhielten sie erst 1900 (in Baden) das uneingeschränkte Recht zur Immatrikulation (in Preußen mußten sie noch bis 1908 warten). Und es dauerte weitere 20 Jahre, bis Frauen sich habilitieren durften. | Frauen und Wissenschaft – historisch |
| Durch Gesetze werden heute Frauen nicht mehr am wissenschaftlichen Arbeiten gehindert. Im WS 1996/97 immatrikulierten sich erstmals mehr Studienanfängerinnen als Studienanfänger. Doch was gut anfängt, ist nur sehr schwer zu einem »krönenden« Abschluß zu bringen: Eine Wissenschaftskarriere ist für Frauen extrem hartes Brot. In der Spitze der universitären Hierarchie halten Männer die Stellung. Der Anteil von Frauen an C-4-Professuren (die Professuren mit der höchsten Besoldung und der besten Ausstattung) geht im Schneckentempo auf sieben Prozent zu. Formale Gleichberechtigung ist noch lange keine Gleichstellung. »Kaum ein zivilisiertes Land leistet sich seit Jahrzehnten eine | Frauen und Wissenschaft – heute |

derartige Mißachtung weiblicher Fähigkeiten und Lebensentwürfe wie die deutsche Wissenschaft.« Das »biologische Vermännlichungssystem an den Hochschulen« (Daxner, S. 121 f.) hat Folgen für die Schwerpunkte, Ergebnisse, Methoden und den Stil von Forschung und Lehre.
(...)

Frauenforschung

Als Anfang der 70er Jahre die ersten Seminare nur für Studentinnen durchgeführt wurden, reagierten viele Hochschullehrer sehr aufgeregt: Sie sahen in Frauenseminaren und Frauenforschung das Ende der freien Wissenschaft und sprachen von Diskriminierung. Inzwischen haben sich die meisten damit abgefunden, daß es Frauenforschung gibt, die in ihren Anfängen vor allem die in der Wissenschaft vernachlässigte Bedeutung und Rolle der Frau in den Mittelpunkt rückte und heute das »männliche Wissenschaftsmodell« insgesamt in Frage stellt.

Rezeption der Frauenforschung

Die meisten Wissenschaftler setzen sich nicht mit den Ergebnissen und Konzepten der Frauenforschung auseinander. Sie stellen in ihrer Arbeit weder inhaltliche noch methodische Bezüge her. Sie begreifen Frauenforschung nicht als Herausforderung, sondern als ein »Orchideen-Feld« der Wissenschaft, das sie bestenfalls mit freundlichem Desinteresse betrachten. Dieser Mangel an Selbstreflexion über den Zusammenhang von Geschlecht und Erkenntnis, von Erkenntnis und Interesse ist mit wissenschaftlichen Kriterien nicht zu rechtfertigen. Das gilt gleichermaßen für die Weigerung, sich auf Frauenforschung zu beziehen, deren widersprechende Antworten zu rezipieren und damit Theorie- und Methodenpluralismus zu akzeptieren. Mit dem Grundsatz der »Objektivität« ist eine solche Haltung nicht zu vereinbaren.

*Den Aufbau erfassen: Logisch gliedern*

Um einen Text verstehen, beurteilen und für das weitere Studium nutzen zu können, ist es erforderlich, die Argumentation, den logischen Aufbau eines Textes zu prüfen. Deshalb sollte an die Frage, *worum* es im Text geht, eine weitere Frage angeschlossen werden: *Wie wird argumentiert?* Welche Funktion hat ein Textabschnitt in der Argumentation des Autors, was »macht« die Autorin an dieser Stelle?

- Stellt er eine These oder eine Behauptung auf?
- Begründet sie eine These oder Behauptung?
- Zieht er eine Schlussfolgerung?
- Verallgemeinert sie Ergebnisse?

Einen Text logisch gliedern heißt also: die argumentative Funktion einer Textpassage kennzeichnen. Am Textrand notiert man Begriffe, die Auskunft geben, ob es sich bei einem bestimmten Absatz um eine These, Behauptung oder Begründung handelt oder um eine Verallgemeinerung, ein Beispiel oder eine Schlussfolgerung (vgl. die Liste problemstrukturierender Begriffe auf Seite 95). Ein Beispiel[1]:

| | |
|---|---|
| Nachdem wir die Bedeutung des aktiven, sinn- und zielbezogenen Einprägens hervorgehoben haben, geht es nun um die Einflüsse früher erworbener Denkstrukturen und -methoden auf spätere geistige Prozesse, d.h. um die Frage, ob die Fähigkeit zur Informationsspeicherung durch bereits vorhandenes Wissen beeinflußt wird. | Fragestellung |
| Erinnern wir uns an die Schulzeit: man hatte gelernt, zweistellige Zahlen zu addieren. Als dann später drei- und vierstellige Zahlen addiert werden mußten, war das ein Kinderspiel. | Beispiel |
| Verallgemeinert man dieses Beispiel, so kann festgestellt werden: Ein vorangegangener Lernprozeß beeinflußt einen nachfolgenden günstig. Ist dies der Fall, so spricht man von einem *positiven* Transfer … | Verallgemeinerung |

1 Text aus: Rückriem, Stary, Franck (1997, 39)

| | |
|---|---|
| Allerdings ist auch der umgekehrte Fall möglich: Ein vorangegangener Lernprozeß wirkt sich auf einen nachfolgenden ungünstig aus. Ein solcher *negativer* Transfer kann z.B. auftreten, wenn man als Autofahrer in einem anderen Land mit Linksverkehr konfrontiert wird. | Ergänzung |
| Wir können also festhalten, daß frühere Lernerfahrungen (im weitesten Sinne) für die Lern- und Gedächtnistätigkeit von erheblicher Bedeutung sind. | Gesamt-Verallgemeinerung |
| Wie ist nun negativen Einwirkungen zu begegnen, wie sind positive zu erzielen? | Präzisierte Fragestellung |

Logisches Gliedern lenkt die Aufmerksamkeit auf Argumentationsstrukturen. Das trägt dazu bei, Texte besser verstehen und beurteilen zu können. Ist es zum Beispiel – wie in dem gegliederten Text – zulässig, auf der Grundlage eines Beispiels zu verallgemeinern?

Mit einer Kombination von inhaltlicher und logischer Gliederung durchdringt man einen Text tiefer und erarbeitet sich ein solides Gerüst für das Referieren eines Textes.

Ein Beispiel:

| | |
|---|---|
| Die Entwicklung der Wissenschaft verläuft nicht als geradliniger und kontinuierlicher Prozeß, in dem »eins zum anderen kommt«. Forschungsergebnisse, die heute als gesichert gelten, werden morgen aufgrund neuer Erkenntnisse verworfen, Methoden werden durch neue abgelöst. Wissenschaftlicher Fortschritt <u>vollzieht sich in Sprüngen</u>, in kleineren oder größeren Revolutionen. Wissenschaftlicher <u>Fortschritt</u> wurde häufig nur <u>durch unkonventionelles Vorgehen</u> abseits traditioneller Methoden und Verfahren erzielt. | Wissenschaftsentwicklung *These* |

| | |
|---|---|
| Die Vorstellung von einem Modell wissenschaftlicher Forschung hält sich zwar noch in manchen Köpfen, faktisch bestimmt ein Methodenpluralismus (Paul Feyerabend spricht von einem »heiteren Anarchismus«) den Wissenschaftsalltag. | Methodenpluralismus<br>*These* |
| Wenn also Ergebnisse wissenschaftlicher Forschung stets vorläufig und Irrtümer wahrscheinlich sind, wenn Methodenpluralismus die Regel ist und unkonventionelle Wege häufig die erfolgversprechenden sind – dann spricht vieles für ein respektloses Verständnis von Wissenschaft. | Wissenschaftsverständnis<br>*Schlußfolgerung* |
| Damit meine ich die Haltung,<br>• neugierig zu sein, offen für neue Erfahrungen, andere Meinungen und Sichtweisen, statt immer »auf der Hut« zu sein;<br>• in neuen Erfahrungen und Erkenntnissen eine Bereicherung und Anregung zum Weiterfragen zu sehen statt Störfaktoren;<br>• ungewohnte Wege zu gehen und sich Irrtümer und (vorläufiges) Nichtwissen zu erlauben, statt »auf Nummer Sicher« zu setzen;<br>• sich auf Erkenntniszuwachs zu konzentrieren, statt geistige Energie in die Rechtfertigung und Verteidigung (vorläufiger) Auffassungen zu investieren. | Respektlose Haltung zur Wissenschaft<br>*Erläuterung* |

(Aus: Franck 2003b, 41f.)

Franck formuliert zwei *Thesen*:

1. Die Entwicklung der Wissenschaft »vollzieht sich in Sprüngen«; Fortschritte in der Wissenschaft wurden »häufig nur durch unkonventionelles Vorgehen abseits traditioneller Methoden und Verfahren erzielt«.

2. In der Wissenschaft ist Methodenpluralismus die Regel.

Aus diesen Thesen *leitet* der Autor die Empfehlung für ein »respektloses Verständnis von Wissenschaft« *ab*. Damit *meint* er eine Haltung, die gekennzeichnet ist durch Neugier, Offenheit und die Bereitschaft, »ungewohnte Wege zu gehen und sich Irrtümer und (vorläufiges) Nichtwissen zu gestatten«.

*Exzerpieren und visualisieren*

Ein chinesisches Sprichwort lautet: »Ich höre etwas und vergesse es, ich sehe etwas und erinnere mich, ich tue etwas und verstehe es.« Texte, die für das Studium bzw. für eine Haus- oder Abschlussarbeit besonders wichtig sind, sollte man in einen eigenen Zeichenvorrat übersetzen – in eigene Worte oder in ein Bild. Beide Wege der Textbearbeitung werden an anderer Stelle ausführlich vorgestellt: → Exzerpieren, → Texte visualisieren.

## Prüfen, kritisieren

Lesen schließt Prüfen ein. Das Prüfen auf der Ebene der einzelnen Aussagen und das Prüfen des gesamten Textes. Fragen sind ein wichtiges Prüfinstrument.

*Aussagen prüfen*

Texte enthalten Aussagen, die sich drei Kategorien zuordnen lassen:

1. Aussagen über die Realität: »Lärm macht krank.«
2. Aussagen über Normen: »Alle Jugendlichen sollten die Chance haben zu studieren.«
3. Aussagen über Mittel: »Die Senkung der Lohnnebenkosten schafft Arbeitsplätze.«

Die Fragen zu diesen Aussagen:

1. Stimmt das? Gibt es für diese Aussage empirische Belege?
2. Soll das so sein? Welche Argumente sprechen für dieses Ziel?
3. Funktioniert das? Ist die vorgeschlagene Maßnahme geeignet, das gewünschte Resultat zu erzielen?

Ein Ja auf die dritte Frage schließt weitere Fragen nicht aus, Fragen nach den »Risiken und Nebenwirkungen« – zum Beispiel: Rechtfertigt ein Mehr an Sicherheit das Mittel schärferer Überwachung?

*Texte prüfen*

- Ist die Fragestellung relevant?
- Werden wichtige Fragen ausgeklammert?
- Von welchen Voraussetzungen geht der Autor, die Autorin aus? Enthalten diese Voraussetzungen fragwürdige Prämissen?
- Wird schlüssig argumentiert?
- Sind Voraussetzungen, Argumentation und Schlussfolgerungen widerspruchsfrei?
- Wurden alle Erklärungskonzepte berücksichtigt?
- Ist das methodische Vorgehen dem Gegenstand angemessen?
- Wurde die relevante Literatur berücksichtigt?
- Sind die Quellen zuverlässig?

Dieser Fragenkatalog ist nicht vollständig. Doch selbst diese Auswahl ist für Studierende im ersten, zweiten und dritten Semester noch zu groß und daher kein Muss, sondern eine Anregung, ein Hinweis auf ein Lernziel: Zunehmende Sach- und Methodenkompetenz sollte dazu führen, diese Prüfkriterien anwenden zu können.

## Bilanz ziehen

Nach dem Lesen ist die Textverarbeitung noch nicht abgeschlossen: Es gilt, den Ertrag des Lesens zu bilanzieren:

- Welche Fragen wurden beantwortet? Welche blieben unbeantwortet?
- Was ist unklar geblieben? (Wie lässt sich Klarheit schaffen?)
- Welche (neuen) Zusammenhänge wurden deutlich?
- Was lässt sich verallgemeinern und auf andere Themen übertragen?
- In welchem Zusammenhang lohnt es, auf den Text zurückzugreifen?

Antworten, die man in einem Text gefunden hat, sind die Antworten einer Autorin oder eines Autors. So weiß man nach der Lektüre von Michel Foucaults *Der Gebrauch der Lüste* und *Die Sorge um sich*, was der Autor unter *Ethik* versteht. Dieses Wissen sollte distanziert bilanziert bzw. referiert werden: »Foucault versteht unter …«. Teilt man Foucaults Auffassung, dann versteht man *mit* (oder *nach*) Foucault Ethik als …

*Wissen* über Foucaults Ethik-Verständnis ist wichtig. Damit es sich nicht in Definitionswissen erschöpft, sollte man sich vergewissern, welche Frage(n) bzw. Probleme Foucault beantworten bzw. erklären will. Als Bilanzsatz formuliert: »Foucault will in den beiden Veröffentlichungen Antworten geben auf die Frage nach einer Ethik in ...«.

Fragen auf dieser Ebene (zur Unterscheidung dieser Fragen- bzw. Wissensebenen vgl. Seite 93) ziehen weitere Fragen nach sich. Foucaults Veröffentlichungen erschienen 1984[2]. Wie wurden sie (in Deutschland) rezipiert? Welche Autorinnen und Autoren greifen auf seine Überlegungen zurück? Welche Kritik wurde formuliert? Sind diese Veröffentlichungen noch relevant?

Auch wenn man diesen Fragen nicht nachgeht, sollten sie Teil einer Bilanz sein, zu der auch die Rechenschaft gehört, was für einen umfassenden Überblick über einen Themenbereich noch getan werden müsste.

Hat man einen Text mit Blick auf eine Hausarbeit oder ein Referat gelesen, sollte man zudem bilanzieren, welche Konsequenzen sich für die weitere Arbeit ergeben: Muss zum Beispiel die Fragestellung präzisiert oder die vorläufige Gliederung verändert werden?

### Literatur

Nahezu jede Disziplin hat spezielle Verfahren der Analyse von Texten entwickelt: Methoden der Quellenanalyse in der Geschichte, der Bibelexegese in der Theologie, der Interpretation literarischer Werke in der Literaturwissenschaft, der Überprüfung empirischer Forschungsergebnisse in den Natur- und Sozialwissenschaften usw. Stary und Kretschmer stellen die Hermeneutik als geisteswissenschaftliche Methode des Textverstehens vor und geben Hilfestellungen zum Verständnis empirischer Untersuchungen. Weitere Themen ihrer Arbeitshilfe: die Steigerung der Lesegeschwindigkeit und das Bearbeiten von Texten in Gruppen.

Joachim Stary, Horst Kretschmer: Umgang mit wissenschaftlicher Literatur. Eine Arbeitshilfe für das sozial- und geisteswissenschaftliche Studium. Frankfurt a. M.: Cornelsen Verlag Scriptor 1994

2 Deutsch 1986: *Sexualität und Wahrheit* Bd. 2 und 3.

Über Mittel und Möglichkeiten der elektronischen Verwaltung von Exzerpten informiert Krajewski:

Markus Krajewski: Elektronische Literaturverwaltungen. Kleiner Katalog von Merkmalen und Möglichkeiten. In: Norbert Franck, Joachim Stary (Hrsg.): Die Technik wissenschaftlichen Arbeitens. 11. Aufl. Paderborn: Schöningh. 2003, S. 97-115

## Literatur ermitteln

Literatur ermitteln ist Handwerk. Um dieses Handwerk geht es auf den folgenden Seiten, wobei ausschließlich modernes – elektronisches – Handwerkszeug behandelt wird. Um dieses Handwerkszeug professionell nutzen zu können, sollten vier Voraussetzungen geklärt sein:

1. Zeitpunkt: Wann beginnt man mit der Literaturrecherche?
2. Dauer: Wie lange sollte man recherchieren?
3. Suchobjekt: Welche Literatur wird benötigt?
4. Standort: Welche Möglichkeiten bietet die »eigene« Hochschule?

Zu 1: Der Erfolg jeder Literaturrecherche hängt in hohem Maße von der Themenanalyse und der → Fragestellung ab: Man sollte möglichst präzise wissen, welche Literatur man für welchen Zweck sucht. Wer zu früh mit der Literatursuche beginnt, kann den Suchprozess nicht gezielt steuern (und das Thema, zu dem Literatur gesucht wird, nicht hinreichend mit Schlag- bzw. Stichworten umschreiben) → Wissenschaftliches Schreiben – Der Prozess.

Zu 2: »Hüte dich, mein Sohn, … denn viel Büchermachens ist kein Ende«. Heißt es in der Bibel (Prediger 12,12). Beim Suchen nach Literatur darf man sich nicht verlieren. Vor allem nicht im World Wide Web, in dem man zu weit entfernten und exotischen Quellen vordringen kann. Die Literatursuche ist Mittel zum Zweck. Sie darf nicht zur Flucht werden – vor der Notwendigkeit, sich durch die Literatur zu beißen, sich eigene Gedanken zu machen und mit dem Schreiben zu beginnen. Vor allem im Grundstudium ist Pragmatismus notwendig: Die Suche nach Literatur sollte nicht mehr als ein Fünftel der Zeit beanspruchen, die für eine Arbeit zur Verfügung steht. Wer unsicher ist, ob die Literaturbasis breit genug ist, sollte die Betreuerin oder den Betreuer der Arbeit fragen.

Zu 3: Man muss wissen, welche Art von Literatur man sucht, denn Text ist nicht gleich Text. Vor allem ist die Unterscheidung zwischen Primär- und Sekundärliteratur wichtig, wenn es darum geht, wissenschaftliche Standards zu erfüllen. Zwei Beispiele:

Student A will eine Arbeit über die Kriminalromane von Cornell Woolrich schreiben und Studentin B eine Arbeit über Luhmanns Systemtheorie (beide Themen müssten noch präzisiert werden). Dann sind Woolrichs Romane und Luhmanns Veröffentlichungen Gegenstand der Arbeit – *Primärliteratur.* Aufsätze und Bücher über Woolrich bzw. Luhmann sind Hilfsmittel – *Sekundärliteratur.*

Diese Unterscheidung ist aus zwei Gründen wichtig:

1. Woolrich oder Luhmann dürfen nicht aus zweiter Hand zitiert werden. Sekundärliteratur kann herangezogen werden, um Woolrich oder Luhmann besser zu verstehen. Sie ist aber keine Quelle.

   Quellen müssen zuverlässig sein. Deshalb: *Vorsicht bei Textsammlungen.* Eine Textsammlung ist eine Auswahl durch andere. Ob diese Auswahl vollständig und zuverlässig ist, muss überprüft werden. In Abschlussarbeiten sind Quellen stets im Original zu zitieren.

   *Übersetzungen* sind keine Quellen aus erster Hand, sondern ein Hilfsmittel, um in »beschränktem Umfang etwas zu erreichen, was einem sonst nicht zugänglich wäre.« (Eco 1993, 70) Wer eine Abschlussarbeit über einen französischen Philosophen oder eine englische Soziologin schreiben will, sollte deshalb klären, ob erwartet wird, dass deren Arbeiten im Original rezipiert werden. Bei einer Abschlussarbeit über den Amerikaner Woolrich wäre das in Anglistik ebenso Pflicht wie für eine Magisterarbeit über eine italienische Schriftstellerin im Fach Romanistik. Für eine Diplomarbeit über die Kriminalromane von Sjöwall und Wahlöö in Soziologie oder Kulturwissenschaft wird in der Regel nicht erwartet, dass man Schwedisch lernt, um das Autorenpaar im Original zu lesen.
2. Studentin B stellt zu einem bestimmten Zeitpunkt fest, dass sie sich tief in die Literatur *über* Luhmann hineingegraben hat. Dann hat sie zwei Möglichkeiten: Sie kehrt zur Arbeit an der Quelle zurück. Oder sie ändert ihr Thema und schreibt über die Luhmann-*Rezeption.* Entscheidet sie sich für die zweite Möglichkeit, steht sie vor einer neuen Anforderung. Luhmann ist zwar nicht mehr der Gegenstand, aber sie muss trotzdem Luhmanns Veröffentlichungen sorgfältig lesen, denn eine Arbeit über die Rezeption eines Autors verlangt umfassendes Wissen über dessen Werke. Kurz: Studentin B hat mehr Arbeit, wenn sie sich für die zweite Möglichkeit entscheidet.

Zu 4: Man sollte sich unbedingt mit dem Angebot der eigenen Universität vertraut machen: Welche Kataloge gibt es, welche Fachliteratur-Datenbanken, welche Links auf der Homepage führen zu nützlichen Angeboten anderer Bibliotheken, welcher Service wird angeboten? Und man kann auch im vierten Semester noch an einer Einführung in die Bibliotheks- bzw. Katalognutzung teilnehmen oder als Doktorandin die Hilfe des Bibliothekspersonals in Anspruch nehmen.

## Bibliotheken nutzen

Die Orte, an denen man im Internet Literatur für eine wissenschaftliche Arbeit sucht, sind Kataloge und Datenbanken von Bibliotheken und anderen wissenschaftlichen Einrichtungen. Suchmaschinen wie *Google*, *Lycos* oder *AltaVista* mögen hilfreich bei der Suche nach einem Schnäppchen sein.[1] Sie sind weder erste noch zweite Wahl, wenn man *wissenschaftliche Literatur* zu einem Thema sucht. Kommerzielle Suchmaschinen bieten viel Informationsmüll an und penetrant viele Links auf Internetshops. Diese Suchmaschinen finden keine Datenbanken oder zugangsbeschränkte Angebote von Bibliotheken und Forschungseinrichtungen.

Vier Adressen sind für die Suche nach Literatur besonders nützlich:

1. *Hochschulbibliothekszentrum Nordrhein-Westfalen*
   Unter www.hbz-nrw.de findet man
   - eine Zusammenstellung aller deutschen Bibliotheken, die Dienste im Internet anbieten,
   - einen »bibliographischen Werkzeugkasten« mit Links von A (wie Aufsatzdatenbanken) bis Z (wie Zeitschriften-, Zeitungsdatenbanken),
   - ein umfangreiches Verzeichnis von Bibliographien, in denen man im Internet recherchieren kann. Fachbibliographische

1 Die *Suchfibel* (www.suchfibel.de) gibt einen Überblick über rund 2500 Suchmaschinen. Metasuchmaschinen wie *Metager (http://meta.rrzn.uni-hannover.de)* ermöglichen es, mit einer Eingabe mehrere Suchmaschinen gleichzeitig abzufragen.

Datenbanken haben gegenüber Bibliothekskatalogen vor allem zwei Vorzüge: Sie erschließen auch Aufsätze und Texte, die nur elektronisch publiziert wurden. Die Sacherschließung ist detaillierter. Das ermöglicht eine effektivere Suche.

2. *WEB BibliotheksInformationsSystem*

Auf den Seiten von *WEB BibliotheksInformationsSystem* (*WEBIS*)[2] erhält man einen schnellen Überblick über die Bibliotheken, die sich auf die Literatur bestimmter Fachgebiete spezialisiert haben.

15 Fächergruppen werden auf *WEBIS* angezeigt:

- Medien/Allgemeines
- Bibliotheks- und Dokumentationswissenschaft
- Philosophie und Religion
- Sprach- und Literaturwissenschaften
- Kunst-, Musik- und Theaterwissenschaft
- Gesellschaftswissenschaften und Politik
- Recht
- Wirtschaftswissenschaften
- Geschichte
- Geowissenschaften
- Medizin, Pharmazie und Psychologie
- Naturwissenschaften
- Mathematik und Informatik
- Angewandte Wissenschaften und Technik
- Sportwissenschaft

Klickt man zum Beispiel auf »Wirtschaftswissenschaften«, erfährt man, dass

- an der *Universitäts- und Stadtbibliothek Köln* Betriebswirtschaft ein Sondersammelgebiet ist,
- die *Deutsche Zentralbibliothek für Wirtschaftswissenschaften Kiel* sich auf Literatur zur Volks- und Weltwirtschaft spezialisiert hat.

Wirtschaftswissenschaftliche Literatur über bestimmte Regionen oder Länder sind unter »Region« zu finden. Zum Beispiel ist die *Universitäts- und Landesbibliothek Münster* auf die Niederlan-

---

2 http://webis.sub.uni-hamburg.de

de spezialisiert und sammelt unter anderem Literatur zur Wirtschaftsgeschichte der Niederlande.

3. *Datenbanken von Bibliotheksverbünden*
Die elektronischen Kataloge wissenschaftlicher Bibliotheken sind meist Teil umfangreicher Datenbanken mehrerer Bibliotheken, die sich zu Bibliotheksverbünden zusammengeschlossen haben. Auf den Homepages der meisten Bibliotheken sind Links auf solche Verbundangebote zu finden. Auf der Homepage der Universitätsbibliothek Osnabrück beispielsweise zum Bibliotheksverbund der Länder Bremen, Hamburg, Mecklenburg-Vorpommern, Niedersachsen, Sachsen-Anhalt, Schleswig-Holstein und Thüringen.
Sucht man einen Titel in einem Verbundkatalog, erhält man den Nachweis, in welchen der beteiligten Bibliotheken dieser Titel erhältlich ist. Links ermöglichen eine unkomplizierte Kontaktaufnahme zu diesen Bibliotheken.

4. *Der Karlsruher Virtuelle Katalog*
Der *Karlsruher Virtuelle Katalog* (KVK)[3] enthält alle Bibliotheksverbünde in Deutschland sowie Bibliotheken bzw. Bibliotheksverbünde in folgenden Staaten: Australien, Frankreich, Großbritannien, Italien, Norwegen, Österreich, Schweden, Schweiz, Spanien und USA. Ferner sind im KVK Buchhandelsverzeichnisse erfaßt. 75 Millionen Bücher und Zeitschriften werden im KVK nachgewiesen. Wer einen Buchtitel nicht im KVK findet, sollte auf das Buch verzichten oder sich auf eine langwierige Suche einstellen.
Die Recherche erfolgt über eine Suchmaschine, die den Suchauftrag an die ausgewählten elektronischen Kataloge weiterleitet: Als Ergebnis erhält man nicht eine Trefferliste, sondern mehrere. Jede durchsuchte Verbunddatenbank weist ihr Ergebnis eigenständig nach.

---

3 www.ubka.uni-karlsruhe.de/kvk

**Nützliche Links für die Literaturrecherche**

*Zeitschriftendatenbank*
Wenn man wissen möchte, wo eine Zeitschrift erhältlich ist, hilft die Zeitschriftendatenbank weiter. In dieser Datenbank sind mehr als eine Million Titel fortlaufender Sammelwerke (Zeitschriften, Zeitungen, elektronischer Zeitschriften) verzeichnet:
http://pacifix.ddb.de

*Elektronische Zeitschriftenbibliothek*
Die Elektronische Zeitschriftenbibliothek ist ein Service von über zweihundert Bibliotheken. Der Katalog enthält alle im Internet publizierten Zeitschriften, die Artikel im Volltext anbieten:
http://rzblx1.uni-regensburg.de/ezeit

*Internetportale*
- *Vascoda:* Das Gemeinschaftsunternehmen wissenschaftlicher Bibliotheken und Informationseinrichtungen verknüpft virtuelle Fachbibliotheken und Informationsverbünde mit dem Angebot der Elektronischen Zeitschriftenbibliothek:
www.vascoda.de
- *Research in Germany* gibt einen Überblick, welche Informationen die staatlich geförderten Forschungseinrichtung im Internet bereitstellen: http://forschungsportal.net/fp

*Buchhandelskataloge:* Verzeichnis lieferbarer Bücher:
www.buchhandel.de

*Antiquariatskataloge:* Zentrales Verzeichnis antiquarischer Bücher:
www.zvab.com

## Recherche in Online-Katalogen

Wissenschaftliche Bibliotheken weisen ihre Bestände in Datenbanken nach. Zwar findet man noch Zettelkataloge. Sie dienen aber meist nur noch als Ergänzung zu den elektronischen Kata-

logen, insbesondere für ältere Bestände. Der große Vorzug elektronischer Kataloge: Sie sind rund um die Uhr von jedem PC mit Internetzugang nutzbar, und sie erleichtern die Recherche. In der Regel kann nach einzelnen Begriffen innerhalb eines Titels, nach Autoren, Erscheinungsjahr und Schlagwörtern gesucht werden. Zudem können mehrere Begriffe kombiniert werden.

Der elektronische Katalog hat unterschiedliche Namen – zum Beispiel: OPAC (Online Public Access Catalog) oder Online-Katalog. Die Benutzeroberflächen elektronischer Kataloge sind nicht einheitlich. Daher muss man sich stets etwas Zeit nehmen, um sich mit den jeweiligen Besonderheiten vertraut zu machen. Die Suchmöglichkeiten sind ziemlich ähnlich.[4]

Gesucht wird mit einer Suchmaske, die für komplexe Recherchen eine »erweiterte Suche« ermöglicht. Zweierlei ist für eine erfolgreiche Suche wichtig zu wissen:

1. Der Unterschied zwischen Stichwort und Schlagwort,
2. die Möglichkeiten zur Eingrenzung oder Erweiterung der Suche.

*Titelstichwort – Schlagwort*

Unter einem (*Titel-*)*Stichwort* versteht man ein Wort aus dem Titel eines Buches oder Aufsatzes. Die Suche nach Stichwörtern ist nur dann ratsam, wenn man nach einem Buch (oder einigen Büchern) sucht, dessen Titel man zumindest teilweise kennt.

Ein *Schlagwort* ist ein Begriff, der den Inhalt eines Dokumentes möglichst genau wiedergibt. Die Suche nach Schlagwörtern empfiehlt sich, wenn man sich über die Literatur zu einem bestimmten Thema informieren will.

Eine Schlagwortsuche führt zu mehr Nachweisen als die Suche

---

4 Manche Hochschulbibliotheken bieten einen speziellen Service. Die Bibliothek der Universität Osnabrück stellt zum Beispiel *das Osnabrück Intelligent Research Information System (OSIRIS)* zur Verfügung. *OSIRIS* ermittelt Literatur zu einem Thema. Gibt man »Elite« in die Suchmaske ein, werden 1257 Titel nachgewiesen. Aus diesen Titeln kann man bequem eine »Literaturliste« zusammenstellen und bekommt für jeden Titel auf dieser Liste die Signatur, den Standort und den Ausleihstatus nachgewiesen. Zudem erhält man Hinweise auf Literatur zu Themengebieten, die für das Thema »Elite« wichtig sein könnte – zum Beispiel Veröffentlichungen über »Sozialstruktur. Klasse. Schicht. Elite Milieu« und Literatur über »Frauen und Männer. Männerforschung«.

nach Stichwörtern. Ein Beispiel: Sucht man im Katalog der Universitätsbibliothek Karlsruhe nach dem *Stichwort* »Elite«, werden 38 Titel nachgewiesen; bei einer *Schlagwort*-Suche 114. Bei einer Suche nach Stichworten wird unter anderem die Veröffentlichung *Die elitären Machtgruppen in der Gesellschaft* nicht nachgewiesen, weil »Elite« nicht im Titelstichwort vorkommt.

Zu beachten ist: Die 114 Titel sind Veröffentlichungen, die in der Universitätsbibliothek Karlsruhe vorhanden sind – nicht die gesamte Literatur zum Thema »Elite«. Wer eine möglichst vollständige Überblick über die Literatur zu einem Thema benötigt, muss Bibliographien benutzen.

**Schneeball-Verfahren**

Ist für eine Hausarbeit kein vollständiger Literaturüberblick erforderlich, kommt man unter Umständen mit dem *Schneeball-Verfahren* schnell zu Literatur über ein Thema: Man beginnt mit einer zuverlässigen Quelle, zum Beispiel einem Handwörterbuch. Im Literaturverzeichnis sind weitere Veröffentlichungen zum Thema zu finden – und in jeder dieser Veröffentlichungen weitere Titel. Die Zahl der so ermittelten Literatur vergrößert sich wie ein rollender Schneeball. Dieses Vorgehen hat allerdings zwei Nachteile:

1. Es ist nicht sicher, dass man auf alle wichtigen Veröffentlichungen stößt, denn es gibt in der Wissenschaft »Zitierkartelle«: Wissenschaftler zitieren einander ausgiebig und berücksichtigen die Autorinnen und Autoren nicht, die dem »Kartell« nicht angehören bzw. einen anderen wissenschaftlichen Ansatz verfolgen.
2. Man findet nur Literatur, die älter ist als die Quelle, von der aus man startet. Diese Grenze des Schneeball-Verfahrens lässt sich ausdehnen, indem man die Suche mit einem aktuellen Zeitschriftenaufsatz oder der neuesten Buchveröffentlichung zum Thema beginnt. Es ist keine Schande, die Dozentin oder den Dozenten nach der neuesten Literatur zu fragen, denn Neuerscheinungen sind häufig in der Bibliothek noch nicht angeschafft oder katalogisiert.

*Eingrenzung und Erweiterung der Suche*

114 Titel zum Thema »Elite« sind für eine Hausarbeit nicht zu verarbeiten. Deshalb muss die Suche eingegrenzt werden – zum Beispiel (zunächst) auf neuere Veröffentlichungen. Schränkt man die Suche auf Titel ein, die nach 2000 erschienen sind, wird die Zahl überschaubar: 8 Veröffentlichungen weist der Katalog der Universitätsbibliothek Karlsruhe noch nach.

Eingrenzungen und Erweiterungen werden mit Hilfe der nach dem englischen Mathematiker George Boole benannten *Operatoren* vorgenommen. Die wichtigsten Booleschen Operatoren sind *und*, *oder* und *nicht*.

*Und*

Ergänzt man die Suche nach Veröffentlichungen über »Elite« mit dem Boolesche Operator *und* um eine Jahreszahl, grenzt man die Suche ein. Man kann »Elite« auch um ein weiteres Schlagwort ergänzen – zum Beispiel *und* »Nationalsozialismus«. Die Suche wird so auf Literatur über Eliten im Nationalsozialismus beschränkt.

Die Einschränkung mit *und* ist auch für folgende Suchoption nützlich: Man kennt zum Beispiel eine ältere Veröffentlichung von Klaus Beyme (*Die politische Elite in der Bundesrepublik Deutschland*). Will man prüfen, ob es von Beyme noch weitere themenrelevante Veröffentlichungen gibt, sucht man nach (Autor) Beyme *und* (Schlagwort) »Elite«. Das Ergebnis: Die politische Klasse im Parteienstaat (1993).

*Nicht*

Mit *nicht* kann man ebenfalls Sucheinschränkungen vornehmen. Ergänzt man zum Beispiel das Schlagwort »Elite« um *nicht* »Wissenschaft« bzw. »Forschung«, werden Veröffentlichungen ignoriert, in denen das Thema »Elite« in Wissenschaft und Forschung behandelt wird.

*Oder*

Der Operator *oder* erweitert den Suchraum. Ergänzt man die Suche nach »Elite« beispielsweise um *oder* »Macht«, erhält man entschieden mehr Titel.

**Via Internet Aufsätze bestellen und Bücher ausleihen**

Bücher und Zeitschriften, die in der »eigenen« Bibliothek entliehen oder nicht vorhanden sind, können über die klassische Fernleihe bestellt werden oder – wenn es schnell gehen muss – bei *Subito* und anderen Dienstleistern. Viele Bibliotheken weisen auf ihren Internetseiten auf diese Angebote hin.

*Subito*
Unter www.subito-doc.de kann man online Bücher ausleihen und Kopien von Zeitschriftenaufsätzen bestellen. Die Lieferzeit beträgt zwischen einem Tag (Eilbestellung) und drei Tagen (»Normaldienst«). Studierende zahlen für Kopien von Aufsätzen bis zu 20 Seiten zwischen 4 € (Email-Versand) und 7 € (Faxsendung). Jede weitere Seite kostet 0,10 bzw. 0,25 € (Fax). Für die Ausleihe eines Buches sind 8 € zu zahlen.

*JASON*
*Journal Articles Sent on Demand* ist ein Service des Verbunds nordrhein-westfälischer Hochschulbibliotheken (und ist auf den Bibliotheksseiten dieser Hochschulen zu finden). In der Datenbank von JASON sind über 930 000 Zeitschriftentitel verzeichnet. Aus über 161 000 Zeitschriften können Artikel bestellt werden. Für die Bestellung einer Aufsatzkopie sind folgende Angaben erforderlich: Titel der Zeitschrift, Jahrgang, Erscheinungsjahr und Seitenzahlen.

Wie bei *Subito* kann zwischen Post-, Email- oder Fax-Lieferung gewählt werden. Angehörige einer Hochschule in Nordrhein-Westfalen erhalten einen Sonderpreis.

*JADE*
In der Zeitschriftenaufsatz-Datenbank *J*ournal *A*rticles *D*atabas*E* sind vor allem Artikel aus englischsprachigen Zeitschriften erfasst.[5] Die Datenbank enthält über elf Millionen Zeitschriftenartikel.

*JADE* hat keinen eigenen Aufsatz-Bestelldienst, bietet jedoch den Service von *JASON* an.

5 Zum Beispiel unter http://ubjason.uni-paderborn.de/jade/jade1.htm.

## Literatur

Cramme und Ritzi informieren, wie man über Mailinglisten an Informationen gelangt, wo man Adressen von Mailinglisten findet und welche Vor- und Nachteile moderierte und unmoderierte Listen haben.

Bei Krajewski findet man Hinweise, wie man ermittelte Literatur elektronisch verwaltet und welche Programme dafür geeignet sind.

Stefan Cramme, Christian Ritzi 2003: Literatur ermitteln. In: Norbert Franck, Joachim Stary (Hrsg.): Die Technik wissenschaftlichen Arbeiten. Paderborn: Schöningh, S. 33–74

Markus Krajewski: Mein elektronisches Textgedächtnis. Eine Gebrauchsanleitung. www.verzetteln.de/LiteraturVerwaltung.pdf (7.3.2004)

# Literaturverzeichnis

Für Haus- oder Abschlussarbeiten ist ein Literaturverzeichnis in den meisten Disziplinen Pflicht – auch dann, wenn die zitierte Literatur in Fußnoten ausgewiesen bzw. Quellen im Anmerkungsapparat aufgeführt werden.

Ein Literaturverzeichnis ist sinnvoll, denn es gibt den Leserinnen und Lesern einen Überblick über die verarbeitete Literatur und damit die Möglichkeit zu überprüfen, ob die wichtige bzw. aktuelle Literatur berücksichtigt wurde.

Wie umfangreich ein Literaturverzeichnis sein muss, hängt vom Thema ab. Eine Abschlussarbeit in Zahnmedizin oder Mathematik kommt unter Umständen mit sehr wenig Literatur aus. Weist hingegen das Literaturverzeichnis einer Magisterarbeit über den Einfluss der italienischen auf die deutsche Musik nur zehn oder zwölf Titel aus, ist das ein Hinweis darauf, dass der Stand der Forschung nicht angemessen berücksichtigt wurde.

Ein Literaturverzeichnis enthält die Quellen und Literatur, die in einer Arbeit angeführt wurden. Nicht mehr und nicht weniger. *Nicht weniger:* Im Literaturverzeichnis werden alle Veröffentlichungen aufgeführt, aus denen wörtlich oder sinngemäß zitiert und auf die verwiesen wurde. Wer Quellen verschweigt, schummelt. *Nicht mehr:* Wer mehr Literatur anführt, um den Eindruck zu erwecken, besonders belesen zu sein, täuscht die Leserin bzw. den Prüfer. – Beides kann unangenehme Folgen haben.

Die Ordnung eines Literaturverzeichnisses ist von Fach zu Fach unterschiedlich. In Disziplinen wie den Rechts-, Geschichts-, Sprach- und Literaturwissenschaften werden »Quellen« (zum Beispiel Gesetze, Urteile oder die Werke einer Schriftstellerin) und (Sekundär-)»Literatur« unterschieden (und »Quellen- und Literaturverzeichnis« überschrieben). Die Quellen werden zum Teil weiter unterteilt – beispielsweise nach den Kriterien veröffentlicht/unveröffentlicht oder gedruckt/ungedruckt.[1]

---

1 Die weitere Unterteilung der (Sekundär-)Literatur in Zeitschriften, Jahrbücher, Monographien usw. findet man immer seltener – zum Glück, denn die

In anderen Disziplinen wird eine solche Unterscheidung nicht vorgenommen. Vielmehr werden alle verwendeten Quellen alphabetisch geordnet. Was ist dabei zu beachten?

Enthält das Literaturverzeichnis *mehrere Veröffentlichungen* einer Autorin oder eines Autors, werden

- zuerst die allein verfassten aufgeführt, dann die Titel, die mit anderen geschrieben bzw. herausgegeben wurden,
- die älteren vor den neueren Veröffentlichungen genannt.

Ein Beispiel:

Haug, Frigga: Gesellschaftliche Produktion und Erziehung. Kritik des Rollenspiels. Frankfurt a. M., New York 1977

Haug, Frigga: Lernverhältnisse. Selbstbewegungen und Selbstblockierungen. Hamburg 2003

Haug, Frigga; Hipfl, Brigitte (Hg.): Sündiger Genuss? Hamburg 1995

Hat man sich für die anglo-amerikanische Zitierweise, für den Kurzbeleg im Text entschieden → Belegen, ist es konsequent, die Jahreszahl direkt hinter die Autorenangabe zu stellen:

Rolshausen, Claus (1997): Macht und Herrschaft. Münster

Bei diesem Verfahren ist die Jahreszahl sowohl im Kurzbeleg als auch im Literaturverzeichnis um einen Buchstaben zu ergänzen, wenn mehrere Veröffentlichungen eines Autors aus dem gleichen Jahr zitiert werden:

Franck, Norbert (2003a): Handbuch Presse- und Öffentlichkeitsarbeit. Frankfurt a. M.

Franck, Norbert (2003b): Fit für den Auftritt. München

Nach der ersten Nennung kann der Name auch durch ders. (oder Ders.) bzw. dies. (Dies.) ersetzt werden:

Haug, Frigga: Gesellschaftliche Produktion und Erziehung. Kritik des Rollenspiels …

dies: Lernverhältnisse. Selbstbewegungen und Selbstblockierungen …

dies; Hipfl, Brigitte (Hg.): Sündiger Genuss? …

---

Unterteilung erschwert unter Umständen einen Überblick über die zitierten Veröffentlichungen einer Autorin oder Autors.

*Präfixe – de* (Gaulle, Mause, Sade), *Mc*(Bride) oder *O'*(Neil) – werden in der Regel als Teil des Familiennamens angesehen. *Adelstitel* werden nicht als Bestandteil des Familiennamens behandelt:

Goethe, Johann Wolfgang von: Gedenkausgabe der Werke, Briefe …

Humboldt, Wilhelm von: Über die innere und äußere Organisation der höheren wissenschaftlichen Anstalten …

Bei Künstlern, Theologen, Königinnen usw. aus der *Antike bzw. dem Mittelalter* wird der bekannteste Teil des Namens zum Ordnungswort:

Erasmus von Rotterdam
Michelangelo, Buonarotti
Thomas von Aquin
Walther von der Vogelweide

*Akademische Titel, Amts- und Berufsbezeichnungen* führt man nicht auf. Bei *Körperschaftsnamen* werden Artikel nicht berücksichtigt: *Der Bundesminister* (oder *Das Bundesministerium*) *für Finanzen* wird unter »B« eingeordnet, *Die Bürgerschaft der Hansestadt Bremen* ebenfalls.

*Anonyme Veröffentlichungen* werden – sofern man sie überhaupt zitiert – nach dem Sachtitel geordnet, wobei der Anfangsbuchstabe des ersten Wortes ausschlaggebend ist: »Die Stadt ist krank« wird unter »D« aufgeführt und »Studiengebühren sind unsozial« unter »S«.

Die gängigste Form der Gestaltung ist – wie in diesem Buch – die Einrückung der zweiten und der folgenden Zeilen (in *Word*-Deutsch: »hängend«).

→ Belegen, → Quellenangaben, → Zitat, zitieren

## Manuskript

Viele Menschen gehen in ihrer Freizeit zu Lesungen von Schriftstellerinnen und Schriftstellern. Es ist interessant, einer Autorin oder einem Autor beim Lesen eigener Texte zuzuhören.

Viele Studierende leiden unter Vorträgen und Referaten, die vorgelesen werden. Diese Lesungen sind meist langweilig, weil kein Leben im Referat ist. Deshalb wünschen sich (fast) alle in Lehrveranstaltungen, auf Kongressen und Tagungen frei gesprochene Vorträge. Und deshalb geben manche Lehrende vor: »Abgelesene Referate lasse ich in meinen Seminaren nicht zu.« (Horster 2002)

Der – gelungene – freie Vortrag ist in der Regel das Ergebnis intensiver Vorbereitung (oder langjähriger Routine). Zur Vorbereitung gehört die *schriftliche* Ausarbeitung dessen, was *frei* vorgetragen werden soll.

Da man dem freien Vortrag die Mühen der Vorbereitung nicht ansieht, kann der Eindruck entstehen, die schriftliche Ausarbeitung eines Vortrags sei verzichtbar. Vor allem in den Wirtschafts- und Informationswissenschaften hat sich dieser Eindruck in den letzten Jahren zur Beamer-Manie verfestigt: Es werden *PowerPoint*-Präsentationen statt Vorträge ausgearbeitet. Das Ergebnis sind meist unstrukturierte Vorträge mit viele banalen Folien → Medien einsetzen, → Visualisieren.

Nur auf der Grundlage eines ausformulierten Textes kann man sich auf einen Vortrag gut vorbereiten, Gedanken in die richtige Reihenfolge bringen, an prägnanten Formulierungen, an einer gelungenen → Einleitung, an einem prägnanten → Schluss und an präzisen Überleitungen feilen. Kurz und umgangssprachlich: Die schriftliche Vorbereitung eines Vortrags ist nicht alles. Aber ohne eine solche Vorbereitung wird der Vortrag nichts.

Erst dann, wenn ein Vortrag schriftlich ausgearbeitet ist, stellt sich die Frage, welches Vortrags*manuskript* ist zweckdienlich? Ein Manuskript ist ein nützliches Hilfsmittel – wenn man es richtig einsetzt.

Gewöhnlich wird zwischen einem wörtlich ausgearbeiteten Manuskript und einem Stichwortkonzept unterschieden. Das ist eine grobe Unterscheidung; es gibt zahlreiche Zwischenformen. Und es

gibt nicht *das* richtige oder falsche Manuskript. Vielmehr kommt es darauf, ein Manuskript nach den individuellen Voraussetzungen zu gestalten. Der freie Vortrag ist zum Beispiel kein realistisches Ziel für den Studenten, der sein erstes (zweites oder drittes) Referat hält, oder für die Doktorandin, die keine Vortragserfahrungen hat.

*1. Das ausgearbeitete Manuskript*

Vielen Studierenden gibt ein ausformuliertes Manuskript Sicherheit. Das ist ein wichtiges Argument für diese Form. Ein ausformuliertes Manuskript ist keine Schande. Man darf nur nicht daran »kleben«. Wer mit dieser Manuskriptform an den Vortragsstart geht, sollte folgende Erfahrung berücksichtigen: »Es ist ein widriges Gebrechen, wenn Menschen wie die Bücher sprechen.« *Schriftsprache* hört sich vorgetragen steif an. Deshalb muss ein Vortragstext anders formuliert werden als ein Text für eine Haus- oder Diplomarbeit. Das ausformulierte Manuskript muss ein »Hörtext« sein → Schreiben fürs Reden.

Damit das ausformulierte Manuskript seine Zwecke erfüllt, ist eine funktionale Gestaltung wichtig. Auf 5 Punkte kommt es an:

1. Groß schreiben. Schriftgröße 14, Zeilenabstand 1,5. Diese Formatierung gewährleistet, dass man den Text ohne Mühe lesen kann und nach Blickkontakt mit dem Publikum ohne Schwierigkeiten wieder den Anschluss findet.
2. Einen breiten Rand lassen, um jede Zeile mit einem Blick erfassen zu können.
3. Einzelne Gedanken deutlich voneinander abheben.
4. Hervorhebungen richtig dosieren. *Werden* *zu viele* HERVORHEBUNGEN eingesetzt, geht der ***Strukturierungseffekt*** **verloren**.
5. Handlungsanweisungen in das Manuskript aufnehmen (z. B.: ⇨ Folie auflegen, → Unterlagen verteilen) und mit Farben oder anderen Signalen Hinweise zum Sprechen einbauen (z. B.: _ = betonen, // = Pause).

Aus unterschiedlichen Gründen – zum Beispiel weil die Zuhörenden viele Fragen stellen – kann die Zeit knapp werden. Für diesen Fall ist es nützlich, die Passagen markiert zu haben, die man weglassen kann: Von einem hektischen »Durchziehen« des gesamten Vortrags hat niemand etwas.

Das Manuskript-Papier sollte mindestens 90 Gramm stark sein, wenn das Manuskript nicht auf einen Tisch oder ein Redepult gelegt werden kann, sondern in der Hand gehalten werden muss.

Die Nachteile eines Vortrags mit einem wörtlich ausgearbeiteten Manuskript sind bekannt:

- der Vortrag wirkt oft nicht lebendig;
- der Blickkontakt mit den Zuhörenden wird erschwert;
- die Versuchung ist groß, durchgängig abzulesen;
- abgelesene Vorträge werden oft zu schnell gesprochen und so die Zuhörerinnen und Zuhörer überfordert.

*2. Das Stichwort-Manuskript*

Diese Nachteile können bei einer Rede nach Stichworten vermieden werden. Das Stichwort-Manuskript schließt nicht aus, bestimmte Passagen auszuformulieren – zum Beispiel die ersten Sätze, um

**So nicht: Manuskript-Gestaltung**

Ich zitiere die ersten Sätze aus dem Manuskript für ein Referat, das ein Student der Betriebswirtschaft hielt (und übernehme die Formatierung der Vorlage):

Mein Thema lautet Personal- und Organisationsaspekte im Geschäftsprozessmanagement. Im Vordergrund steht dabei die Modularisierung von Organisationsstrukturen, wobei Modularisierung mit Picot, Reichwald und Wigand verstanden wird als – Zitat – »eine Restrukturierung der Unternehmensorganisation auf der Basis integrierter, kundenorientierter Prozesse in relativ kleine, überschaubare Einheiten, sog. Module. Diese zeichnen sich durch dezentrale Entscheidungskompetenz und Ergebnisverantwortung aus, wobei die Koordination zwischen Modulen verstärkt durch nicht hierarchische Koordinationsformen erfolgt« – Zitat-Ende.

Geschäftsprozessmanagement kann definiert werden als …

Dieses Manuskript ist, das lassen die wenigen Zeilen erkennen, nicht funktional gestaltet. Und der Text ist nicht fürs Sprechen geschrieben. Zweckdienlicher ist folgende Version:

Mein Thema lautet<br>
Personal- und Organisationsaspekte im<br>
Geschäftsprozessmanagement.

Im Vordergrund steht dabei
**die Modularisierung von Organisationsstrukturen**.

**Modularisierung** wird mit Picot, Reichwald und Wigand
verstanden als
ich zitiere

»eine Restrukturierung der Unternehmensorganisation
auf der Basis integrierter, kundenorientierter Prozesse
in relativ kleine, überschaubare Einheiten, sog. Module.
Diese Module zeichnen sich aus durch
dezentrale Entscheidungskompetenz
und Ergebnisverantwortung.
Wobei die Koordination zwischen Modulen
verstärkt durch nicht hierarchische Koordinationsformen
erfolgt.«

Zitat-Ende.

**Geschäftsprozessmanagement** kann definiert werden als …

In dieser Version lässt sich der Text gut vortragen: Schriftgröße und Zeilenabstand sind lesefreundlich, jede Zeile ist auf einen Blick zu erfassen. Absätze und die Hervorhebungen erleichtern das Sprechen bzw. richtige Betonen.

Das Zitat wurde leicht verändert, um den Zuhörenden das Verstehen zu erleichtern: »Diese« wurde um »Modularisierung« ergänzt. Aus einem langen Satz wurden zwei Sätze gemacht. Der Grund: Rückbezügliche Fürwörter wie »diese« und lange Sätze sind Verständnis-Blocker → Schreiben fürs Reden. Die leichte Zitat-Veränderung ist in einem Referat vertretbar, wenn es in der zitierten Vorlage nicht auf die Bedeutung jedes einzelnen Wortes ankommt.

Die verbesserte Manuskript-Gestaltung erleichtert das Vortragen. Inhaltlich ist dieser Einstieg misslungen. Warum er misslungen ist, und was einen gelungenen Anfang ausmacht, darum geht es an anderer Stelle → Einleitung: Referat, Vortrag.

Anfangsunsicherheiten zu überwinden. Vor allem der Schluss sollte schriftlich festgehalten werden, um sicherzugehen, dass man nicht mit einer Verlegenheitsformulierung endet. Zitate werden auf jeden Fall vollständig (mit Quellenangabe) notiert. Es sind also auch *Mischformen* zwischen ausgearbeitetem Manuskript und Stichwortkonzept möglich.

Wer nach Stichworten reden will und noch unsicher ist, ob das auch klappt, kommt mit einem »Doppel-Manuskript« weiter: Man arbeitet den Vortrag Wort für Wort aus und lässt dabei auf der rechten Seite des Blattes einen breiten Rand, auf dem Stichworte notiert werden. Der Vortrag wird auf der Grundlage von Stichworten gehalten; zur Sicherheit hat man den ausformulierten Text vor sich.

### *3. Gedanken-Landkarte*

Eine Gedanken-Landkarte als Vorlage hat den großen Vorteil, dass man das gesamte Thema stets auf einen Blick vor sich hat. Zudem enthält ein Bild bereits sprachliche Hilfestellungen. Ein Beispiel. Abbildung 4 gibt mir bei Vorträgen optisch die Formulierungshilfe: »Ich gehe auf vier Aspekte ein.« Ich »sehe«: Bei der Struktur eines Referats liegt der Schwerpunkt meiner Erläuterungen. Meine Augenbewegung »sagt« mir, dass ich »zunächst auf die Planungsgrößen Zuhörer und Ziel eingehe«. Komme ich während des Vortrages in Zeitnot und muss deshalb einige Gesichtspunkte weglassen, sehe ich auf einen Blick, was ich auslasse und zu welchem Punkt ich springe.

Zahlen, Daten und Zitate können auf gesonderten Blättern notiert werden, und die Abfolge des Vortrags lässt sich durch Zahlen kennzeichnen.

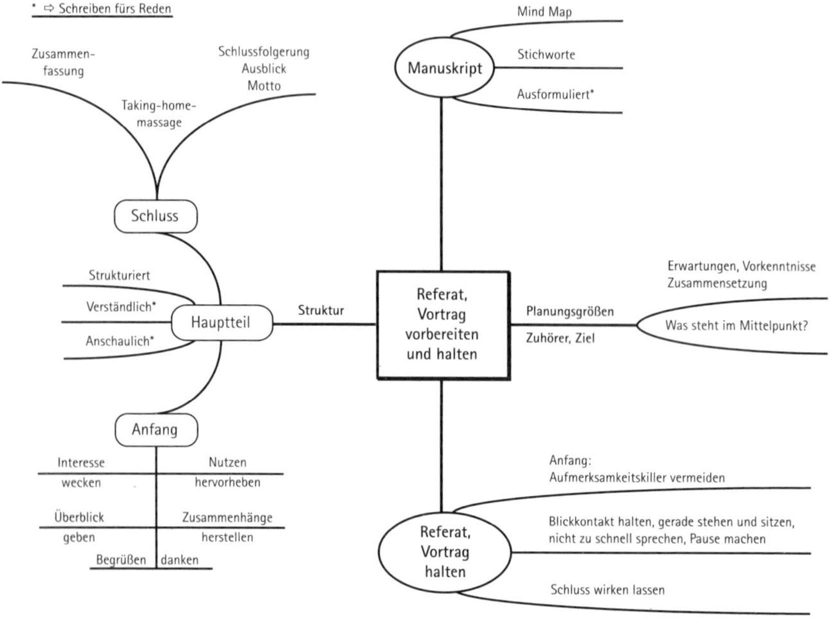


Abbildung 4: Mind Map – Referat, Vortrag vorbereiten und halten (Seite 179–198)

## Medien einsetzen

Es gibt viele gute Gründe, ein Referat oder einen Vortrag zu → visualisieren. »Der Medieneinsatz«, schreibt Werner Stangel, »ist ein Hilfsmittel zur Unterstützung des Vortrags mittels Visualisierung. Daher sind Medien ein Instrument. Sie dienen dem Vortragenden als Stichwortgeber« (2004).

So steif wie Stangel schreibt, sollte man bei einem Referat nicht sprechen. Und Medien sollten bei einem Vortrag nie als »Stichwortgeber« genutzt werden. Was man sagen will, sollte man im Kopf haben bzw. im Manuskript stehen. Welchem Zweck dienen Medien? Welche Medien sind wofür geeignet? Um Antworten auf diese Fragen geht es auf den nächsten Seiten. Drei Hinweise vorab:

1. Tag für Tag leiden viele Menschen darunter, dass sie in Zügen, in Restaurants oder an anderen Orten mit anhören müssen, wie lautstark Banalitäten über Handys verbreitet werden: Mit technischer Kompetenz geht vielfach keine soziale Kompetenz einher.

   In Hörsälen und auf Kongressen ist ein ähnliches Phänomen zu beobachten: Ein Wissenschaftler projiziert 45 Minuten mit Laptop und Beamer belanglose Informationen von der Festplatte auf die Leinwand. Der Vortrag wird nicht mit einem Medium unterstützt, vielmehr ist der Medieneinsatz Selbstzweck. Das Medium wird zur Message. Was einmal »modern« war, der Einsatz eines Beamers, wird immer mehr zur Plage.

   Vorträge und Referate sind kein Nachweis technischer Kompetenz. Sie sollen vielmehr belegen, dass man inhaltlich etwas zu sagen hat. Bei einem Referat steht das Thema im Vordergrund. An zweiter Stelle steht der Referierende bzw. die Vortragende. Erkenntnisse, Aussagen, Thesen oder Beispiele können beeindrucken, Menschen können überzeugen – technische Hilfsmittel nicht. Verschwinden Thema und Referent »hinter« den Medien, werden Sinn und Zweck eines Vortrags verfehlt. Kurz: Der Einsatz moderner Medien macht noch keinen guten Vortrag, ergibt noch kein interessantes Referat.

2. Die Grundregel des Medieneinsatzes lautet daher: Inhalte zuerst. Zunächst ist zu klären, was gesagt und wie ein Vortrag aufgebaut werden soll. Erst wenn der Vortrag »steht«, wenn die Kernbestandteile zu Papier gebracht sind, geht es um die Frage, ob und wie Aussagen, Daten, Fakten, Beispiele und Belege visualisiert werden können.

   In manchen Fächern hat sich ein anderes Vorgehen »eingeschlichen«. In den Wirtschaftswissenschaften etwa gehört die *PowerPoint*-Präsentation zum »guten Ton« – häufig zu Lasten der Qualität von Vorträgen bzw. Referaten. Der Grund: Studierende konzentrieren sich auf die Erstellung der Präsentation und nicht auf das, *was warum* in *welcher Reihenfolge* gesagt und mit welchen Beispielen belegt bzw. verdeutlicht werden soll. Das Ergebnis: es werden Folien statt strukturierter Aussagen präsentiert →Vortrag vorbereiten.

3. Unabhängig davon, ob eine Tafel, ein Flipchart oder ein Overhead-Projektor zur Unterstützung eines Vortrags herangezogen wird, sind beim Einsatz von Medien folgende Gesichtspunkte zu beachten:
   - *Medien müssen zur Teilnehmerzahl und Raumgröße passen:* Alle müssen von ihrem Platz ohne Kopfverrenkungen gut sehen können.
   - *Nicht die Sicht versperren:* Nicht vor, sondern neben der Tafel, dem Projektor usw. stehen bzw. sitzen.
   - *Die Schriftgröße muss stimmen:* Alle müssen alles gut lesen können.
   - *Zum Publikum sprechen:* Immer Blickkontakt zu den Zuhörerinnen und Zuhörern halten.
   - *Keine Hektik:* Alle müssen genügend Zeit haben, das Gezeigte lesen, aufnehmen und sich Notizen machen zu können.

## 1. Tafel

Die Kreide-Tafel ist ein Medien-Klassiker. Sie ist vor allem geeignet, um

1. ein Thema schrittweise zu entwickeln,
2. Fachtermini, Namen und Zahlen zu notieren,
3. Themen und Vorschläge zu sammeln.

Es kostet Zeit, etwas an die Tafel zu schreiben oder zu zeichnen. Da Zeit kostbar ist, sollte man abwägen, ob Folien oder andere Medien, die vorbereitet werden können, zweckdienlicher sind.

Die Tafel hat weitere Nachteile:

- Beim Anschreiben bricht der Blickkontakt zu den Zuhörerinnen und Zuhörern ab.
- Der Platz auf einer Tafel ist begrenzt. Das kann dazu führen, dass Erläuterungen, Zeichnungen usw. weggewischt werden müssen und nicht während des gesamten Vortrags zur Verfügung stehen.
- Tafelbilder können nicht aufbewahrt und ein weiteres Mal eingesetzt werden.

Ein gutes Tafel-*Bild* ist eine Kunst. Nur wenige beherrschen diese Kunst. In vielen Hörsälen oder Seminarräumen ist das täglich zu erleben. Viele Tafelbilder misslingen deshalb, weil sie nicht vorbereitet wurden. Deshalb gilt: Wer einen Vortrag schrittweise an der Tafel »ins Bild setzen« will, sollte dieses Bild bereits zu Hause planen.

**Zehn Hinweise für den Tafel-Einsatz**

1. Entweder sprechen oder schreiben bzw. zeichnen;
2. groß und deutlich schreiben;
3. neben die Tafel treten, wenn etwas erläutert werden soll;
4. der Zeigestab sollte einige Sekunden auf dem Gezeigten ruhen;
5. den Zeigestock nicht in der Hand hin und her drehen;
6. genügend Zeit zum Abschreiben lassen;
7. die Tafel von oben nach unten putzen;
8. nicht auf eine nasse Tafel schreiben;
9. ein neues Kreidestück in der Mitte durchbrechen, damit die Kreide nicht beim Schreiben abbricht;
10. Kreide macht die Hände schmutzig.

## 2. Flipchart

Die »Papiertafel« hat gegenüber der herkömmlichen Tafel vier Vorzüge:
1. Die DIN-A1-Blätter können zu Hause vorbereitet werden.
2. Liniertes Flipchart-Papier erleichtert die Seiten-Gestaltung.
3. Auf jedem Flipchart-Blatt kann man sich mit dem Bleistift Notizen machen.
4. Einzelne Blätter können an die Wand geheftet werden, so dass bestimmte Informationen ständig präsent sind.

Für den Einsatz eines Flipcharts gilt wie bei der Tafel:
- immer zu den Zuhörerinnen und Zuhörern sprechen,
- aufhören zu sprechen, wenn etwas aufgeschrieben wird,
- neben und nicht vor dem Flipchart stehen.

Blätter, deren Inhalt behandelt ist, werden nicht abgerissen, sondern umgeschlagen.

## 3. Dias

Dias sind vor allem geeignet, um Objekte oder deutlich sichtbare Abläufe bzw. Veränderungen zu zeigen. Dia-Projektoren sind kein Medium, um Texte zu zeigen.

Der Einsatz von Dia-Projektoren ist mit zwei Nachteilen verbunden:
- Wenn der Raum abgedunkelt werden muss, ist kein Blickkontakt zum Publikum möglich.
- Eine vorbereitete Bildabfolge macht unflexibel.

Wer Dias macht bzw. auswählt, sollte berücksichtigen, dass in Seminarräumen der Hochschulen die meisten Projektionsflächen ein Querformat haben.

Beim *Zeigen* von Dias sind zwei Grundregeln zu beachten:
1. Bild und Erläuterung dürfen einander nicht stören: Das *Bild* darf nicht so rätselhaft sein, dass sich die Zuhörerinnen und Zuhörer nicht mehr auf das gesprochene Wort konzentrieren können. Der *Kommentar* darf nicht so kompliziert sein, dass er die ganze Aufmerksamkeit des Publikums erfordert und ein bewusstes Wahrnehmen des Bildes erschwert.

2. Die Geschichtenerzählerin und der Hektiker sind nicht beliebt. Deshalb sollte man weder zu lange über ein Dia sprechen noch den *Zapper* machen. Das Publikum muss genügend Zeit haben, ein Bild betrachten und eventuell Fragen stellen zu können.

## 4. OH- und Datenprojektor

Der Overhead-Projektor ist – richtig genutzt – ein Medium mit vielen Vorteilen. Folien können zu Hause vorbereitet, kopiert und beliebig oft verwendet werden. Mit dem PC können problemlos Tabellen, Grafiken, Flussdiagramme usw. erstellt werden. Präsentations-Programme – zum Beispiel *Microsoft PowerPoint* – erleichtern die Erstellung von übersichtlichen und anschaulichen Folien.

Was macht eine gute Folie aus? Wie werden Folien präsentiert?

### Folien gestalten

→ Visualisieren bedeutet weder Bildchen malen noch viel Text oder nebensächliche Informationen auf Folien übertragen. Folien sollen nicht zeigen, was man alles weiß. Folien dienen vielmehr dazu, Informationen zu *gestalten*. Bei der Gestaltung von Folien geht es nicht um die Frage, was man alles auf eine Folie packen kann. Die Leitfrage lautet vielmehr: Was sollen die Zuhörerinnen und Zuhörer der Folie entnehmen?

Sieben Regeln sind bei der Foliengestaltung zu beachten:

1. *Überschaubare Zahl an Informationen:* Die Informationen auf einer Folie sollten auf einen Blick erfasst werden können. Mehr als sieben Aussagen sind zu viel. Deshalb sollte
   - maximal 60% der Folie beschriftet,
   - an allen Seiten ein breiter Rand gelassen und
   - auf genügend Abstand zwischen den Zeilen geachtet

   werden.

   Bei Textfolien sollten nicht mehr als zehn Zeilen auf der Folie und nicht mehr als 10 Wörter in einer Zeile stehen.

2. *Klare Struktur:* Textinformationen gliedern durch
   1. Ziffern
   – Spiegelstriche,

- Punkte,

→ Pfeile

oder andere typografische Elemente.

3. *Richtige Schriftgröße:* Nicht unter 20 Punkt – besser größer:
   - 24 Punkt für den laufenden Text,
   - 24 Punkt fett für Hervorhebungen,
   - 28 Punkt fett für Zwischenüberschriften,
   - 32 Punkt fett für die Hauptüberschrift und
   - 20 Punkt für Bildunterschriften.

4. *Überlegter Umgang mit Farbe:* Folien sollten keine bunten Bildchen sein. Bunte Folien lenken meist vom Wesentlichen ab. Sie sind keine Verständnishilfe. Deshalb sollten Farben gezielt eingesetzt werden zur Hervorhebung, Unterscheidung und Gliederung. Identische Sachverhalte werden mit denselben Farben hervorgehoben (zum Beispiel Rot für Ursache, Blau für Wirkung).

5. *Keine Schrift-Spielereien*: Die Schriftart wird nur dann gewechselt, wenn deutlich gemacht werden soll, dass eine Aussage eine andere Bedeutung, einen anderen Stellenwert hat.

## Folien-Gestaltung

1. **Überschaubare Zahl an Informationen**
2. **Klare Struktur: Informationen gliedern.**
3. **Richtige Schriftgröße: groß schreiben.**
4. **Keine bunten Bilder: Farben gezielt einsetzen.**
5. **Keine Spielereien: Überlegter Umgang mit Schriften.**
6. **Weniger ist mehr: Typografische Mittel sparsam einsetzen.**
7. **Zurückhaltung beim Einsatz von Bewegung und Ton.**

Abbildung 5: Folien-Gestaltung – Beispiel Textfolie

6. *Sparsam mit typografischen Mitteln umgehen:* Je mehr Mittel eingesetzt werden, desto geringer ist ihr Aufmerksamkeitswert.

   Beim Einsatz von *PowerPoint* sollte sorgfältig geprüft werden, ob die angebotenen Gestaltungsvorlagen einen praktischen Nutzwert haben. Die meisten Vorlagen sind nutzloser Design-Schnickschnack.

**So nicht: Folien-Gestaltung**

Folien müssen übersichtlich und schnell zu erfassen sein. Deshalb sollten Folien *nicht* aussehen wie Abbildung 6.

1. Die Schrift ist zu klein.
2. Mit Graustufen, Rastern und Negativschrift wird ein doppelter Negativeffekt erreicht: Das Lesen wird erschwert, und die Folie sieht hässlich aus. Kopien solcher Folien sind besonders hässlich.
3. Mit einem Wirrwarr an Hervorhebung erzielt man allenfalls den Effekt, für etwas wirr gehalten zu werden.
4. Keine Drohungen: Der Hinweis »Folie 2 von 43« schreckt ab.
5. Der Name des Vortragenden ist auf einer Folie ebenso überflüssig wie die Foliennummer und der Dateiname.
6. Auf Folien sollen Informationen *aufbereitet* werden. Auch auf Textfolien sollten ganze Sätze deshalb die Ausnahme sein, die wichtigen Definitionen vorbehalten sind. Was aufbereitet meint, ist der Abbildung 7 zu entnehmen.

Wenn es inhaltlich sinnvoll möglich ist, sollte man einen Schritt weitergehen: Text in ein Strukturschaubild übersetzen. Ein Beispiel von Zelazny (2001, 96).

Der ursprüngliche Folien-Text:

1. »Innovation
2. Visionen formulieren
3. Erkenntnisse gewinnen
4. Prioritäten festlegen
5. Erfolgreich umsetzen«

Die »Übersetzung« ist in Abbildung 8 (Seite 161) zu sehen.

7. *Bewegung und Ton überlegt einsetzen: PowerPoint* lädt zum »Animieren« von Folien ein. Das kann sinnvoll sein, um die Aufmerksamkeit des Publikums zu steuern. Allerdings sollten Folien nur mit seriösen Effekten animiert werden. Das heißt: eine neue Textzeile oder ein neues Bildelement nur »erscheinen« und nicht in »dreifacher Umdrehung von unten links einfliegen« oder »zeichenweise von oben in die Folie fallen« lassen.

   *PowerPoint* ermöglicht es, das Erscheinen von Texten oder Bildern musikalisch zu untermalen. Solche Sound-Effekte sind keine Mittel, um ein seriöses Anliegen zu unterstützen. Der »Trommelwirbel«, »Rennwagen«- bzw. »Schreibmaschineneffekt« sind Unfug.

Eine Textfolie zur Präsentation dieser sieben Regeln könnte aussehen wie Abbildung 5.

**Präsentations-Techniken**

**Unterleg-/Ergänzungstechnik**

„Bei dieser Technik liegt eine vorgefertigte Folie mit einem Grundmuster unter einer unbeschriebenen Folie (oder – sofern vorhanden - unter der Rollenfolie). Die unbeschriebene Folie wird während der Präsentation ergänzt. Die darunterliegende **Folie mit dem Grundmuster bleibt unverändert** und kann wieder verwendet werden."

**Überleg-(Aufbau-, Overlay)Technik**

„Diese Technik ist besonders anschaulich und gut geeignet, einen *komplizierten Zusammenhang* zu erläutern. Durch Übereinanderlegen mehrerer Folien wird das Schaubild **schrittweise** aufgebaut. Dabei können bis zu acht Folien (Stärke 0,08 mm) übereinandergelegt werden ..."

**Figurinentechnik**

„Hierbei wird eine Folie mit einer Schere in verschiedene Teile zerlegt, die der Reihe nach aufgelegt werden. Ebenso wie bei der Überlegtechnik ist das Ziel dieser Technik, einen Sachverhalt **schrittweise zu entwickeln**. Hinzu kommt aber noch der VORTEIL, dass die verschiedenen Elemente oder Figuren auf der Arbeitsfläche des Projektors nach Belieben BEWEGT (also z. B. Prozesse, Abläufe, Bewegungen simuliert) werden können."

Karl Zeigmal: Schlechte Folien erstellen.
Universität der Künste. Berlin 2004
Folie 2 von 43

Quelle : Stary 1997, S. 123f.

*Vorträge2004/Folien/Schrift1.doc*

Abbildung 6: »Klassische« Fehler der Gestaltung von Text-Folien (Franck 2003a, 86)

## Folien einsetzen

Ein großer Vorzug des Overhead-Projektors bzw. Beamers besteht darin, dass während der Präsentation zu den Zuhörerinnen und Zuhörern Blickkontakt gehalten werden kann. Diesen Vorzug sollte man auch nutzen – und nicht zur Projektionsfläche sprechen. Zudem ist auf die folgenden vier Punkte zu achten:

1. *Folien sind keine Gedächtnisstütze:* Folien ersetzen kein Manuskript. Wer Folien als Manuskript-Ersatz nutzt, zahlt einen hohen Preis: Man »klebt« an der Folie und kann sich keinen angemessenen Abstand vom Projektor erlauben – mit der häufig zu beobachtenden Konsequenz, dass einem Teil des Publikums die Sicht versperrt wird.

   Programme wie *PowerPoint* haben eine »Notes«-Funktion. Zu jeder Folie kann ein »Notizblatt« mit einer verkleinerten Kopie der Folie angelegt werden, auf dem alle notwendigen Erläuterungen notiert werden können.

2. *Text, der auf der Folie steht, wird nicht vorgelesen:* Das Publikum kann lesen. Der Einsatz von Medien verliert seinen Sinn, wenn

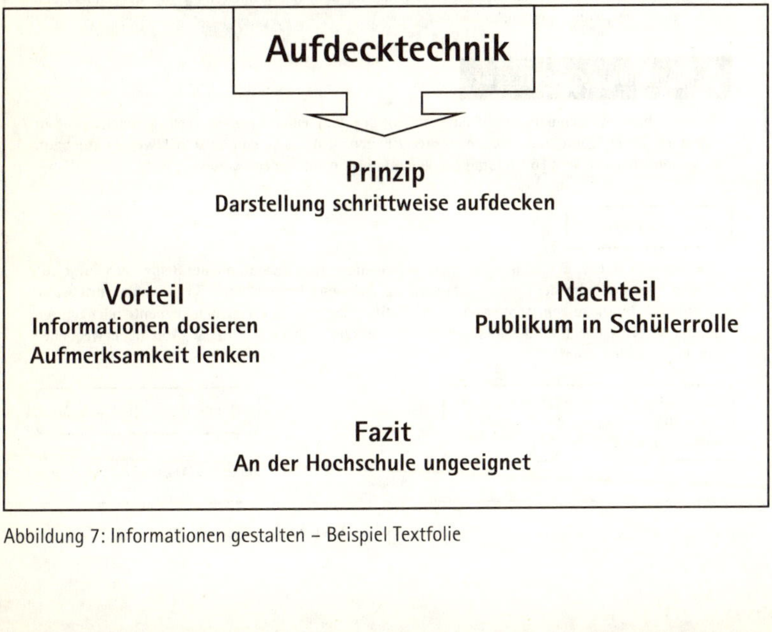


Abbildung 7: Informationen gestalten – Beispiel Textfolie

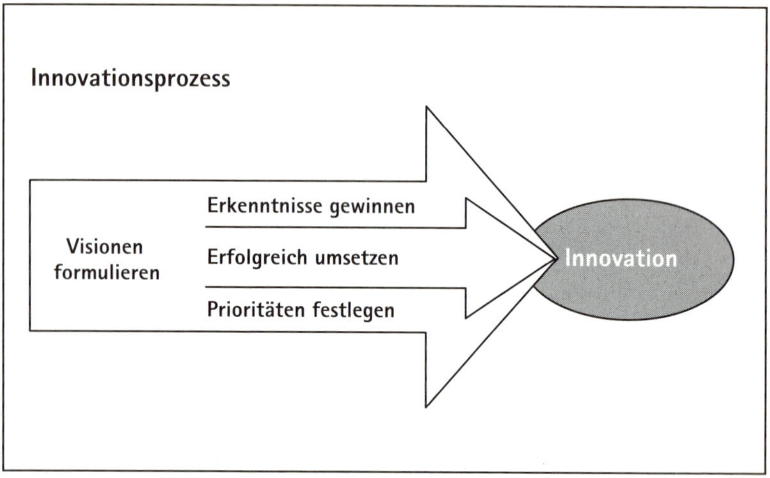


Abbildung 8: Strukturschaubild

überwiegend nur Textfolien gezeigt werden und zu jeder Folie immer nur das gesagt wird, was auf der Folie steht. Dieser Unsinn bleibt auch dann Unsinn, wenn an die Stelle der Folie die *PowerPoint*-Präsentation tritt und mit viel Aufwand nichts Erhellendes ins Bild gesetzt wird. Kurz: Wenn man ausschließlich Textfolien einsetzt, muss man zu jeder Zeile einige erläuternde Sätze beisteuern können – oder auf Folien verzichten.

3. *Nicht die »Folienschleuder« machen:* Jede Folie sollte einige Sekunden »wirken«, bevor man auf den Inhalt eingeht. Die Zuhörenden brauchen Zeit, um sich Notizen machen zu können.

4. *Ausschalten nicht vergessen:* Eine Folie wird nur so lange gezeigt, so lange man über ihren Inhalt spricht. Der Projektor sollte nur dann eingeschaltet sein, wenn man eine Folie zeigt. Das Ein- und Ausschalten des Projektors ist eine Gliederungshilfe, signalisiert den Beginn bzw. Abschluss eines Themenaspekts.

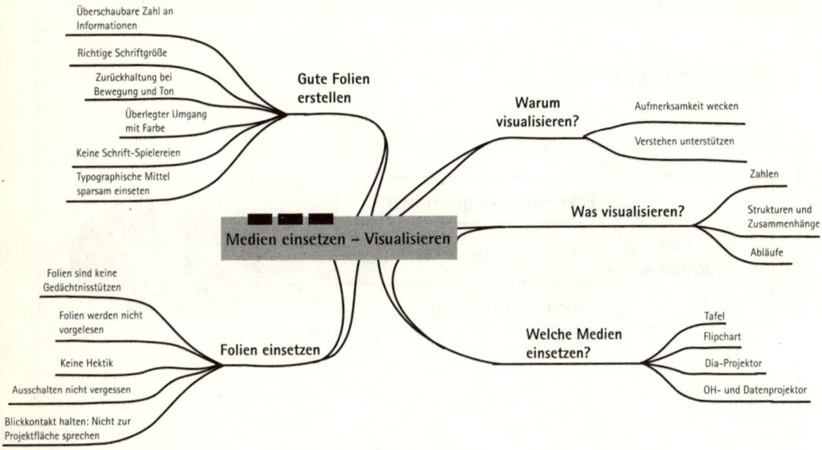


Abbildung 9: Mind Map – Medien einsetzen – Visualisieren

## Literatur

Joachim Stary: Visualisieren. Ein Studien- und Praxisbuch. Berlin: Cornelsen Scriptor 1997

Nützliche Hinweise zur Gestaltung und Präsentation von Folien sind auf der Homepage des *Zentrums für Hochschuldidaktik* der Universität Duisburg-Essen zu finden:
http://www.uni-essen.de/zfh/FAQ/FAQ4.HTM (30.1.2004)

# Protokoll

Über Unfälle und Vernehmungen werden Protokolle geschrieben, Bundestagsdebatten werden Wort für Wort (einschließlich der Zwischenrufe und des Beifalls) protokolliert, es gibt Unterrichts-, Versuchsprotokolle und noch zahlreiche andere Protokollformen. An der Hochschule sind zwei Protokollformen relevant: das Ergebnis- oder Beschlussprotokoll und das Diskussions- bzw. Seminarprotokoll.

Protokolle können nützlich sein. Protokolle schreiben ist lästig. Diese Last wird gemindert, wenn man mit den Anforderungen vertraut ist, die ein Protokoll erfüllen muss. Welche Funktion hat ein Protokoll? Welche Struktur ergibt sich aus dieser Funktion? Und was ist bei der Gestaltung zu beachten?

Protokolle sind ein Arbeitsmittel. Sie sollen Arbeitsprozesse erleichtern. Zu diesem Zweck werden in einem Protokoll die Inhalte einer Besprechung oder eines Seminars so festgehalten, dass alle Beteiligten nachlesen können, was mit welchen Ergebnissen besprochen wurde. Ein Protokoll muss so beschaffen sein, dass auch diejenigen, die an der Sitzung bzw. Besprechung nicht teilgenommen haben, nach der Lektüre des Protokolls über alle notwendigen Informationen verfügen.

## Beschlussprotokoll

Dort, wo Beschlüsse gefasst werden, in Gremien und Arbeitsgruppen, ist das Beschluss- oder Ergebnisprotokoll die richtige Wahl. Ein Beispiel:

*1. Streikaufruf*
Der Streik gegen Studiengebühren soll am 14.11. … beginnen. Eine Woche vorher wird ein Aufruf veröffentlicht.

> Wir geben drei Versionen des Aufrufs heraus:
1. Ein Aufruf an die Studierenden.
2. Ein Anruf, der die Lehrenden informiert und zur Unterstützung der Studierenden auffordert.
3. Eine Pressemitteilung, in der Anlass und Ziel des Streiks populär zusammengefasst werden.

[ ] Tina schreibt den Aufruf an die Studierenden.
[ ] Rolf verfasst den Text, der sich an die Lehrenden richtet.
[ ] Von Beate kommt die Pressemitteilung.
> Die Texte sollen bis zum 7.11. … vorliegen.

*2. Streikgestaltung*

Der Streik soll mit einer Kundgebung auf dem Humboldt-Platz eröffnet werden. In den folgenden Tagen werden in der Stadt öffentliche Lehrveranstaltungen durchgeführt.
> Die Kundgebung wird umgehend bei der Polizei angemeldet.
> Auf der Veranstaltung soll ein Professor, eine Studentin und einE VertreterIn der Gewerkschaft *verdi* sprechen.
> Vor und nach den Reden soll eine Latino-Rock-Band spielen.
> In den öffentlichen Lehrveranstaltungen sollen Themen behandelt werden, die nicht nur Studierende interessieren.

[ ] Petra meldet heute die Kundgebung an.
[ ] Vera besorgt bis zum … eine Band.
[ ] Jens macht bis zum … einen Vorschlag, wer auf der Kundgebung sprechen soll.
[ ] Tina erarbeitet in Zusammenarbeit mit den FachschaftssprecherInnen bis zum … Themenvorschläge für die öffentlichen Lehrveranstaltungen.

*3. Tagungsrhythmus der AG Streik*

Während des Streiks trifft sich die AG täglich um 18 Uhr im SoWi-Café.
> Wir brauchen einen Vorschlag, wie alle Informationen zum Streikverlauf für diese Treffen vorliegen können.

[ ] Petra legt bis zum … eine Übersicht vor, wer täglich wen wie und bis wann über den Streikverlauf an den einzelnen Fachbereichen informiert.

Unwichtig ist, wer eine Latino-Rock-Band vorgeschlagen oder angeregt hat, drei Versionen des Streikaufrufs zu veröffentlichen. Deshalb tauchen diese Angaben im Protokoll nicht auf. Festgehalten wird nur, worauf es ankommt, was alle wissen müssen:

- Wie ist der Stand der Dinge?
- Wie geht es weiter?
- Wer macht was bis wann?

Die Klammer dient der Beschlusskontrolle – sie verweist darauf, dass noch etwas aussteht, das *erledigt* fehlt [✓].

### Diskussionsprotokoll

Wird in einem Seminar Protokoll geführt, stehen im Mittelpunkt

- die zentralen Aussagen, Fragen bzw. Thesen,
- die unterschiedlichen Auffassungen und deren Begründungen,
- Fragen, die in der Diskussion gestellt wurden,
- Antworten, die gegeben wurden,
- Fragen, die unbeantwortet blieben,
- Übereinstimmungen, die erreicht wurden,
- Differenzen, die bestehen blieben.

Ein Diskussionsprotokoll ist keine Nacherzählung. Der Diskussions*verlauf* mit allen Wiederholungen, Schlenkern, Nebensächlichkeiten usw. interessiert nicht.[1] In einem gelungenen Diskussionsprotokoll wird der Verlauf der Diskussion nachträglich geordnet: das Für und Wider der Meinungen, (offene) Fragen usw. den einzelnen Themenschwerpunkten zugeordnet. Um ein solches Protokoll schreiben zu können, ist es während des Seminars notwendig, die Diskussionsbeiträge im Kopf zu strukturieren. Das gelingt nicht, wenn man versucht, möglichst viel oder gar wörtlich mitzuschreiben.

### Gestaltung und Stil

Für die Gestaltung eines Protokolls sind einige Standards und ein Leitkriterium zu beachten. Zunächst zu den *Standards*: Jedes Protokoll beginnt mit Angaben über den zu protokollierenden Anlass. Das heißt für ein Seminarprotokoll:

1. Titel des Seminars
2. Name der Dozentin
3. Thema der Sitzung
4. Name der Referentin
5. Datum
6. Name des Protokollanten

---

1 Deshalb verwende ich nicht den Begriff »Verlaufs«protokoll.

Bei Protokollen, die in anderen Zusammenhängen geschrieben werden, enthält ein Protokoll-»Kopf« folgende Angaben:

1. *Was* wird protokolliert?
   Zum Beispiel: Protokoll der *Fachbereichssitzung.*
2. *Wer* hat teilgenommen?
   Folgende Unterscheidungen können sinnvoll sein:
   - Teilnehmerinnen und Teilnehmer (aus dem Hause),
   - Gäste,
   - Personen, die nur zeitweise teilgenommen haben,
   - Personen, die nicht anwesend waren.
3. *Wer* leitete die Sitzung?
4. *Wann* fand die Sitzung, Besprechung usw. statt?
5. *Wo* fand sie statt?
   Diese Angabe ist nicht erforderlich, wenn der Ort nicht wechselt. Hinweise wie *kleiner* oder *großer Sitzungssaal* sind überflüssig.
6. *Wer* führte Protokoll?

Eine verbindliche Reihenfolge für diese Punkte gibt es nicht. Die Teilnehmerinnen und Teilnehmer werden in alphabetischer Reihenfolge aufgeführt – sofern nicht Hierarchien zu beachten sind. Wenn es notwendig ist, die Personen aufzuführen, die nicht anwesend waren, sind angemessene Formulierungen: *abwesend, verhindert* oder *entschuldigt.*

Zum *Leitkriterium*: Wer in einem Protokoll etwas nachlesen will, sollte ohne große Mühe die gesuchten Informationen finden: Ein Protokoll muss übersichtlich sein, das Wesentliche kurz und präzise wiedergeben.

Mit den Leitkriterien *Thema* und *Aussage* lässt sich ein Protokoll übersichtlich gestalten:

*Thema:* Worum ging es?
*Aussage:* Was wurde zum Thema gesagt?

Das *Thema* hat Teilthemen. *Aussagen* meint – zum Beispiel – Thesen und Gegenthesen zu einem Themenaspekt. Die Unterscheidung in Thema und Aussage hilft, Ordnung in die Themen- und Meinungsvielfalt zu bringen. Ein Beispiel:

Thema Globalisierung und Wettbewerbsfähigkeit
Themenaspekt: Wettbewerbsfähigkeit und Lohnkosten

These: Die hohen Lohnkosten in Deutschland beeinträchtigen die Wettbewerbsfähigkeit.
Gegenthese: Entscheidend im produzierenden Gewerbe sind die Lohnstückkosten. Bei der Höhe der Lohnstückkosten liegt Deutschland bei einem internationalen Vergleich im Mittelfeld.
Themenaspekt: Wettbewerbsfähigkeit und Infrastruktur
These: …
Gegenthese: …

Die Begriffe *Thema, Themenaspekt, These, Gegenthese* tauchen im Protokoll nicht auf. Es sind Gliederkategorien, die dazu dienen, Ordnung in den Diskussionsverlauf zu bringen, Aussagen thematisch zuzuordnen. Diese Kategorien lassen sich ergänzen: Wurde eine *Synthese* erarbeitet? Blieben *Fragen* zu einem bestimmten Themenaspekt unbeantwortet? Wurde ein *Fazit* gezogen? Usw.

Wenn in einer Diskussion komplizierte Themen behandelt wurden, sollte das Protokoll dieser Diskussion nicht kompliziert geschrieben werden. Vielmehr sollten Protokolle verständlich, präzise und sachlich sein. *Sachlich* meint: Ein Protokoll enthält keine Wertungen.

Protokolle werden im Präsens geschrieben. Die Verwendung des Konjunktivs bei der Wiedergabe von Meinungen lässt sich umgehen, wenn man gliedernde Kategorien ins Protokoll aufnimmt. Ein Beispiel.

Mit Konjunktiv

Der These, die internationale Wettbewerbsfähigkeit deutscher Unternehmen werde durch die hohen Lohnkosten beeinträchtigt, wurde entgegengehalten, entscheidend seien die Lohnstückkosten, bei denen die Produktivität berücksichtigt wird. Im internationalen Vergleich läge Deutschland bei der Höhe der Lohnstückkosten im Mittelfeld.

Mit gliedernden Kategorien

*These:* Die Internationale Wettbewerbsfähigkeit deutscher Unternehmen wird durch die hohen Lohnkosten beeinträchtigt.
*Gegenthese:* Entscheidend sind die Lohnstückkosten, bei denen die Produktivität berücksichtigt wird. Im internationalen Ver-

gleich liegt Deutschland bei der Höhe der Lohnstückkosten im Mittelfeld.

## Literatur

Über das *wissenschaftliche* Protokoll als Methode der Gewinnung von Erstinformationen informieren Rückriem u. a. Hinweise zum Schreiben von *Verlaufs- und Ergebnisprotokollen* im Beruf gibt Franck.

Georg Rückriem, Joachim Stary, Norbert Franck: Die Technik wissenschaftlichen Arbeitens. 10. Auflage. Paderborn: Schöningh 1997
Norbert Franck: Erfolgreich schreiben. Reinbek: Rowohlt 2000

## Quellenangaben

Literatur- bzw. Quellenangaben müssen präzise sein, damit sie überprüft werden können. Welche Form eine präzise Quellenangabe haben muss, ist nicht *allgemein* verbindlich festgelegt. Das Deutsche Institut für Normung hat mit der Norm DIN 1505 (vgl. Seite 178) Standards für Quellenangaben entwickelt. Ohne großen Erfolg: Kaum jemand beachtet diese Richtlinien. Zum Teil auch deshalb, weil einige Vorschläge wenig sinnvoll sind. Deshalb weichen Quellenangaben in der Form voneinander ab – nur drei Beispiele:

Rommelspacher, Birgit: Rassismus und Rechtsextremismus. Der Streit um die Ursachen. In: Tillner, Christiane (Hrsg.): Frauen – Rechtsextremismus, Rassismus, Gewalt. Feministische Beiträge. Münster: Agenda-Verl. 1994, S. 11–24

Rommelspacher, Birgit: *Rassismus und Rechtsextremismus. Der Streit um die Ursachen.* In: Christiane Tillner (Hrsg.): Frauen – Rechtsextremismus, Rassismus, Gewalt. Feministische Beiträge. Münster: Agenda-Vlg. 1994, S. 11–24

Rommelspacher, Birgit: Rassismus und Rechtsextremismus. Der Streit um die Ursachen, in: Christiane Tillner (Hrsg.): Frauen – Rechtsextremismus, Rassismus, Gewalt. Feministische Beiträge. Münster 1994, S. 11–24

Es macht faktisch keinen Unterschied, ob man *in* oder *In* schreibt, ob man sich für *Tillner, Christiane (Hrsg.)* oder *Christiane Tillner (Hrsg.)* entscheidet. Wichtig ist, dass

- jede dieser drei Varianten es ermöglicht, den Aufsatz von Birgit Rommelspacher problemlos zu finden,
- man die gewählte Form der Quellenangabe konsequent durchhält.

Fachspezifische Konventionen für Quellenangaben sind sinnvoll, wenn sie den Besonderheiten einer Wissenschaftsdisziplin Rechnung tragen. Wenig sinnvoll sind die Privat-Regeln, die manche Fachbereiche und Hochschullehrer aufstellen. Die folgenden Hinweise ermöglichen präzise Quellenangaben. Sie sind daher nützlich – aber nicht verbindlich. Es ist ratsam zu prüfen, ob diese Anregungen sich

mit den Erwartungen des jeweiligen Fachbereichs bzw. Prüfers decken. Das erspart Ärger.

### 1. Bücher

Eine *vollständige* Titelangabe enthält folgende Angaben:

1. Name und Vorname der Autorin/des Autors bzw. der Herausgeberin/des Herausgebers
2. Sachtitel
3. Nähere Angaben zur Ausgabe bzw. Bandangabe
4. Erscheinungsort(e)
5. Verlag
6. Erscheinungsjahr
7. Reihenbezeichnung

> Kaufmann, Jean-Claude: Singlefrau und Märchenprinz. Über die Einsamkeit moderner Frauen. Konstanz: UVK 2002 (Edition Discours, Band 26)

In diesem Beispiel sind keine näheren Angaben zur Ausgabe (zum Beispiel »3. Auflage«) und keine Bandangabe (zum Beispiel »Band 2«) erforderlich, da es sich um eine Erstausgabe handelt. Erste Auflagen werden nicht angegeben. Der Übersetzer oder die Übersetzerin auch nicht.

Angaben über den Verlag und die Reihenbezeichnung sind keine Pflicht. Vornamen können abgekürzt und der Sachtitel *kursiv* gesetzt werden:

> Kaufmann, J.-C.: *Singlefrau und Märchenprinz. Über die Einsamkeit moderner Frauen.* Konstanz 2002

Nähere Angaben zur Ausgabe bzw. zum Band werden in der Regel abgekürzt, die Namen mehrerer Autoren durch ein Semikolon getrennt:

> Hepp, Andreas; Winter, Rainer (Hrsg.): Kultur. Medien Macht: Cultural Studies und Medienanalyse. 2. Aufl. Opladen, Wiesbaden: Westdeutscher Vlg. 1999
>
> Hans-Ulrich Wehler: Vom Beginn des Ersten Weltkriegs bis zur Gründung der beiden deutschen Staaten 1914–1949. Deutsche Gesellschaftsgeschichte Bd. 4. München: C. H. Beck 2003

Ist der Verlagsort in einer Veröffentlichung nicht angegeben, wird dies durch »o.O.« (= ohne Ort) ausgewiesen. Kennt man den Er-

scheinungsort, fügt man ihn in eckigen Klammern hinzu. Ist das Erscheinungsjahr nicht ausgewiesen, verfährt man analog: »o.J.« (ohne Jahr). Ist bekannt, wann (ungefähr) der Text erstmals veröffentlicht wurde, wird ergänzt: [1997] oder [um 1997].

> Arbeitsgruppe Pädagogisches Museum (Hrsg.): Ich bin kein Berliner. Minderheiten in der Schule. o.O. [Berlin], o.J. [1987]

Bei Veröffentlichungen von *mehr als drei Personen* wird in der Regel nur die oder der zuerst im Titel genannte Autorin oder Herausgeber angegeben und um den Zusatz »und andere« (u.a.) ergänzt[1]:

> Merten, Klaus u.a. (Hrsg): Die Wirklichkeit der Medien. Eine Einführung in die Kommunikationswissenschaft. Opladen: Westdeutscher Vlg. 1994

Bei Festschriften wird der Anlass der Veröffentlichung mit angegeben:

> Breitenbach, Eva u.a. (Hrsg.): Geschlechterforschung als Kritik. Zum 60. Geburtstag von Carol Hagemann-White. Bielefeld: Kleine Vlg. 2002

Ein Sonderfall sind Bücher wie der *Duden* oder der *Fischer Weltalmanach*, die vor allem unter ihrem Titel bekannt sind (und für die höchst komplizierte und umfangreiche Angaben zur Urheberschaft notwendig wären). Sie können unter dem Titel ausgewiesen werden:

> Fischer Weltalmanach 2005. Frankfurt a. M.: Fischer 2004

## 2. Aufsätze

Bücher, Zeitungen und Zeitschriften sind »selbstständige« Schriften. Aufsätze werden als »unselbständige« Schriften bezeichnet. Die Literaturangabe muss den Weg zur selbstständigen Schrift bahnen, die in Bibliothekskatalogen erfasst ist. Folgende Angaben sind erforderlich:

1. Autorin/Autor
2. Aufsatztitel
3. »In:«
4. Angaben zur selbstständigen Quelle

---

1 In den Ethik-Richtlinien der Deutschen Forschungsgemeinschaft wird gefordert, alle Personen zu nennen, die an einer Veröffentlichung inhaltlich mitgewirkt haben.

5. Seiten- bzw. (in Lexika und Handwörterbüchern) Spaltenangaben

Zeitschrift

Yamanouchi, Yasushi: Max Weber im japanischen Faschismus. In: Das Argument 42 (2000) 4, S. 505–517

Der Aufsatz erschien 2000 im Heft 4 der Zeitschrift *Das Argument.* 42 ist die Jahrgangsangabe. Der Erscheinungsort wird nur bei Zeitschriften angegeben, die an mehreren Orten in unterschiedlichen Ausgaben produziert werden – zum Beispiel *Science* (New York und Paris).

Zeitung

Winkels, Hubert: Sehnsucht nach dem Feind. In: Die Zeit. Nr. 13 vom 24.3.1989, S. 66.

Sammelband

Leitschuh-Fecht, Heike: Nachhaltigkeit verändert die Unternehmenskultur. In: BUND, Misereor (Hrsg.): Wegweiser für ein zukunftsfähiges Deutschland. München: Rieman 2002, S. 186–189

Zeitschriften-Sonderhefte, die nicht regelmäßig erscheinen, werden wie Sammelwerke zitiert:

Dewe, Bernd; Radtke, Frank-Olaf: Was wissen Pädagogen über ihr Können? Professionstheoretische Überlegungen zum Theorie-Praxis-Problem in der Pädagogik. In: Jürgen Oelkers, H.-Elmar Tenorth (Hrsg.): Pädagogisches Wissen. Weinheim: Beltz, 1991 (Zeitschrift für Pädagogik, 27. Beiheft), S. 143–162

**So nicht: Quellenangaben**

Das Literaturverzeichnis einer Hausarbeit über den Asylkompromiss von 1993:

- Bade, Klaus J.: Ausländer – Aussiedler – Asyl: eine Bestandsaufnahme, München 1994
- Bethäuser Franz: Die Regelung über die sogenannten sicheren Drittländer unter besonderer Berücksichtigung des Artikels 105 der Bayeri-

schen Verfassung, in: Barwig, Klaus u.a. (Hrsg.): Asyl nach der Änderung des Grundgesetzes; Entwicklungen in Deutschland und Europa / Hohenheimer Tage zum Ausländerrecht, 1. Aufl., Baden-Baden 1994, S. 266–278
- Bündnis 90/Die Grünen im Landtag Niedersachsen, Pressestelle (Hrsg.): Keine Chance auf Asyl, Reader, Hannover 1995
- Leuninger, H.: Flucht in die Bundesrepublik, Ms 29.6.1993
- Narr, Wolf-Dieter: 1.Juli 1994: Ein Jahr nach der »Erledigung« des Asylrechts / Komitee für Grundrechte und Demokratie, 1. Aufl. Sensbachtal u.a. 1994
- Röseler Sibylle, Sozialleistungen für Flüchtlinge in der Bundesrepublik Deutschland, in: Barwig, Klaus a.a.O. S. 279–306
- Spaich, H.: Asyl bei den Deutschen, o.O., 1982
- Verheugen Günter (Hrsg.): Das neue Asylrecht, SPD-Bundestagsfraktion, Bonn 1993

Die Literaturangaben sind uneinheitlich und zum Teil unvollständig.
- Mal wird der Vornamen ausgeschrieben, mal nicht.
- Bei einigen Angaben ist nicht deutlich, ob es sich um ein Buch oder graue Literatur handelt. Deshalb sind Angaben zum Verlag bzw. der Art der Quelle sinnvoll – zum Beispiel beim zweiten Titel: Baden-Baden: *Nomos-Verl.-Ges.* 1994, S. 266–278.
- Der Titel von Wolf-Dieter Narr sollte wie folgt ausgewiesen werden, um deutlich zu machen, dass das *Komitee für Grundrechte* der »Ort« ist, wo die Veröffentlichung erhältlich ist:

  Narr, Wolf-Dieter: 1. Juli 1994: Ein Jahr nach der »Erledigung« des Asylrechts. Sensbachtal u.a.: Komitee für Grundrechte und Demokratie 1994

- Die Angabe »1. Aufl.« ist überflüssig.
- In einem *Literaturverzeichnis* ist die Angabe »Barwig, Klaus a.a.O. S. 279–306« unüblich: Die Quelle wird vielmehr noch einmal vollständig angegeben (und vor *a.a.O.* bzw. zwischen *a.a.O.* und *S.* kommt bei Kurztitelangaben in Fußnoten ein Komma).
- Beim vorletzten Titel hat der Verfasser geschlampt. Ein genauer Blick auf die Quelle oder einen Bibliothekskatalog hätte genügt: Spaich, Herbert (Hrsg.): Asyl bei den Deutschen. Reinbek: Rowohlt 1982.

### 3. Briefe

Veröffentlichte Briefe werden wie Aufsätze ausgewiesen. Die Besonderheit: Es werden der Empfänger und das Briefdatum angegeben.

Heinrich Mann: Brief an Thomas Mann vom 25. Mai 1939. In: Thomas Mann. Heinrich Mann – Briefwechsel 1900 bis 1949. Hrsg. v. Hans Wysling. Frankfurt a. M.: Fischer 1975, S. 184–186

Bei unveröffentlichten Briefe ist vor allem eine präzise Angabe des Fundorts (zum Beispiel des Archivs) wichtig. Hat man für eine Arbeit über Politik und Moral Helmut Kohl und andere Politikerinnen und Politiker um eine Stellungnahme gebeten und eine Antwort erhalten, empfiehlt sich eine gesonderte Rubrik im Literaturverzeichnis anzulegen (zum Beispiel: »Schriftliche Stellungnahmen von Politikerinnen und Politikern – im Besitz des Verfassers«). Dann kann die Quellenangabe kurz ausfallen:

Kohl, Helmut: Brief vom 19.6.2004

Wieczorek-Zeul, Heidemarie: Brief vom 22.6.2004

Hat die Ministerin eine E-Mail geschickt und in der Betreff-Zeile eine Angabe gemacht, wird diese Antwort wie folgt zitiert:

Wieczorek-Zeul, Heidemarie: Re: Politik und Moral. E-Mail vom 22.6.2004

### 4. Graue Literatur

»Graue Literatur« ist eine Sammelbezeichnung für Schriften, die nicht über den Buchhandel zu beziehen sind: Kongressreader, Arbeitspapiere eines Instituts, Forschungsberichte usw. sind vielfach die interessantesten Quellen, sie sind Medien der Erstveröffentlichung neuer Forschungsergebnisse oder innovativer Konzepte. Bei diesen Quellen ist es besonders wichtig, dass die *Bezugsquelle* eindeutig angegeben wird, zumal viele Bibliotheken keine graue Literatur sammeln.

Bundesministerium für Umwelt, Naturschutz und Reaktorsicherheit (Hrsg.): Aus Verantwortung für die Zukunft. Umweltpolitik als globale Herausforderung. Berlin 2002

Rittberger, Volker; Zelli, Fariborz: Europa in der Weltpolitik: Juniorpartner der USA oder antihegemoniale Alternative? Tübin-

ger Arbeitspapiere zur internationalen Politik und Friedensforschung 41. Tübingen: Eberhard Karls Universität, Institut für Politikwissenschaft 2003

## 5. Hochschulschriften

Dissertationen, Diplomarbeiten und Habilitationsschriften zählen, sofern sie nicht als Buch veröffentlicht wurden, auch zur grauen Literatur. Deshalb ist eindeutig auszuweisen, wo sie erschienen sind.

1. Nachname, Vorname
2. Titel
3. Ort
4. Hochschule
5. Fachbereich bzw. Fakultät
6. Nähere Bezeichnung der Arbeit (Diplomarbeit, Diss., Habil.-Schr.)
7. Erscheinungsjahr

Jung, Walter: Ideologische Voraussetzungen, Inhalte und Ziele außenpolitischer Programmatik und Propaganda in der deutschvölkischen Bewegung der Anfangsjahre der Weimarer Republik – Das Beispiel Deutschvölkischer Schutz- und Trutzbund. Göttingen: Georg-August-Universität, Phil. Fak., Diss. 2001

Steinberg, Simone: Die Bedeutung graphischer Repräsentationen für den Umgang mit einem komplexen dynamischen Problem. Eine Trainingsstudie. Berlin: Technische Universität, Institut für Psychologie, Diplomarbeit 2000

## 6. Web-Dokumente

Texte und Daten aus dem Internet werden analog zu Aufsätzen aus Sammelwerken oder Zeitschriften nachgewiesen. Der Ort wird zur Adresse und eine Seitenangabe entfällt. Das Datums des Zugriffs auf die elektronische Quelle ersetzt das Erscheinungsdatum. Dieses Datum ist wichtig, weil Web-Adressen sich ändern bzw. Dokumente im Netz häufig ausgetauscht werden, was zu den bekannten und unerfreulichen Meldungen führt: »Die Seite kann nicht angezeigt werden« oder »Error. The requested URL could not be retrieved«. Die Angabe des Zugriffsdatums ist die Versicherung: »An diesem Tag wurde in dieser Quelle jenes ausgesagt.«

1. Autorin/Autor
2. Titel des Dokuments
3. Adresse (Uniform Resource Locator; URL)
4. Datum des Aufrufs der Webseite

Horster, Detlef: Hinweise für das Halten von Referaten. http://www.erz.uni-hannover.de/~horster/texte/ref.pdf (2.9.2003)

Ähnlich zitiert man Dokumente, die man im Internet gefunden hat, die jedoch auch anderswo – zum Beispiel in einer Zeitung oder als graue Literatur – erschienen sind:

Hasenclever, Andreas; Mayer, Peter; Rittberger, Volker: Is Distributive Justice a Necessary Condition for a High Level of Regime Robustness? Tübingen 2000 (Tübinger Arbeitspapiere zur internationalen Politik und Friedens- und Konfliktforschung 36) http://www.uni-tuebingen.de/pol/taps/tap36.htm (3.10.2003)

## 7. Audiovisuelle Materialien

Filme, CDs, CD-Roms, Schallplatten und Kassetten sind selbständige Quellen und werden daher wie Bücher zitiert. Wie umfangreich zum Beispiel der Beleg einer Schallplatte ausfällt, hängt vom Kontext und Zweck der Arbeit ab. Für eine Arbeit über Absatzchancen von Schallplatten im Fach Betriebswirtschaft mag genügen:

Verdi, Guiseppe: Ein Maskenball. Köln: Elect. 1975. – 3 Schallpl.

In einer musikwissenschaftlichen Arbeit sind sicher mehr Angaben notwendig. Ob es allerdings immer – wie in DIN 1505, Teil 4 vorgeschlagen wird – eine so umfangreiche Quellenangabe sein muss, ist eher unwahrscheinlich.

Verdi, Guiseppe [Komponist]; Muti, Ricardo [Dir.]; Arroyo, Martina [Sopr.]; Domingo, Placido [Tenor]; Cappuccilli, Piero [Bar.]: Ein Maskenball = un ballo in maschera / Verdi; Arroyo; Domingo; Cappuccilli; Cossotto; Grist; Chorus of the Royal Opera House, Covent Garden; New Philharmonia Orchestra; Ricardo Muti. Köln: Elect., 1975. – 3 Schallpl. in Kassette; 33UpM; 30 cm + Beih.

Ob es auf den Komponisten, die Sängerin, das Orchester oder den Dirigenten ankommt, sollte in Abhängigkeit vom Gegenstand der Arbeit und dem Zweck der Quelle entschieden werden. Das gilt auch

für Formatangaben wie *33UpM; 30 cm.* Wenn es um die Inhalt einer Quelle geht, kann darauf ebenso verzichtet werden wie auf den Hinweise zur Verpackung und das Beiheft. Und bei einer CD-ROM sind Angaben überflüssig, wie viel Arbeitsspeicher erforderlich sind, um sie abzuspielen. Es genügen folgende Angaben:

Bundeszentrale für politische Bildung (Hrsg.): Informationssystem Medienpädagogik: ISM 2001. Datenbanken zum Thema Medienkompetenz. CD-ROM. Bonn 2001

Adolf Grimme Institut, Bundeszentrale für politische Bildung, learn online Sci GmbH (Hrsg.): Bildbox für Millionen. Fernseh- und Mediengeschichte der Bundesrepublik Deutschland. CD-ROM. Marl u.a. o.J. [2002]

Für eine Arbeit, in der es um Medientechnik oder Mediengeschichte geht, mag (nach dem Titel und vor dem Ort) der Hinweis »mind. 64 MB Arbeitsspeicher« sinnvoll sein.

Es gibt noch viele Quellen, die für wissenschaftliche Arbeiten herangezogen werden können – zum Beispiel Loseblattsammlungen, Gesetze und Urteile, Werke der bildenden Kunst, Computerprogramme, elektronische Datenbanken, Fernsehsendungen und Theateraufführungen, Flugblätter, Bedienungsanleitungen.

Es macht wenig Sinn, auf alle möglichen Quellen einzugehen. Zum einen deshalb nicht, weil es zahlreiche fachspezifische Konventionen gibt. Zum anderen kommen viele der genannten Quellenarten zu selten vor, um für alle Fälle Regeln aufzustellen. Wichtig ist vor allem die Perspektive der Lesenden einzunehmen: Welche Angaben ermöglichen es ihnen, die Quelle zu ermitteln (bzw. bei Konzerten, Ausstellungen und anderen Ereignissen, die nicht festgehalten wurden, Informationen über diese »Quelle« zu ermitteln)? Deshalb sind Angaben über Ort, Datum, Medium (und seine Beschaffenheit) unverzichtbar:

Gaul, Dieter; Bartenbach, Kurt: Arbeitnehmererfinderrecht. Kommentar. Köln: Schmidt – Loseblatt-Ausg., Erg.-Lfg. 28. Stand: Oktober 2001

Stadtplan Berlin. Maßstab: 1:30 000. Berlin: StadtInfo-Vlg. Ausgabe 1999

Verein iranischer Flüchtlinge in Berlin: Solidarität mit der iranischen Studentenbewegung. Flugblatt. Berlin 2003

Für Quellen in englischer Sprache können folgende Abkürzungen verwendet werden:

- Ed. (Editor), Eds. (Editors)
- ed. (edition)
- 2nd ed. (second edition)
- p. (page), pp. (pages)
- vol. (Volume), Vols. (Volumes)

## Literatur

Bangen, Georg : Die schriftliche Form germanistischer Arbeiten. Empfehlungen für die Anlage und die äußere Gestaltung wissenschaftlicher Manuskripte unter besonderer. Berücksichtigung der Titelangaben von Schrifttum. 9. Aufl. Stuttgart: Metzler 1990

Gerhards, Gerhard: Seminar-, Diplom- und Doktorarbeit. Muster und Empfehlungen zur Gestaltung von rechts- und wirtschaftswissenschaftlichen Prüfungsarbeiten. 8. Aufl. Bern u.a. Haupt 1995

Deutsches Institut für Normung (DIN): DIN 1505

- Teil 1: Titelaufnahme von Dokumenten: Titelaufnahme von Schrifttum. Berlin 1984
- Teil 2: Titelangaben von Dokumenten: Zitierregeln. Berlin 1984
- Teil 3: Titelangabe von Dokumenten: Verzeichnisse zitierter Dokumente (Literaturverzeichnisse). Berlin 1995
- Teil 4: Titelaufnahmen von audio-visuellen Materialien. Berlin 1995

# Referat, Vortrag halten

Intuition ist gut. Vorbereitung ist besser. Jedenfalls bei einem Vortrag oder Referat. Eine gute Vorbereitung gibt Sicherheit. Vor allem die → Einleitung und der → Schluss sollten besonders gut vorbereitet werden: Wer sich auf den Weg macht oder kurz vor dem Ziel ist, sollte nicht über ein Hindernis stolpern. Vorbereiten heißt nicht: sich Schreckensszenarien auszumalen. Ein Versprecher ist kein Problem und Rotwerden keine Katastrophe.

Um Versprecher, Rotwerden und um den Anfang und den Schluss geht es auf den nächsten Seiten.

## Anfang

Der Anfang ist zwar nicht, wie Aristoteles meinte, »die Hälfte des Ganzen.« Aber ein sehr wichtiger Teil eines Vortrags.

Vortrag und Referat beginnen mit einer Pause: *Zunächst* muss man die *Aufmerksamkeit* des Publikums auf *sich* lenken: Man legt sein Manuskript zurecht, nimmt Blickkontakt mit den Zuhörenden auf und wartet, bis Ruhe eingetreten ist.

*Dann* beginnt man langsam, laut und deutlich zu sprechen und weckt *Interesse* für das *Thema.*

Man kann so anfangen:

»Meine Vorbereitungszeit war sehr kurz, daher kann ich nur …«

»Ich kann ihnen leider einige Ausführungen über … nicht ersparen.«

»Mir war es leider nicht möglich, …«

Oder so:

»Mein Thema ist zwar außerordentlich kompliziert, dennoch …«

»Ich kann euch einige Details nicht ersparen, weil …«

Entschuldigungen und Drohungen wecken kein Interesse, sondern die Erwartung, dass man (wieder einmal) einen langweiligen oder unstrukturierten Vortrag zu hören bekommt. Wer ein Referat mit Entschuldigungen beginnt, startet aus der zweiten Reihe. Wer einen Vortrag mit Drohungen eröffnet, verstimmt die Zuhörerinnen und Zuhörer statt sie einzustimmen:

»Das hat der Zuhörer gern: daß er deine Rede wie ein schweres

Schulpensum aufbekommt: daß du mit dem drohst, was du sagen wirst« (Tucholsky Bd. 8, 290).

Es gibt mindestens noch fünf weitere solcher »Aufmerksamkeitskiller«:

*Die Definition*

»Mein Thema lautet Personal- und Organisationsaspekte im Geschäftsprozessmanagement. Im Vordergrund steht die Modularisierung von Organisationsstrukturen, wobei Modularisierung definiert werden kann als eine Restrukturierung der Unternehmensorganisation auf der Basis …«

Warum sollten sich die Zuhörer dafür interessieren, was dieser unter jenem versteht, solange sie nicht wissen, warum eine Definition oder Begriffsbestimmung notwendig ist?

*Die Seminargeschichte*

»Die Entwicklung der Europäischen Union beschäftigt uns seit Beginn dieses Semesters.«

»Wir haben uns in den letzten Sitzungen intensiv mit der Frage beschäftigt, ob …«

Die Gefahr ist groß, dass man eine unbehagliche Tatsache bewusst macht – und die eine oder der andere deshalb (hörbar) gequält seufzt.

*Die Vulgärrhetorik*

»Wir alle sind an der Frage interessiert, ob die Globalisierung der Märkte …«

»Wir wollen alle ein Rentensystem, das den Erfordernissen der Zeit gerecht wird.«

*Wir*-Floskeln sind vor allem aus zwei Gründen ein Risiko: Sie erinnern an geschraubte Politikerreden.[1] Und ein »Nein« aus dem

---

1 Wer regelmäßig den »Bericht aus Berlin« sieht oder sich den Talk bei Sabine Christiansen antut, weiß: Weder die Regierungskoalition noch die Fraktionsgemeinschaft von CDU und CSU brauchen ihren »Vorrat« auf. Deshalb ist – gleich, wie gravierend ein Konflikt ist – »der Vorrat an Gemeinsamkeiten noch nicht aufgebraucht«. Und man weiß, was nach den Stichworten »Verantwortung« oder »Finanzhaushalt« kommt: Verantwortung hat man »für die Zukunft

Publikum kann aus dem Konzept bringen (selbst ein stilles »Nein« bedeutet: Man hat Widerspruch geweckt).

*Mein Thema lautet*

»Mein Thema lautet neuere Ansätze in der Theorie optimaler Währungsräume.«

»Mein Vortrag behandelt die …«

Wer so steif mit der Tür ins Haus fällt, nimmt das Publikum nicht mit → Einleitung.

*Die »Witzigkeit«*

»Die drei schwierigsten Dinge für einen Mann sind:

- eine Steilwand zu erklimmen, die ihm zugeneigt ist,
- ein Mädchen zu küssen, das ihm abgeneigt ist und
- eine Tischrede zu halten.«[2]

Humor ist, wenn man trotzdem lacht. Man muss sicher sein, dass eine Pointe sitzt, und ein Witz keinen schalen Beigeschmack hat (Männer, die *Mädchen* küssen, begehen eine Straftat). Deshalb sollte man sich bei Freunden oder Bekannten vergewissern, ob eine Pointe verstanden wird und gut ankommt.

Die aufgeführten Fehlstarts sollte man vermeiden und deshalb
1. die ersten Sätze eines Vortrags intensiv vorbereiten,
2. diese Sätze Wort für Wort aufschreiben,
3. *genau* das – frei – vortragen, was notiert wurde.

Mit diesem Dreischritt geht man ohne Handikap an den Vortragsstart.

## Schluss

Der Schluss muss wirklich der Schluss sein. Alles hat ein Ende. So manches Referat hat zwei: Die Studentin oder der Doktorand kündigt an, »ich komme zum Schluss« – und redet munter weiter.

---

unserer Kinder«. Und Geld darf nicht »zu Lasten künftiger Generationen« ausgegeben werden. Kurz: Der Ort für gestanzte Formulierungen sind Medien und Parteitage – nicht die Hochschule.

2 Eine Empfehlung von Lehmann und Reese (1998, 22).

> »Kündige den Schluß deiner Rede lange vorher an, damit die Hörer vor Freude nicht einen Schlaganfall bekommen … Kündige den Schluß an, und dann beginne deine Rede von vorn und rede noch eine halbe Stunde. Das kann man mehrere Male wiederholen.« (Tucholsky Bd. 8, 292)

Das Ende eines Referats sollte in doppelter Hinsicht wirken: inhaltlich und atmosphärisch.

*Inhaltlich:* Der letzte Satz sollte Eindruck machen, keine Entschuldigung oder Hoffnungsfloskel sein (vgl. Seite 202).

Beendet man zum Beispiel einen Vortrag mit einer pointierten Schlussfolgerung, verpufft deren Wirkung – und damit der Schluss insgesamt –, wenn eine Nebensächlichkeit, eine Entschuldigung oder eine Floskel angehängt wird. Deshalb: den Schlusssatz wirken lassen.

*Atmosphärisch:* Wenn man erleichtert ist, dass man das Referat »über die Bühne gebracht« hat, ist das kein Grund, hörbar zu seufzen, laut durchzuatmen oder fluchtartig das Redepult zu verlassen. Den Zuhörenden sollte nicht der Eindruck vermittelt werden, der Redner hätte etwas *überstanden*, von der Rednerin sei eine *Last* gefallen. Vielmehr sollte signalisiert werden: Es hat sich gelohnt zuzuhören: Deshalb sollte nach dem letzten Satz eine Wirkungspause folgen:

- man schaut die Zuhörerinnen und Zuhörer freundlich an,
- lässt dem Publikum Zeit für Applaus und
- der Dozentin (oder dem Tagungsleiter) Zeit für einen Dank oder zur Aufforderung, Fragen zu stellen.

## Körper, Sprache, Manuskript

Vom Anfang bis zum Schluss spricht man über eine Sache zu Menschen, die angeschaut werden wollen, alles gut hören und verstehen möchten.

### *Blickkontakt*

Zu Menschen reden heißt: Die Zuhörerinnen und Zuhörer anschauen und nicht die Decke oder die Bäume vor dem Fenster. Es kann über Unsicherheit hinweghelfen, am Anfang den Blickkontakt mit freundlichen Menschen zu suchen: Es gibt nie nur grimmige Zuhörer, sondern immer die eine oder den anderen, die oder der freund-

lich schaut oder zustimmend nickt. Die Zuhörerinnen und Zuhörer sollten einzeln angeschaut werden – zwischen zwei und zehn Sekunden. Nicht länger, sonst fühlt sich der oder die Angeschaute vielleicht unwohl.

*Manuskript*

Ein → Manuskript ist ein legitimes Hilfsmittel und braucht nicht versteckt zu werden. Von einem ausformulierten Manuskript sollte man sich nicht zum Ablesen verführen lassen. Lässt es sich nicht vermeiden, bestimmte Passagen abzulesen, ist darauf zu achten, dass man nicht zu schnell liest. Und man sollte berücksichtigen, dass Sprechpausen nicht mit der Zeichensetzung übereinstimmen: Über manche Kommata sprechen wir hinweg und machen dafür an Stellen eine kleine Pause, an denen kein Satzzeichen steht.

Beim Zitieren kann der Blickkontakt mit dem Publikum auf folgende Weise beibehalten werden:

1. Zitat mit Blickkontakt ankündigen,
2. Zitat langsam vortragen,
3. mit Blickkontakt auf das Ende des Zitats hinweisen.

*Sitzen*

Der Stuhl sollte so nahe am Tisch stehen, dass die Unterarme auf den Tisch gelegt werden können. So lässt sich problemlos gestikulieren. Bleiben die Hände unter dem Tisch, sinken die Schultern nach vorne, macht man sich kleiner und sitzt nicht mehr gerade.

Zu einer bequemen und korrekten Sitzhaltung gehört es zudem, beide Füße auf den Boden zu stellen und den Rücken zu schonen, indem man die Rückenlehne nutzt.

*Stehen*

Weder Schillers *Glocke* (»Festgemauert in der Erde«) noch der Tiger, der unruhig hin und her streift, sollten Vorbilder fürs Stehen sein. So steht man seinen Mann und ihre Frau beim Vortrag:

- mit beiden Beinen fest auf dem Boden stehen, das Körpergewicht gleichmäßig verteilt;
- die Schultern nach hinten nehmen und nicht hoch ziehen;
- den Rücken gerade halten und den Kopf erhoben.

*Gestik*

Gesten sollten nicht einstudiert werden. Gestik stellt sich dann ein, wenn man für wichtig hält, was man vorträgt, wenn man überzeugt ist von dem, was man sagt.

Die Arme gehören auf den Tisch, wenn man sitzt. Wenn man steht, wird ein Arm angewinkelt, den anderen lässt man locker herunterhängen.

Die Bedeutung eines Referats wird geschmälert, wenn man mit den Schultern zuckt oder den Kopf schräg hält. Das signalisiert: Ich habe es nicht wirklich ernst gemeint; ich bin unsicher; ich bin auf Zustimmung angewiesen. Schließlich sollte man den Kopf nicht in die Hand zu stützen, keine Haarsträhnen drehen und sich nicht durch die Haare oder über das Gesicht fahren.

*Mimik*

Wer während eines Referats mit sich und der Situation zufrieden ist, darf lächeln. Man sollte nicht lächeln, wenn einem nicht danach zumute ist. Es kommt nur ein Verlegenheitslächeln heraus, das die Wirkung des Gesagten schmälert (ist wohl nicht so ernst gemeint).

*Lautstärke*

Die Lautstärke muss der Raumgröße angemessen sein. Zu leises Sprechen ist ebenso unangemessen wie zu lautes. »Mit einer sehr lauten Stimme im Hals« ist man »fast außerstande, feine Sachen zu denken« (Nietzsche). Und man verbaut sich die Möglichkeit einer Steigerung zur Betonung wichtiger Passagen. Der Wechsel von einer angemessenen Lautstärke zum leiseren Sprechen kann eindringlich wirken und die Aufmerksamkeit des Publikums erhöhen.

*Pausen*

Selten wird bei Vorträgen zu langsam gesprochen, aber häufig zu schnell. Etwa 100 Wörter in der Minute sind angemessen. Wenn man in Eifer gerät, können es auch 120 sein. Mehr sind zu viel

- für die Zuhörerenden: Sie können nicht mehr folgen;
- für die Sprecherin oder den Sprecher: Nach einiger Zeit stellt sich Atemnot ein.

Deshalb sollte man nicht »ohne Punkt und Komma« sprechen, sondern Pausen machen. Pausen sind

- ein rhetorisches Mittel: Man lässt eine wichtige Aussage oder Frage wirken, indem man eine kurze Pause anschließt;
- ein Gliederungsmittel. Man sollte nach jedem Hauptgedanken durch eine Pause signalisieren: Es folgt eine neue Überlegung;
- eine Wohltat für die Rednerin und für die Zuhörer: Pausen geben Gelegenheit, Luft zu holen und nachzudenken;
- notwendig, um sich zu sammeln und bei Aufregung ruhiger zu werden.

*Sprechtempo*
Wichtig ist ein Wechsel im Sprechtempo. Ein gleichmäßig schnelles Tempo nervt, ein kontinuierlich ruhiges Tempo ermüdet. Deshalb: die entscheidenden Passagen mit Nachdruck vortragen, mit Betonung und Pausen. Bei Beispielen und leicht verständlichen Sachverhalten kann man im Tempo etwas zulegen. Zudem ist darauf zu achten, dass die Stimme am Ende eines Satzes weder fragend höher noch leiser wird. Das nimmt einer Aussage Kraft und Wirkung.

### Kleine Pannen

Kleine Pannen sind bei einem Vortrag erlaubt und nicht außergewöhnlich. Wer dem Laster der Perfektion frönt und sich solche kleinen Pannen nicht gestattet, macht sich das Leben unnötig schwer. Welche Pannen können auf einer Vortrags»reise« auftreten? Wie sind sie zu beheben?

*Das treffende Wort fehlt*
Wenn das passende Wort nicht zur Stelle ist, setzt man mit einer Umschreibung das Referat fort. Gelingt das nicht, hilft ein »Geständnis«: »Mir fehlt der treffende Begriff« – und man bekommt Hilfe von den Zuhörenden. Eine andere Möglichkeit: Man stellt sich die rhetorische Frage: »Wie kann ich es treffend formulieren?« – und verschafft sich so eine Denkpause.

*Der verunglückte Satz*
Es ist kein Drama, einen Satz mit kleinen Verstößen gegen die Grammatik zu beenden – einfach weitersprechen, sofern problemlos zu verstehen ist, was gemeint ist. Oder – ohne Entschuldigung – das entsprechende Wort verbessern. Kommt man mit einem Satz nicht

mehr klar, bricht man ihn ab und fängt neu an. Man kann schlicht sagen: »Ich beginne den Satz noch 'mal neu.« Oder man blufft ein bisschen:
- »Ich möchte es besser formulieren.«
- »Präziser ausgedrückt...«
- »Genauer gesagt...«

Der Bluff wird durchschaut, wenn sich solche Formulierungen häufen. Vorbeugen ist besser als versprechen. Vorbeugen heißt: kurze Sätze formulieren → Schreiben für Reden.

*Der Versprecher*
Über kleine Versprecher, die den Sinn einer Aussage nicht entstellen, geht man hinweg. Niemand ist perfekt. Wird der Sinn entstellt, korrigiert man sich ohne Entschuldigung: »Ich meine natürlich nicht Kreislauf*wissenschaft*, sondern Kreislauf*wirtschaft*.« Mit der Größe des Wortschatzes nimmt die Wahrscheinlichkeit zu, dass man sich verspricht. Deshalb sollte man einen Versprecher – *Artillerieverkalkung* oder *Kreisgeldlauf* – als Kompliment nehmen. Empfiehlt man, den *Abend nicht vor dem Tag zu loben*, merkt das niemand, oder man hat für einen Moment der Heiterkeit gesorgt. Deshalb gibt es keinen Grund, einen Versprecher hektisch zu korrigieren. Ein Lächeln kommt besser an.

*Der verlorene rote Faden*
Die Zuhörerinnen und Zuhörer wissen nicht, was man als Nächstes sagen wollte. Und sie registrieren auch nicht jeden kleinen Fehler im Ablauf. Ist »der Faden gerissen«, entsteht eine kleine Pause. Niemand ist darüber irritiert. Man schaut ins Manuskript, wie es weitergeht. Und spricht weiter, wenn die Anschlussstelle gefunden wurde. Es ist üblich, nach einer gewissen Zeit der freien Rede einen Blick ins Manuskript zu werfen um sich zu vergewissern, was als Nächstes angesprochen werden soll.

Ein anderes Mittel, den Anschluss wieder zu finden, sind Zwischen-Zusammenfassungen:
- »Ich fasse diesen Punkt kurz zusammen.«
- »Ich möchte noch einmal betonen ...«[3]

---

3 Ein *Blackout* im Wortsinne ist eher die Ausnahme. Der Eindruck eines Black-

*Etwas vergessen*
Wenn man ein zentrales Argument, eine wichtige Information übersprungen hat, trägt man das Argument, die Information bei passender Gelegenheit – aber nicht in der Zusammenfassung – nach:

- »Ein wichtiger Gesichtspunkt fehlt noch…«
- »In diesem Zusammenhang ist zu ergänzen…«
- »Dabei ist allerdings zu berücksichtigen, und das habe ich bisher noch nicht getan, dass…«

*Und wenn …?* Es sind noch mehr Pannen denkbar. Jedes Publikum mag kleine Fehler. Wenn man sich diese Tatsache vor Augen hält, dann bekommt man den Kopf frei, um mit der Zeit souverän mit kleinen Fehlern umgehen zu können – zum Beispiel eine »Lehre« daraus zu ziehen, wenn man eine Folie verkehrt herum aufgelegt hat: »Sie sehen, alles hat wirklich zwei Seiten. Nur ist die eine Seite manchmal schwer zu entziffern.«

Das gelingt – mit einiger Vortragserfahrung – aber nur dann, wenn man sich kleine Fehler und Schwächen gestattet. Zum Beispiel das Rotwerden. Nimmt man das Rotwerden nicht so wichtig, verringert sich das Problem mit der Zeit deutlich. Hat man während eines Referats den Eindruck, einen knallroten Kopf zu bekommen, sollte man im Anschluss einen Freund oder eine Freundin fragen, ob er oder sie das bemerkt hat. Häufig täuscht der eigene Eindruck. Man meint, der Kopf glüht, doch die anderen nehmen allenfalls ein leichtes Erröten wahr → Lampenfieber.

Ein Vortrag oder Referat sollte interessant und informativ sein und verständlich und anschaulich vorgetragen werden. In Seminaren wählen die Zuhörerinnen und Zuhörer nicht den »Vortrags«-Superstar. Vielmehr wollen sie sich nicht langweilen und etwas lernen. Ein Versprecher langweilt nicht. Vielmehr lernt man daraus, dass andere auch Fehler machen. Wenn die Zuhörerinnen und Zuhörer mehr lernen sollen: Siehe den ersten Satz dieses Absatzes.

---

outs entsteht meist deshalb, weil die drei oder vier Sekunden, die es dauert, bis man den »Faden« wieder gefunden hat, als »ewig« *erlebt* werden. Wie beim Zittern der Stimme besteht eine Differenz zwischen der eigenen und der Wahrnehmung der Zuhörerinnen und Zuhörer (vgl. Seite 116).

## Referat, Vortrag – Vorbereitung

Ein Referat ist keine Hausarbeit. Ein Vortrag ist kein wissenschaftlicher Aufsatz. Bei einem Vortrag hören Menschen zu – interessiert oder sichtlich gelangweilt. Bei einem Referat schauen die Zuhörerinnen den Redner freundlich an oder bewegen sich unruhig auf ihrem Stuhl. Nach einem Vortrag oder Referat applaudieren die Zuhörer, klopfen zustimmend auf den Tisch oder atmen erleichtert auf.

Kurz: Referat und Vortrag sind soziale Situationen, die ein situationsangemessenes Verhalten erfordern: Das Thema muss aufnahmefähig gemacht und die Zuhörerinnen und Zuhörer aufnahmebereit gestimmt werden.

»Beherrsche die Sache, dann folgen die Worte.« Der häufig zitierte Satz des römischen Konsuls Cato beruht auf einem Irrtum, den viele Hochschullehrer zum Leidwesen vieler Studierender kultivieren. Es genügt nicht »zur Sache« zu reden, wenn man zu Menschen spricht. Bei Vorträgen geht es zum Beispiel darum, Aufmerksamkeit zu wecken, Interesse aufrechtzuerhalten und die Zuhörenden durch den Vortrag zu »führen«.

Aufmerksamkeit und Interesse stellen sich nicht von selbst her. Ein Thema ist nicht an sich interessant – es muss vielmehr interessant gemacht werden: für die Zuhörerinnen und Zuhörer aufbereitet werden. Das ist Bestandteil der Vorbereitung eines Referats oder Vortrags. Dafür muss Energie investiert und Zeit eingeplant werden – will man nicht bei der Vorbereitung auf halber Strecke stehen bleiben.

Diese Vorbereitungsarbeit lohnt aus zwei Gründen:

1. Sie ist ein Training für die Zeit nach der Hochschule: In vielen Berufen gehört es zu den »Basics«, Sachverhalte verständlich und überzeugend vortragen zu können.
2. Wer Zeit und Energie in die Erarbeitung eines Referats investiert hat, sollte diese Arbeit zu einem krönenden Abschluss führen: zu einem Referat, das man gerne vorträgt und dem andere aufmerksam zuhören.

Vier Punkte sind bei der Vorbereitung zu beachten.

## 1. Ausgangspunkt Ziel

»Würdest du mir bitte sagen, wie ich von hier aus am besten weitergehen soll?«, fragt *Alice im Wunderland* die Katze. »Das hängt sehr davon ab«, lautet die Antwort, »wo du hinwillst.« (Carroll, 1996, 74)

Ein Vortrag braucht ein Ziel: Was soll gezeigt, erläutert, veranschaulicht werden? Erst dann, wenn der rote Faden sichtbar ist, können Schwerpunkte gesetzt, kann entschieden werden: Was ist wichtig und was verzichtbar? Was will ich deutlich machen, welcher Frage will ich nachgehen? → Fragestellung, Exposé.

Zwar wollen alle, die einen Vortrag oder ein Referat halten, einen guten Eindruck machen. Aber viele handeln wie Helmut Kohl, der als Parteichef dem Motto folgte »Ich habe keine Angst mich unbeliebt zu machen. Ich bin es schon.« In vielen Referaten wird auf eine Ordnung und Gewichtung von Zahlen und Fakten verzichtet. Viele Vorträge sind nach dem Grundsatz aufgebaut: Was ich weiß, bringe ich auch in meinem Vortrag unter. Studierende können sich nicht von dem lösen, was für die *Erarbeitung* ihres Themas wichtig war, aber für die *Darstellung* unwichtig ist – ihr Motto: Wenn ich das schon gelesen habe, dann kommt das auch in meinem Vortrag vor. Promovierende können sich nicht von ihren Vorarbeiten trennen und bringen sie in Rand- und Klammerbemerkungen unter:

- »Ich möchte an dieser Stelle in Klammern hinzufügen, dass ...«
- »In diesem Zusammenhang scheint mir folgende Randbemerkung wichtig: ...«

Andere meinen, ihr Thema erfordere es, weit in die Geschichte zurückgehen. Dazu Tucholsky:

> »Fang immer bei den alten Römern an und gib stets, wovon du auch sprichst, die geschichtlichen Hintergründe der Sache. Das ist nicht nur deutsch – das tun alle Brillenmenschen. Ich habe einmal in der Sorbonne einen chinesischen Studenten sprechen hören, der sprach ... gut französisch, aber er begann zu allgemeiner Freude so: ›Lassen Sie mich Ihnen in aller Kürze die Entwicklungsgeschichte meiner chinesischen Heimat seit dem Jahre 2000 vor Christi Geburt ...‹ Er blickte ganz erstaunt auf, weil die Leute so lachten. So mußt du das auch machen. Du hast ganz recht: man versteht ja sonst nicht, wer kann denn das alles verstehen ohne die geschichtlichen Hintergründe ... sehr richtig!« (Bd. 8, 291)

»In der Beschränkung zeigt sich erst der Meister.« (Goethe Bd. 3, 623) Bei einem Referat oder Vortrag kommt es darauf an, das Wesentliche in den Mittelpunkt zu stellen und jede Information daraufhin zu überprüfen, ob sie

- notwendig ist, weil sie zum Verständnis der Sache beiträgt,
- die Argumentation stützt oder die Argumentationslinien verdeckt,
- den Ertrag der Ausführungen für die Zuhörenden deutlich macht.

Auch wenn es schwer fällt, sich von Formulierungen zu trennen, um die man hart gerungen hat: Die meisten Vorträge gewinnen, wenn sie gekürzt werden. Weniger ist oft mehr: »Alles sagen zu wollen, ist das Geheimnis der Langeweile« (Voltaire).

## 2. Bezugspunkt Zuhörerinnen und Zuhörer

Es gibt Rednerinnen und Redner, die *sich* stundenlang zuhören können. Was ist notwendig, damit die Zuhörerinnen und Zuhörer gerne zuhören?

Ausgangspunkt eines Vortrags ist die eigene Ziel- und Fragestellung. Bezugspunkt sind die *anderen*, ohne die das Ziel nicht erreicht werden kann: Was nützt es, zwanzig oder vierzig Minuten eine Theorie zu analysieren, eine Autorin zu interpretieren oder einen Forschungsansatz zu bewerten, wenn nach einigen Minuten die meisten Zuhörerinnen und Zuhörer abschalten? Deshalb gehört zur Vorbereitung die Frage: Was ist notwendig, um die Zuhörerinnen und Zuhörer nicht mit

- längst bekannten Informationen zu langweilen,
- zu viel neuen Informationen zu überfordern und
- zu wenigen Anregungen zu unterfordern?
- Was kann vorausgesetzt und daher weggelassen bzw. muss nur erwähnt oder gestreift werden?
- Wie ausführlich muss der (theoretische) Bezugsrahmen oder der methodische Ansatz erläutert werden?
- An welchen Kenntnissen, Erfahrungen und Interessen kann mit Beispielen angeknüpft werden?

Je mehr man durch die intensive Beschäftigung mit einem Thema zur Expertin oder zum Experte auf einem Gebiet wird, um so mehr

ist darauf zu achten, den Wissensstand und die Informationsbedürfnisse von Nicht-Experten richtig einzuschätzen: Welche Vorkenntnisse können vorausgesetzt werden und welche nicht?[1]

### 3. Wegweiser und Publikumslieblinge

Ein guter Vortrag hat einen interessanten Anfang → Einleitung und einen gelungenen → Schluss. Anfang und Schluss sollten dicht beieinander liegen – wünschte sich Mark Twain. Er hatte wohl, wie viele Menschen, schlechte Erfahrungen mit dem Hauptteil von Vorträgen gemacht.

Worauf kommt es beim Hauptteil an? Zunächst und vor allem: Der Hauptteil muss klar strukturiert sein und anschaulich formuliert werden → Schreiben fürs Reden. Zur *Pflicht* gehört es zudem, »Wegweiser« für die Zuhörerinnen und Zuhörer »aufzustellen«. Wer auch die *Kür* absolvieren will, sollte einige Publikumslieblinge in den Vortrag einbauen.

*Wegweiser*

Alle Zuhörerinnen sind dankbar, wenn sie durch ein Referat »geführt« werden. Deshalb sollte man die zentralen Linien eines Vortrags deutlich machen, den Zuhörern eine klare Orientierung geben:

- Ich komme zur zweiten Frage, zum Zusammenhang von Wachstum und Wohlstand. Ich untersuche zwei Aspekte: 1. Wie … 2. Warum … Zunächst zur Frage nach dem Wie.
- Ich habe gezeigt, dass sich Umweltschutz für Unternehmen rechnen kann. Ich gehe nun auf die Voraussetzungen näher ein, die …
- Was kennzeichnet diesen Ansatz? Zum einen ein verkürztes Verständnis von Personalentwicklung und zum anderen ein fragwürdiges Menschenbild. Was meine ich mit *verkürztem Verständnis von Personalentwicklung*?

---

1 Bei Vorträgen, die auf Kongressen oder im Rahmen von Auswahlverfahren bzw. Bewerbungen gehalten werden, ist mehr Aufwand bei der Prüfung der Erwartungshaltungen und Einstellungen der Zuhörerinnen und Zuhörer erforderlich. Zum Beispiel ist in der Welt der Wissenschaft wichtig zu wissen, ob ein Teil des Publikums ein Faible für Methodenfragen oder Fallbeispiele hat. Ob es Vorbehalte gegen den eigenen methodischen Ansatz gibt. Und bei einem heterogenen Publikum ist unter Umständen zu entscheiden, auf wen es ankommt (vgl. Franck 2001, 24ff.).

*Fragen*

Fragen sind ein weiterer Wegweiser. Fragen stellen eine Beziehung zu den Zuhörerinnen und Zuhörern her. Sie erhöhen die Aufmerksamkeit und erleichtern das Verständnis. Deshalb sollte ab und zu eine Erläuterung mit einer Frage eingeleitet werden.

- Statt: Die germanischen Sprachen begannen erst im Spätmittelalter, mithilfe des Infinitivs und eines Hilfsverbs, das lateinische Futur nachzubilden.
- Frage: Seit wann gibt es das Futur in den germanischen Sprachen?
- Statt: Die an Keynes angelehnte Politik scheiterte aus drei Gründen.
- Frage: Aus welchen Gründen scheiterte die an Keynes orientierte Politik? Sie scheiterte vor allem aus drei …

Sowohl echte auch rhetorische Fragen sind nützlich. *Echte* Frage: Möchte man eine Antwort aus dem Publikum, sollte das durch eine direkte Ansprache deutlich gemacht werden: »*Was meinen Sie:* Welche Vorteile haben Seminare gegenüber Vorlesungen?« Wer eine Antwort erwartet, sollte den Zuhörerinnen und Zuhörern einige Sekunden Zeit zum Nachdenken geben.

*Rhetorische* Frage: Will man selbst antworten, lautet die rhetorische Frage: »Welche Vorteile haben Seminare gegenüber Vorlesungen?«

Zwei Frage-Typen sollten an der Hochschule vermieden werden:

1. *Wissensfragen*, die an die Schule erinnern (In welchem Land wurde das Faxgerät erfunden?).
2. *Geschlossene Fragen*, die nur mit »Ja« oder »Nein« beantwortet werden können (Seid ihr für Studiengebühren? Kennen Sie den Krimiautor, der in den siebziger Jahren ein einflussreicher Politiker war?).

*Signale setzen*

Vorträge sollten anschaulich sein und Signale enthalten, die die Bedeutung des Vortrags unterstreichen. Beruht ein Vortrag – zum Beispiel – auf einer *Analyse*, die zu neuen *Hypothesen* führt, deren Bestätigung eine *Synthese* bislang widersprüchlicher *Ergebnisse* verspricht – dann sollten die Begriffe *Analyse, Hypothesen, Synthese, Ergebnisse* auch zu hören sein. Allgemeiner formuliert: In der Wis-

senschaft verwendet man die Termini, die angemessen wiedergeben,

- womit man sich wissenschaftlich auseinander setzt: mit *Determinanten* und *Bedingungen*, *Kategorien* und *Strukturen*, *Theorien*, *Methoden*, *Ansätzen* usw.;
- und wie das geschieht: *analysieren*, *vergleichen*, *interpretieren*, *erheben*, *befragen* usw.

Man »erzählt« nicht über drei »Dinge«, von denen man »denkt«, sondern *untersucht* (*interpretiert* oder *analysiert*) drei *Faktoren* (*Probleme* oder *Zusammenhänge*) und kommt zu dem *Schluss* (*Ergebnis* oder der *These*). Das sind die *sprachlichen* Signale für Wissenschaft. Das sind die Termini, mit denen man verhindert, dass man sein Licht unter den Scheffel stellt (vgl. die Liste problemstrukturierender Begriffe auf Seite 95).

*Publikumslieblinge*

Die meisten Menschen sind für Abwechslung dankbar. Viele Studierende und Lehrer langweilen sich bei Vorträgen, weil etwas fehlt: Beispiele, Vergleiche oder eine Brise Humor. Vor allem Studierende im ersten Semester trauen sich nicht, über den Tellerrand ihres Themas hinauszuschauen. Präziser formuliert: Sie trauen sich nicht, über das hinauszugehen, was in der Literatur zum Thema steht. Deshalb werden Referate über die Politik der EU gehalten, in denen nicht einmal Bezug auf aktuelle politische Ereignisse genommen wird. Deshalb wird dreißig Minuten über die Entwicklung von Ottilie in Goethes *Wahlverwandtschaften* referiert, ohne einen Vergleich zur Gegenwart herzustellen.

Solche Vergleiche und Bezüge sind gestattet. Mehr noch: Sie sind zu empfehlen. Aus zwei Gründen: Zum einen sind solche Vergleiche und Bezüge der Nachweis, dass man Wissen anwenden und auf unterschiedliche Probleme übertragen kann. Zum anderen bringen Vergleiche und Bezüge Leben in ein Referat und sorgen für Aufmerksamkeit.

*Beispiele*

*Konkrete* und *verständliche* Beispiele mag jedes Publikum. Aktuelle Beispiele sind besonders beliebt. Beispiele sind allerdings – wie Medikamente – nur in der richtigen Dosierung hilfreich. Ein Beispiel:

Als Pontius Pilatus sich nach dem Urteilsspruch über Jesus demonstrativ in der Öffentlichkeit die Hände wusch, um symbolisch seine Unschuld zu signalisieren, war das eine gekonnte und wohl kalkulierte politische Inszenierung.
Die Inszenierung von Politik hat Tradition. Die Inszenierung von Politik ist keine Erfindung des Medienzeitalters. Nicht erst Kanzler Schröder oder FDP-Chef Westerwelle versuchen, sich durch Inszenierungen für die Öffentlichkeit ins rechte Licht zu setzen.

*Vergleiche und Analogien*
Mit Vergleichen kann man Sachverhalte verdeutlichen – zum Beispiel die Tatsache, dass es in vielen Zusammenhängen auf Qualität ankommt und nicht auf Quantität: »Mit einem Tropfen Honig fängt man mehr Fliegen als mit einem Fass Essig.« (Italienisches Sprichwort).

Rückriem vergleicht das Schreiben einer wissenschaftlichen Arbeit mit einem Marathonlauf:

> »Jeder kann laufen, aber nicht jeder kann deshalb auch schon einen Marathon laufen. Die Fähigkeit … muß ich vorher entsprechend trainiert haben und zusätzlich eine Reihe formaler Aspekte strikt beachten, wenn ich nicht spätestens bei Kilometer 30 erschöpft aufgeben soll: Ich darf unter keinen Umständen zu schnell anlaufen, muß ein gleichbleibendes Tempo beibehalten und auf kräftezehrende Zwischenspurts verzichten, sollte nicht zu warm bekleidet sein und regelmäßig trinken.« (1999, 124)

Vergleiche sind zudem geeignet, einen Vortrag mit einer Brise Ironie oder einem Schuss Polemik zu würzen:

> Die deutschen Hochschulen erinnern mich an meinen Freund Herbert und seinen alten *VW-Käfer*: Der Wagen war marode und hatte wenig Zukunftsperspektiven. Herbert gab kein Geld für dringend notwendige Reparaturen aus. Wenn irgendein Teil klapperte, drehte er das Radio so laut auf, dass man das beunruhigende Geräusch nicht mehr hörte.
> »Die Lektüre von mit Fußnoten gespickten Texten (ist) gewöhnungsbedürftig. Im Text lesen wir etwas über die Geschichte Preußens, aber in den Fußnoten lesen wir Hinweise zur Entstehungsgeschichte dieses Textes. Das ist so, wie wenn wir einen Witz hören

und ihn gleichzeitig erklärt bekommen. Oder wie Noel Coward sagt, als wenn man mitten im Liebesakt zur Tür gehen muß, um einen Besucher zu empfangen, um dann weiterzumachen.« (Schwanitz 2002, 462)

Die Wahlergebnisse der SPD folgen seit Monaten den Aktienkursen: Es geht rasant nach unten.

Durch *Analogien* können überschaubare Zeiträume und Zahlen, deren Größe unseren Erfahrungshorizont überschreiten, vorstellbar gemacht werden:

Wenn man das Alter der Erde mit einer Woche gleichsetzt, dann wäre das Universum etwa zwei bis drei Wochen alt. Der Mensch wäre während der letzten zehn Sekunden aufgetreten. Das »Computerzeitalter« wäre noch keine Sekunde alt.

*Humor*

Alle lachen oder schmunzeln gerne. Humor ist der Publikumsliebling Nummer eins. Humor ist auch in der Wissenschaft erlaubt. Doch Vorsicht: Eine Pointe muss sitzen, damit die Zuhörerinnen und Zuhörer nicht deshalb (gequält) lächeln, weil sie erkennen, das war jetzt humorvoll gemeint (s.a. Seite 181). Ein Referat über die PISA-Studie, über das schlechte Abschneiden Deutschlands in internationalen Bildungsvergleichen könnte so beginnen:

»Entschuldigen Sie«, spricht eine Touristin in Rom einen deutschen Touristen an, »können Sie mir sagen, wie ich zur Laokoon-Gruppe komme?«

»Tut mir Leid«, antwortet er, »wir sind mit *Neckermann* hier.«

Ein wenig Ironie kann man in einem Vortrag einbauen, indem man bekannte Sprichwörter, Werbeslogans oder Filmtitel leicht variiert. Zum Beispiel, wenn eine nach zähen Verhandlungen verabschiedete Reform kritisiert werden soll: *Was lange währt, wird auch nicht besser.* Oder: Wenn trotz steigender Studentenzahlen die Ausgaben für die Hochschulen gekürzt werden, dann leidet Bildung unter den »Spar Wars«.[2]

2 Studierende haben während der Streikaktion im WS 2003/04 sehr kreativ Werbeslogans verfremdet. Zum Beispiel den eines schwedischen Möbelhauses: »Schläfst du noch oder streikst du schon?«

## 4. Proben

»Steht« das Referat, ist das Manuskript geschrieben – geht die Vorbereitung weiter: Vor dem »Auftritt« kommt die Probe. *Rehearsal* ist das englische Wort für die Probe im Theater. Streicht man die letzten drei Buchstaben, hat man eine Probeanleitung: *rehear.* »Wiederhören« ist die Alternative zum mühevollen Versuch, ein Referat auswendig zu lernen, um nicht am Manuskript zu kleben. Professionell proben heißt: sich ein Referat viermal *laut* vorsprechen – und zu prüfen, ob

- an bestimmten Stellen Formulierungen verunglücken oder Sätze geschraubt klingen;
- die Übergänge stimmen und verständlich sind;
- man Beispiele und Fragen, Anfang und Ende frei sprechen kann.

Zudem kann nur durch ein lautes Sprechen festgestellt werden, wie lange das Referat dauert. Die »richtige« Länge eines Referats oder Vortrags gibt es nicht. Häufig wird zur Frage nach der »idealen« Vortragsdauer Luther zitiert: »Tritt fest auf, mach's Maul auf, *hör bald auf!*« An den ersten Teil des Satzes sollte man sich auf jeden Fall halten. Den zweiten Teil sollte sich alle zu Herzen nehmen, die schlecht vorbereitet sind. Ob ein Vortrag »zu lang« ist, hängt in erster Linie davon ab, ob die Rednerin oder der Redner etwas Interessantes anschaulich vorträgt oder nicht. Bei manchen Vorträgen kommt schon nach fünf Minuten der Wunsch auf, »hoffentlich ist es bald vorbei«. Bei anderen bedauert man nach neunzig Minuten, dass der Vortrag »schon« zu Ende ist.[3]

Die Sprechprobe erfüllt drei Funktionen:

1. Sie ist Voraussetzung, um gezielt am Referat feilen zu können, ihm den letzten Schliff zu geben → Schreiben für Reden.
2. Sie dient dazu, sich mit dem → Manuskript vertraut zu machen: Pausen zu »sehen«, Anschlüsse mühelos zu »finden«.
3. Im Kopf entstehen »Klangbilder«: Für viele Formulierungen braucht man nicht ins Manuskript zu schauen, über bestimmte Übergänge muss man nicht mehr nachdenken. Sie entstehen »wie von selbst«, und sie klingen nicht steif wie auswendig Gelerntes.

---

3 Wenn es ein Vorgabe gibt, wie lange ein Vortrag oder Referat sein soll, dann sollte man sich daran halten.

Diese Phase der Vorbereitung ist Teil der Arbeit an einem Referat. Wer sich keine *Rehear-Time* nimmt, ist unzureichend vorbereitet. Geschliffene Vorträge sind deshalb wohltuend, weil das Geräusch des Schleifens bereits verklungen ist.

**Vortrag vorbereiten – Hinweise für Graduierte**

Wer zu einem Kongress, einer Tagung, zu einem Gast- oder anderen Vortrag eingeladen wird, muss bei der Vorbereitung mehr bedenken:

- Mit wie vielen Zuhörerinnen und Zuhörern ist zu rechnen, wie viele Kopien des → Handouts werden benötigt?
- Ist der Raum mit allem ausgestattet, was für den Vortrag benötigt wird?
- Welchen Zug muss man nehmen?
- Wo genau wird man erwartet?

Pünktlichkeit ist nicht nur eine Tugend, sondern bei Vorträgen außerhalb der vertrauten Seminarräume unerlässlich. Deshalb sollte man das akademische Viertel umdrehen und (mindestens) fünfzehn Minuten vor Beginn am Vortragsort eintreffen. Geprüft werden muss, ob

- der OH-Projektor funktioniert (und die Glasplatte sauber ist);
- die Tafel gewischt ist;
- das Mikrofon funktioniert;
- die »Papiertafel« (Flip-Chart) umgestellt werden muss;
- das Redepult nahe genug beim OH-Projektor steht;
- gelüftet werden muss, weil die Luft schlecht ist.

Zudem kann es notwendig sein, sich mit der Beleuchtung vertraut zu machen.

In jedem Falle sollte genug Zeit zur Verfügung stehen, um in aller Ruhe die Unterlagen zurechtlegen zu können und nicht coram publico die Handout-Kopien zu sortieren oder in der Aktentasche nach dem Zeigestab bzw. Laserpointer zu suchen.

Und was zieht man an? Was *angemessen* ist. *Was* angemessen ist, hängt stark von der Fachkultur ab. In den Sozialwissenschaften kann zum Beispiel als *overdressed* gelten, was in Rechts- oder Wirtschaftswissenschaften angemessen sein mag. Und die Kleidung, die für einen Bewerbungsvortrag an einer norddeutschen Hochschule korrekt ist, mag in

Süddeutschland als *zu leger* registriert werden. Der aufmerksame Blick auf die Vertreterinnen und Vertreter des eigenen Fachs gibt Aufschluss über den gängigen *Dress-Code*. Wofür auch immer man sich entscheidet: Das Kostüm oder das Jackett sollte vor dem Vortag schon einmal getragen worden sein, um Gewissheit zu haben, dass man sich darin wohl fühlt.

Frauen haben gute Chancen, die falsche Wahl zu treffen. Sind sie chic angezogen, gelten sie vielleicht als »Modepuppe«. Wählt eine Frau ein schlichtes Outfit, kommt es vor, dass sie als »graue Maus« abgestempelt wird. Da Frau es nie jederMann recht machen kann, sollte sie anziehen, was ihr gefällt: Nicht zweckdienlich ist ein Outfit, das

- die Bewegungsfreiheit einschränkt,
- das Publikum ablenkt: Ohrringe, die sich auffällig bewegen, Haarsträhnen, die ständig ins Gesicht fallen,
- bei Männern die Assoziation »süß«, »lieb« oder »sexy« auslöst – also das Gegenteil von kompetent.

## Literatur

An anderer Stelle gebe ich Tipps zur Vorbereitung von Vorträgen und Reden im Beruf und Privatleben:

Norbert Franck: Fit für den Auftritt. Selbstbewusst reden, souverän diskutieren, überzeugend präsentieren. 2. Aufl. München: Deutscher Taschenbuch Verlag 2004

## Schluss

Die → Einleitung einer Haus- oder Diplomarbeit soll zum Lesen einladen, die → Einleitung eines Vortrags oder Referats zum Zuhören. Der Schluss soll die Hausarbeit oder den Vortrag abrunden. Wie rundet man ab?

### Schriftliche Arbeit

Es gibt keine verbindlichen Schluss-Formen. Pflicht ist eine Bilanz: Was wurde mit welchem Ertrag gezeigt? An diese Bilanz kann man anschließen:

- eine *Bewertung bzw. Einordnung der Ergebnisse.* – In Abschlussarbeiten und Dissertationen: In welchem Zusammenhang stehen die Ergebnisse der Arbeit zu vorliegenden Befunden, Theorien und Studien?
- *Hinweise auf ungeklärte Probleme, offene Fragen.* – In Abschlussarbeiten und Dissertationen: Welche Schlussfolgerungen können aus der Arbeit für die weitere Forschung, zukünftige Untersuchungen gezogen werden? Wo sollte »further research« ansetzen?
- Einen *Ausblick.*

Und man kann die in der Einleitung gestellte(n) Frage(n) zusammenfassend beantworten oder das behandelte Problem thesenartig in einen größeren Zusammenhang einordnen.

Der Schluss ist nicht der Ort für wilde Spekulationen, sondern der Teil einer Arbeit, dem besondere Aufmerksamkeit geschenkt werden sollte. Der Schluss ist auch nicht der Ort für Appelle an die Menschheit – wie in den folgenden Schlusszeilen einer Hausarbeit über den Asylkompromiss von 1993.

> »*Letztendlich* bleibt bei der Asylfrage nur die Antwort durch die Bekämpfung der Fluchtursachen statt ihrer Folgen. Eine solche Politik *müßte selbstverständlich* auf globaler Ebene betrieben werden. Dabei *darf schließlich nicht vergessen werden*, daß die meisten betroffenen Länder keineswegs nur durch eigenes Verschulden in politische und wirtschaftliche Probleme geraten sind. (…)
> Es läuft auf die generelle Fragestellung hinaus, ob man bereit ist, auf individueller Ebene traditionelle Denkweisen aufzugeben, auf politischer Ebene Verantwortung zu übernehmen, und vorhande-

> nen Reichtum zu teilen oder ob man das Unmögliche versuchen und sich gegenüber anderen Ländern abschotten möchte. Eine Antwort im Sinne der zweiten ›Möglichkeit‹ wäre für beide Seiten *tragisch.*« (Herv. NF)

Es gibt gute Gründe, den zwischen CDU und SPD geschlossen Asylkompromiss als gravierende politische Fehlentscheidung zu bewerten. Die Kritik an dem Kompromiss darf in einer Hausarbeit aber nicht im Stil eines Flugblatts formuliert werden, in dem *letztendlich, selbstverständlich, es darf nicht vergessen werden, tragisch* angemessene Formulierungen sein mögen. In der Wissenschaft ist der kühle Kopf gefragt, wenn man über Zustände oder Entscheidungen schreibt, die man für schlecht oder falsch hält.

Ein Übersetzungsvorschlag:

> Die Lebensverhältnisse in vielen Staaten zwingen die Menschen dazu, ihr Land zu verlassen. In der Asylpolitik kommt es meines Erachtens darauf an, diese Flucht*ursachen* zu bekämpfen. Erfolgreich können ...
>
> Die zentrale Frage in der Asylpolitik lautet daher: Sind die Menschen [in Deutschland, in den Industriestaaten – eine nähere Bestimmung fehlt in der Vorlage] bereit, traditionelle Denkweisen aufzugeben, und sind die westlichen Staaten bereit, Reichtum zu teilen? Die Alternative wäre eine Politik der Abschottung, die für ... [der Autor lässt offen, ob er mit »Seiten« Menschen oder Staaten meint; unklar bleibt daher auch, ob »tragisch« sich auf Menschen oder die Politik bezieht].

Der Schlussteil muss nicht »Schluss«, »Fazit« oder »Bilanz«, *Ausblick* oder bescheiden *Zusammenfassung* heißen. Man kann zum Beispiel *Bilanz* oder *Bewertung* ergänzen:

- »Bilanz der Mittelstandsförderung in den neunziger Jahren«
- »Bewertung des US-Parteiensystems«

Und man kann in einer Überschrift inhaltliche Aussagen treffen. Zwei Beispiele.

- Fazit einer Analyse des Frauenbildes in der Werbung: »Zurichtung von Weiblichkeit«.
- Schluss einer Untersuchung über die Entwicklung der Hochschulpolitik in den letzten zwanzig Jahren: »Abschied von der Bildung«.

Es gibt keine verbindliche Regel, welchen Umfang der Schluss haben soll. Für eine Hausarbeit zwischen zwölf und zwanzig Seiten genügt eine Seite. Für eine Diplomarbeit von hundert Seiten darf es wie beim Metzger »etwas mehr sein«.

Im Schluss wird die eigene Arbeit bilanziert. Er ist daher der Ort für eigene Worte. Zitate sollten die Ausnahme sein. Ein Zitat sollte man nur dann in den Schluss aufnehmen, wenn es die eigenen Ergebnisse und Überlegungen prägnant auf den Punkt bringt. Die folgenden Schlusszeilen einer Diplomarbeit sind bemüht – und misslungen:

> Praktikable Alternativen für eine effiziente, nicht staatlich inszenierte Umweltpolitik sind denn auch nicht in Sicht: »Ausblicke sind keine Auswege … Diese Arbeit bietet keine Lösung, schon gar keine Rezepte.«[346] Diesem bescheidenen Vorsatz möchte ich mich in der Hoffnung, eine Tendenz darlegen zu können, anschließen.

»Darlegen zu können« ist Schwulst und falsch – gemeint ist, *dargelegt haben zu können*. Das klingt noch scheußlicher. Das Zitat kommt unvermittelt. Unverständlich bleibt, warum das Zitat einen »bescheidenen Vorsatz« ausdrückt.

Schließlich: Auf den letzten Seiten sollte man die eigenen Leistungen nicht schmälern. Aus dem Schluss der bereits zitierten Diplomarbeit:

> »Die vorangegangenen Ausführungen weisen auf das schwierige Unterfangen für Umweltverbände hin, Einfluß auf das politisch-administrative System zu nehmen und umweltpolitische Initiativen gesetzlich zu verankern.«

Die Ausführungen *weisen* lediglich auf etwas *hin*. Das ist etwas wenig für eine Diplomarbeit. In einer Abschlussarbeit sollte man *deutlich gemacht, gezeigt* oder *belegt* haben. Übersetzt man diesen Satz, wird deutlich, dass die Aussage hinter den Blähwörtern dürftig ist:

> »Ich habe darauf hingewiesen, dass es für Umweltverbände schwer ist, die Politik zu beeinflussen.«

Kurz: Man sollte im Schluss sein Licht nicht unter den Scheffel stellen. Der Schluss kann Schwächen im Hauptteil nicht beheben. Trotzdem sollte man am Schluss besonders sorgsam feilen, da die letzten Seiten das Urteil der Leserinnen und Leser stark beeinflussen.

## Referat, Vortrag

Der Schluss muss auch bei einem Referat oder Vortrag stimmen: Was zuletzt gesagt wird, hinterlässt in der Regel einen bleibenden Eindruck.

Am Ende eines Vortrags steht – wie bei einer schriftlichen Arbeit – zunächst eine kurze Zusammenfassung der Hauptgedanken:

- Ich fasse zusammen. Mir ging es erstens um …, zweitens um … und drittens um …
- Zusammengefasst: Ich habe gezeigt, dass erstens …, dass zweitens … und dass schließlich …

Wie man im Anschluss an diese Zusammenfassung wirksam schließt, hängt vom Ziel und Inhalt des Referats ab. Eine gute Wahl ist (fast) immer die »Taking-home-message«, in der mit wenigen Worten der Vortrag auf den Punkt gebracht wird. Das kann eine Schlussfolgerung, ein Ausblick, ein einprägsames Bild, ein Leitgedanken bzw. Motto sein.

Ist nach dem Referat eine Diskussion vorgesehen, können zum Schluss Fragen für die Diskussion vorgegeben werden – zum Beispiel indem man mit einem Hinweis auf offene Fragen schließt.

Man kann zum Schluss den Zuhörerinnen und Zuhörern für ihre Aufmerksamkeit danken. Muss man aber nicht – schließlich hat man etwas geboten. Wer befürchtet, die Zuhörenden würden ohne das obligatorische »Vielen Dank für Ihre (eure) Aufmerksamkeit« nicht merken, dass das Referat zu Ende ist, kann mit folgender Formulierung das Ende ankündigen: »… und damit komme ich zum letzten Satz« (oder »… mit dieser Feststellung schließe ich«).

»Diese Feststellung« sollte auch wirklich der letzte Satz sein. Wird etwas Nebensächliches nachgeschoben, beeinträchtigt das die Wirkung des Schlusses. Vor allem Entschuldigungen, Selbstkritik und Hoffnungsfloskeln sollte man sich und dem Publikum ersparen:

- »Nun habe ich ihre Geduld schon genug strapaziert.«
- »Ja, das war eigentlich schon das Wichtigste.«
- »Ich habe leider vieles nur anreißen können.«
- »Ich hoffe, ich konnte dazu beitragen, …«

## Schreiben in der Wissenschaft – Der Prozess

Um eine Haus- oder Abschlussarbeit zu Papier zu bringen, muss man

1. sich über ein Thema sachkundig machen,
2. das erarbeitete Wissen strukturieren und
3. in eine angemessene schriftliche Form bringen.

Und man braucht einen Plan, um diese Anforderungen gezielt bewältigen zu können. Planung hilft, Umwege zu vermeiden. Planung verhindert, dass man beim Lesen vom Hundertsten ins Tausendste gerät und in der (scheinbaren) Informationsflut untergeht. Fünf Schritte sind vom Start zum Ziel zu planen und zu gehen (Abb. 10).

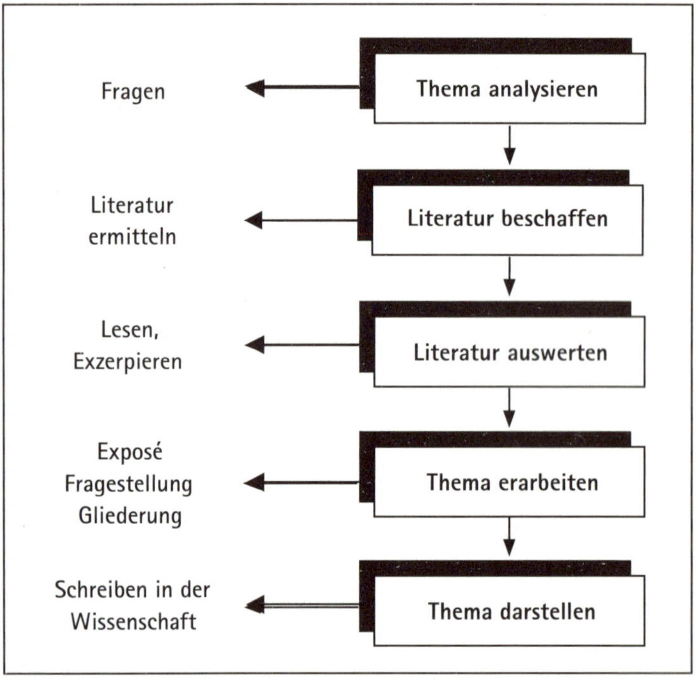


Abbildung 10: Die Arbeitsschritte von der Themenwahl bis zur Endfassung (in der linken Spalte: Hinweise auf weitere Stichworte zum Thema).

## Ein Thema analysieren

*Studieren und sich nicht verlieren.* So könnte man die Herausforderung nennen, vor der man steht, wenn man eine Arbeit schreibt. Man muss sich in ein Thema vertiefen und darf dabei nicht untergehen. Das gelingt, wenn man seinen Arbeitsprozess gezielt steuert – statt von der Literatur gesteuert zu werden. Grundlage für das richtige Prozessmanagement ist die Themenanalyse. Dieser erste Arbeitsschritt besteht aus drei Teilschritten.

*1. Das Thema erschließen*

»Habe Mut dich deines *eigenen* Verstandes zu bedienen!« Schrieb Kant 1783 (1974, 9). Dieser Leitsatz der Aufklärung sollte auch an der Hochschule gelten. Schlichter formuliert: Wer sich mit einem Thema auseinander setzt, sollte *eigene* Überlegungen anstellen. Von Anfang an. Das zentrale Überlegungsmittel sind → Fragen. Zum Beispiel:

- Was weiß ich über das Thema?
- Was interessiert mich an dem Thema?
- Welche (aktuellen) Bezüge zu anderen Themen bzw. Problemen sehe (vermute) ich?

Für solche Vorüberlegungen sollte man sich eine oder zwei Stunden Zeit nehmen, um eigenes Vorwissen, Fragen und die eigene (vorläufige) Meinung zum Thema zu notieren. Diese Notizen sind eine nützliche Stütze und Bezugsgröße für den ersten Durchgang durch die Literatur.

*2. Die Literatur sichten*

Die ersten Überlegungen müssen mit »hartem« Wissen unterfüttert werden: Welche Daten und Fakten liegen vor, welche Auffassungen und Kontroversen, Begriffe und Theorien?

Diese Arbeitsphase dient dazu, sich einen *Überblick* über das Thema zu verschaffen. Die Literatursichtung geht nicht in die Tiefe, sondern in die Breite. Einen Themen-Überblick erhält man in Handbuchartikeln, Sammelbesprechungen oder aktuellen Zeitschriftenaufsätzen, in denen der Stand der Forschung bzw. Diskussion referiert wird.

Der Umfang der Literatursichtung hängt von den Anforderungen an die Arbeit ab. Ist die Literatur vorgegeben und das Thema präzise

formuliert, kommt man mit einem Text aus, in dem der Gegenstand in die wissenschaftliche Diskussion eingeordnet wird. Anders formuliert: Eine *Hausarbeit* ist häufig Teil eines Seminarpuzzles. Zusammen mit anderen Hausarbeiten ergibt sie ein Bild vom gesamten Seminarthema. Man liest und schreibt souveräner und die Arbeit fällt leichter, wenn man an seinem »Puzzle«-Teil mit einer Vorstellung vom gesamten Bild arbeitet.

Ist ein Thema vage formuliert und die Literatur nicht verbindlich vorgegeben, muss mehr Energie in die Literatursichtung investiert werden, um eine Vorstellung zu gewinnen, welchen Schwerpunkt man setzen will und kann.

Bei einer *Abschlussarbeit* zielt die Literatursichtung auf einen Überblick über den Stand der Forschung, um bestimmen zu können, welchen Beitrag die eigene Arbeit leisten soll.

*3. Das Thema eingrenzen*

Eine Hausarbeit braucht klare Grenzen, sonst ufert sie aus. Jede Arbeit braucht einen Schwerpunkt, sonst misslingt sie, weil alles angesprochen und – deshalb – nichts Substanzielles gesagt wird. Allgemeiner: Ein Thema darf nicht so weit gesteckt sein, dass es nur oberflächlich behandelt werden kann. Mit einem überschaubaren Thema steht man auf sicherem Grund. Ein überschaubares Thema erhöht die Chance, eine »runde« Arbeit zu schreiben.

Umberto Eco hat vier nützliche Regeln aufgestellt, die bei der Themenwahl für eine Abschlussarbeit zu beachten sind. Diese Regeln lassen sich auch auf Hausarbeiten übertragen:

1. »Das Thema soll den Interessen des Kandidaten entsprechen«.
2. »Die Quellen, die herangezogen werden müssen, sollen für den Kandidaten auffindbar sein«.
3. »Der Kandidat soll mit den Quellen, die herangezogen werden müssen, umgehen können«.
4. »Die methodischen Ansprüche des Forschungsvorhabens müssen dem Erfahrungsbereich des Kandidaten entsprechen.« (1993, 14)

Kurz: Wer eine Abschlussarbeit schreiben will, soll eine Arbeit schreiben, »die er schreiben kann«. Manche Arbeit misslingt »auf eine dramatische Weise«, weil diese Kriterien nicht berücksichtigt wurden (ebd.).

Um eine Haus- oder Abschlussarbeit zu schreiben, die man schreiben *kann*, müssen Grenzen abgesteckt werden. Wie kann ein Thema eingegrenzt werden? Unter mindestens zehn Gesichtspunkten:

1. *zeitlich:*
   - von … bis,
   - im … Jahrhundert,
   - im Nachkriegsdeutschland,
   - in den sechziger Jahren;
2. *geographisch:*
   - in Westeuropa,
   - in Ostdeutschland,
   - im südlichen Afrika,
   - in (West-)Berlin;
3. nach *Institutionen:*
   - in Einrichtungen der Weiterbildung,
   - in Landesparlamenten,
   - in Grundschulen;
4. nach *Personengruppen:*
   - Frauen, Männer,
   - Jugendliche,
   - Arbeitslose,
   - Beamte;
5. *nach Quellen:*
   - die Öffentlichkeitsarbeit der SPD im Internet,
   - Comics als Protestform,
   - Kriegsalltag in Feldpostbriefen,
6. nach *Personen:*
   - Das Motiv der Versöhnung in den Werken von …,
   - Kulturkritik in den Romanen von …,
   - Ämterhäufung in der Politik. Das Beispiel Gerhard Schröder,
7. nach *Disziplingesichtspunkten:*
   - theologische Anmerkungen zur Gentechnik;
   - eine soziologische Analyse deutscher Krimiserien;
   - medienrechtliche Aspekte des Privatfernsehens;
8. nach *Theorieansätzen, Erklärungskonzepten:*
   - eine strukturfunktionalistische Betrachtung,
   - ein statistischer Vergleich,
   - Radiowerbung aus der Sicht der Wirkungsforschung;

9. nach *Vertreterinnen und Vertretern eines Theorie- bzw. Erklärungsansatzes:*
   - eine Analyse in Anlehnung an Bourdieu,
   - eine Interpretation von Lernprozessen im Anschluss an Paul Willis;
10. nach *ausgewählten Aspekten:*
    - Schule als bürokratisches System,
    - Politik als Männerwelt.

Häufig sind Kombinationen solcher Eingrenzungen erforderlich:

- Die Frauenpolitik der CDU in den *Nachkriegsjahren.*
- *Kinder* und *Jugendliche* als Zielgruppe der *TV*-Werbung *in den neunziger Jahren.*
- Gesellschaftskritik in der *Popmusik* der *achtziger Jahre* – Die Gruppe *Sex Pistols.*

## Literatur beschaffen

Der zweite Schritt führt in die Bibliothek oder zum Online-Katalog (bei Abschlussarbeiten: zu Katalogen). Literatur zu finden, ist Handwerk. Um die richtige Literatur zu finden, muss man wissen, was man sucht. Auch deshalb ist die Themenanalyse so wichtig. Wer sich vor dieser Analyse auf die Literatursuche begibt, macht den zweiten Schritt vor dem ersten → Literatur ermitteln.

## Literatur auswerten

War die Literatursuche erfolgreich, folgt die Qual der Wahl: Was zuerst lesen? Mit einem *Grundlagentext* beginnen oder *selektiv* lesen? Wer genau weiß, welche Informationen wofür gebraucht werden, kann die Literatur selektiv auswerten. Mit einem Grundlagentext sollte man beginnen, wenn man mit dem Thema nicht vertraut ist. Die Lektüre eines Grundlagentextes zielt darauf, sich umfassend mit der Materie vertraut zu machen und unterschiedliche Positionen zum Thema kennen zu lernen. Das Risiko auf diesem Weg: Im Grundlagentext wird unter Umständen nur eine Problemsicht akzentuiert. Wer kritisch liest, kann dieses Risiko eingehen.

Nach dem Studium des Grundlagentextes gibt es wiederum zwei Möglichkeiten: Entweder man liest einen ähnlich umfassenden Text, in dem das Thema unter einem anderen Blickwinkel betrachtet wird. Oder man greift zu Texten, in denen einzelne Aspekte vertieft

bzw. ergänzt werden. Den zweiten Weg kann man dann einschlagen, wenn man sicher ist: Ich überblicke das Thema.

Während der Lektüre sollten wichtige Informationen, Quellenhinweise, eigene Gedanken und Fragen aus vier Gründen festgehalten werden.

1. Misstrauen gegenüber dem eigenen Gedächtnis ist »Pflicht«, denn Vergessen ist menschlich.
2. Notizen machen die eigene Arbeit greifbarer. Das kann entlasten, weil sichtbar wird: Man hat etwas geschafft, man ist zu einem (Zwischen-)Ergebnis gekommen.
3. Der Kopf wird frei für neue Gedanken.
4. Wer parallel zur Lektüre eigene Gedanken notiert, schafft leichter den Sprung von der Literatur- zur Themen-Erarbeitung. → Lesen, Exzerpieren, Studienjournal.

Zu einem bestimmten Zeitpunkt muss die Lektürephase abgeschlossen werden. Doch man wird im nächsten Arbeitsschritt nicht ohne Literatur auskommen, sondern in diesem Buch oder jenem Aufsatz noch einmal nachlesen, zu einem bestimmten Aspekt, dessen Bedeutung erst beim Schreiben bewusst wird, weitere Literatur heranziehen. Kurz: Die Grenzen zwischen dem dritten und vierten Schritt sind fließend.

### Das Thema erarbeiten: Exposé und Rohfassung

Wer eine Reise nach Spanien oder in die USA plant, informiert sich über das Reiseziel und legt dann fest, wohin genau die Reise gehen und was in der Zielregion gemacht werden soll. Mit dem Schreiben einer Arbeit ist es ähnlich: Wenn man sich über ein Thema informiert hat, muss man entscheiden, was man aus dem Thema machen will – wohin die Themenreise geht. Der Reiseführer beim Schreiben ist das → Exposé, eine Kurzbeschreibung der geplanten Arbeit, die Auskunft gibt, was warum wie und in welcher Reihenfolge behandelt werden soll.

Das Exposé ist eine Regieanweisung für den *ersten Entwurf*: Die zusammengetragenen Informationen, das erarbeitete Wissen und die eigenen Überlegungen werden den einzelnen Gliederungspunkten zugeordnet, Bezüge, Zusammenhänge und Argumentationsabfolgen überdacht und geprüft:

- Wurden wichtige Gesichtspunkte übersehen?
- Sind Abweichungen von den ursprünglichen Überlegungen sinnvoll und begründet oder einfach »passiert«?
- Müssen noch Lücken durch gezieltes Lesen geschlossen werden?

Sind diese Vorbereitungen abgeschlossen, wird der erste Entwurf geschrieben: die Rohfassung – ein unverzichtbares Zwischenergebnis. Welche Funktion hat die Rohfassung, und was ist beim Schreiben zu beachten?

Der erste Entwurf ist nicht der letzte. Die Endfassung wird abgegeben. Den ersten Entwurf schreibt man *für sich*. Mit der Rohfassung vergewissert man sich schreibend:

- Was will ich sagen?
- Ist der roten Faden erkennbar?
- Kann ich die wesentlichen Argumente zusammenhängend darstellen?

Beim Schreiben der Rohfassung folgt man einerseits der vorläufigen Gliederung. Andererseits sollte man Raum lassen für Überlegungen, die zunächst nicht ins Konzept passen. Ein Rohmanuskript darf Brüche enthalten.

Den Ausdruck »Rohfassung« sollte man wörtlich nehmen und »roh« formulieren statt sich mit einzelnen Formulierungen herumzuschlagen. Vor allem in dieser Schreibphase sollte man in *eigenen* Worten schreiben und nicht zu versuchen, einen Stil zu kopieren. Das bringt nicht voran, sondern in unnötige Schwierigkeiten.

Beim Schreiben der Rohfassung kann es hilfreich sein, die richtigen Adressaten beim Schreiben vor Augen zu haben: Studentinnen und Studenten, die mit der Materie nicht vertraut sind. So gewinnt man einen Anhaltspunkt für das »richtige Niveau« einer Hausarbeit → Schreibhürden.

Mit einer Rohfassung schafft man eine gute Grundlage zum Weiterdenken. Gut ist diese Grundlage vor allem deshalb, weil mit ihr das Thema überschaubar wird. Das erleichtert die Weiterarbeit. Um diese Erleichterung bringen sich alle, die diese Stufe überspringen. Man kann und soll unzufrieden sein mit der Rohfassung – und den Vorzug sehen, dass man sich mit dem *eigenen* Text auseinander setzt. Das ist ein großer Schritt zum Ziel.

### Das Thema darstellen und in Form bringen

Mit der Rohfassung ist das Thema *erarbeitet*. In der letzten Etappe vor dem Ziel muss das Thema *aufbereitet* werden. Viele machen vor dem Ziel schlapp und bringen sich um einen krönenden Abschluss. Was ist notwendig, um erfolgreich ans Ziel zu kommen?

*Die vorläufige Fassung*

Die Rohfassung ist eine Selbstvergewisserung: So stellt sich mir die Sache dar. Was man zu Papier gebracht hat, erschien zum Zeitpunkt des Schreibens wichtig und schlüssig. Nun geht es darum, das Produkt mit kritischer Distanz zu prüfen: Ist wirklich alles wichtig und schlüssig? Ist der Text für andere verständlich, die sich nicht intensiv mit dem Thema beschäftigt haben? Auf sechs Aspekte ist besonders zu achten.

1. Ist ein roter Faden ersichtlich, die Arbeit schlüssig gegliedert und folgerichtig aufgebaut? → Gliederung.

2. Wurde die Schwerpunktsetzung begründet und eingeordnet?
   In der → Einleitung wird erläutert, warum man welchen Schwerpunkt setzt, und worauf man warum nicht eingeht. In einer Hausarbeit sollte – und in der Abschlussarbeit muss – auf die Zusammenhänge zwischen dem behandelten Themen-Ausschnitt und dem Themen-Ganzen hingewiesen werden. Der Ort für diese Einordnung ist die → Einleitung oder der → Schluss.

3. Hat jedes Kapitel eine klare Struktur?
   Für den Beginn und das Ende eines Kapitels gibt es bewährte Strukturen, die helfen, Gedanken zu ordnen, Verbindungen und Zusammenhänge deutlich zu machen:
   
   Kapitel-Anfang
   - Was wurde bisher behandelt, gezeigt oder erreicht?
   - Worum geht es nun?
   - Welchen Bezug zur Fragestellung hat das Kapitel?
   - Welche Bedeutung hat das Kapitel für die gesamte Arbeit?
   - Welche Methode der Darstellung wird gewählt?
   - Wie ist das Kapitel aufgebaut?
   
   Kapitel-Ende
   - Was wurde mit welchem Ergebnis gezeigt?
   - Wie geht es weiter?

Diese Strukturelemente sind kein Zwangskorsett. Steht am Ende eines Kapitels, wie es im nächsten Kapitel weitergeht, muss im folgenden Kapitel nicht mehr der Bezug zum vorhergehenden hergestellt werden. Es ist auch nicht zwingend, eine Vorschau über den Aufbau eines Kapitels zu geben. Und bei einer Hausarbeit von zwölf Seiten genügt eine Zusammenfassung am Schluss der Arbeit. Auf den Übungseffekt kommt es in erster Linie an und darauf, Klarheit in einen Text zu bringen.

4. Sind die wichtigsten Begriffe ausreichend erläutert?
Jede Wissenschaft hat ihre Fachbegriffe. In den Naturwissenschaften sind Begriffe und Fachausdrücke (Termini technici) in der Regel eindeutig. In den Sozial- und Geisteswissenschaften sind verbindliche Definitionen von zentralen Fachbegriffen die Ausnahme. *Erziehung*, *Armut* oder *Geschlecht* lassen sich nicht nach dem Muster $E = mc^2$ auf eine Formel bringen oder wie ein Quadrat eindeutig definieren. Deshalb müssen in der Soziologie oder Pädagogik die zentralen Begriffe einer Arbeit geklärt werden. Die Leserinnen und Lesern sollten nicht rätseln müssen, was versteht der Verfasser unter *Erziehung?* Was schließt bei der Verfasserin der Begriff *Armut* ein?
Begriffe können aus der Literatur übernommen, erweitert oder eingegrenzt werden. Soll in einer Arbeit ein Begriff neu gefasst werden, kann man mit Hilfsbegriffen beginnen und den Begriff Schritt für Schritt neu bestimmen.
»Begriffshuberei« ist keine Tugend, sondern ein Laster. Der Nachweis, dass man viele Begriffe kennt, ist nicht notwendig. Begriffsklärungen sollten so kurz wie möglich und so ausführlich wie nötig sein.

5. Was kann gestrichen werden?
Wenn man sich ein Thema erarbeitet, ist vieles für das *eigene* Verständnis der Sache wichtig – aber nicht unbedingt für die Arbeit relevant. In einer Hausarbeit wird *aufbereitet*, was man gelesen hat – nicht alles zu Papier gebracht, was man über ein Thema weiß. Deshalb wird gestrichen, was nicht zum Verständnis des Gegenstandes beiträgt, was die Argumentation verdeckt statt verdeutlicht. Auch wenn es schwer fällt, sich von Formulierungen zu trennen, um die man hart gerungen hat: Die meisten Arbeiten ge-

winnen, wenn sie gekürzt werden. Weniger ist oft mehr. Und »was gestrichen ist, kann nicht durchfallen.« (Tucholsky Bd.8, 292) → Anmerkungen.

6. Was muss ergänzt werden?
   Rohfassungen geraten an einigen Stellen zu lang und an anderen zu kurz. Die eine oder andere Überlegung wird im Kopf vollzogen, aber nicht zu Papier gebracht. Deshalb ist zu prüfen, ob die Argumentation Schritt für Schritt entwickelt wird und nachvollziehbar ist.

Wurde Überflüssiges gestrichen und Fehlendes ergänzt, sind die zentralen Begriffe erläutert und notwendige Umstellungen vorgenommen, hat man den Kern der vorläufigen Fassung. Damit daraus eine gelungene Arbeit wird, ist sorgfältiges Redigieren notwendig:

- Der Text muss sprachlich überarbeitet werden → Schreiben in der Wissenschaft – Wissenschaftlicher Stil.
- Die Struktur der einzelnen Kapitel muss vereinheitlicht und um Überleitungen und Teilzusammenfassungen ergänzt werden.
- Einleitung und Schluss müssen den letzten Schliff erhalten.
- Zitate und Quellenangaben müssen überprüft und in eine einheitliche Form gebracht werden.

Diese Feinarbeiten tragen entscheidend zum Gelingen einer Arbeit bei.

*Die Endfassung*

Irgendwann muss Schluss sein. Jeder Text kann verbessert werden. Die Entscheidung, einen Text als *endgültigen* Text zu betrachten, ist daher immer mit Willkür verbunden. Rückt der Abgabetermin näher, sollte man sich rechtzeitig zu dieser Willkür durchringen, um genügend Zeit für eine sorgfältige Schlusskorrektur zu haben.

Rechtschreib- und Grammatikfehler machen keinen guten Eindruck. Eine Häufung solcher Fehler führt dazu, dass nicht die Inhalte der Arbeit im Vordergrund stehen, sondern die Deutschkenntnisse des Autors oder der Autorin. Deshalb sollte man die Endfassung mehrmals durchlesen und sich nicht auf Rechtschreibprogramme verlassen. Diese Programme sind unzureichend. Zwar wird für »Fehlr« *Fehler* vorgeschlagen, aber Sinnentstellungen entdeckt das

beste Rechtschreibprogramm nicht: Das *Denkmahl* geht ebenso durch wie die *Verhältniswal.* Und wenn man sich die Welt in den schönsten Farben *ausmahlt,* überfordert man die *Word*-Rechtschreibkontrolle.

Ein PC ist eine nützliche Hilfe für die Erstellung der Endfassung. Mehr nicht: Eine perfekte Gestaltung gleicht inhaltliche Schwächen nicht aus. Eine schlüssige Gliederung und ein Text ohne Tippfehler sind wichtiger als eine schöne Schrift. Der Blick ins Wörterbuch ist nützlicher als ein professionelles Layout. Gleichwohl: Auch die Form sollte stimmen. Und die Gestaltungsvorgaben von Prüferinnen und Prüfern sollten beachtet werden.

## Schreiben in der Wissenschaft – Wissenschaftlicher Stil

In einem Interview wurde Hannah Arendt einmal gefragt, ob ihr das Schreiben schwer falle. Sie antwortete: »Aber nein, ich schreibe doch nur ab, was ich im Kopf habe!« (Zit. in Hentig 1999, 25)

Viele Studentinnen und Studenten hätten eine andere Antwort gegeben. Wenigen Studierenden »geht das Schreiben locker von der Hand, für die meisten ist der Weg bis zur Abgabe einer Hausarbeit lang und qualvoll.« (Leffers 1998, 20)

Haben die meisten Studierenden nichts »im Kopf« zum Abschreiben? Warum kann das Schreiben einer Hausarbeit »qualvoll« werden? Schreibschwierigkeiten haben unterschiedliche Ursachen → Schreibhürden.

Eine Problemquelle ist der Gegenstand des Studiums. Genauer: Die Form, in der dieser Gegenstand präsentiert wird: Wissenschaftliches Schreiben lernt man in der Auseinandersetzung mit den Inhalten des Studiums. Die Art und Weise, in der diese Inhalte vermittelt werden, ist eine hohe Hürde beim Schreibenlernen – in allen Fächern.

In den Sozial- und Geisteswissenschaften ist ein schwer verdaulicher Wissenschaftsjargon keine Seltenheit. Fächer, die keine unmittelbar wirtschaftlich verwertbaren Ergebnisse hervorbringen, stehen heute unter starkem Rechtfertigungszwang. Das ist ein Grund für »die Neigung, Selbstverständlichkeiten mit einem Schwall von unpräzisen Begriffen im Rahmen unüberschaubar verwinkelter Sätze aufzublasen.« (Stitzel 1999, 145) Alan Sokal veröffentlichte 1996 in der Zeitschrift *Social Text* einen Beitrag, der von der ersten bis zur letzten Zeile unsinnig war. Der Physiker hatte eine Mixtur aus naturwissenschaftlichen Floskeln und postmodernem Jargon eingereicht – und die Redaktion überzeugt.

In den Natur- und Ingenieurwissenschaften werden in den Vorlesungen Stichworte und Formeln notiert. Der ganze Satz ist eher die Ausnahme und die mathematische Fassung der Ergebnisse physikalischer Forschung die »Krone naturwissenschaftlicher Ausdrucksweise« (Gumlich 1999, 153; s.a. Leimbach 1998, 27).

In den Rechtswissenschaften prägt die umständliche Gesetzes-

und Verwaltungssprache den Stil der Texte und Vorlesungen. Zwar gab und gibt es Sprachkünstler mit juristischer Ausbildung: Goethe, E.T.A. Hoffmann, Tucholsky und Bernhard Schlink. Aber die Regel sind Texte, in denen Verständlichkeit und grammatikalische Schlüssigkeit keine Rolle spielen. So ist in der Straßenverkehrsordnung vorgeschrieben, dass »Rückhalteeinrichtungen für Kinder benutzt werden (müssen), die amtlich genehmigt und für die Kinder geeignet sind« (§ 21). Schwer vorstellbar, dass nur solche Kindersitze verwendet werden dürfen, die für Kinder geeignet sind. Die Eignung wird durch ein TÜV-Siegel bestätigt.[1]

Kurz: Im Gegenstand des Studiums, in vielen wissenschaftlichen Texten sind keine brauchbaren Anhaltspunkte zu finden, um wissenschaftliches Schreiben zu lernen. Wer versucht, diese Hürde durch Nachahmung zu überwinden, macht sich das Leben schwer. Nachahmung führt nicht zu wirklichem Kompetenzzuwachs und bringt deshalb keine Sicherheit im Umgang mit Texten. Wer nach einem »anspruchsvollen« Stil sucht, statt sich zu bemühen, klar und prägnant zu formulieren, verbaut sich Lernchancen und überfordert sich. Wer den Stil anderer kopiert, wird mit jedem Satz Mühe haben. Das Formulieren wird stets von der Unsicherheit begleitet sein, ob der richtige »Ton« getroffen wurde.

Empfehlenswert ist es, sich an einer Goethe-Maxime zu orientieren: »Alles, was uns imponieren soll, muß Charakter haben« (Bd. 22, 501). Hausarbeiten imponieren, wenn sie zum Beispiel *informativ* sind, wenn eine *originelle* Frage oder ein *interessanter* Zusammenhang behandelt wird.

Darauf kommt es an. Während des Studiums ist viel zu lernen. Was man nicht in eigenen Worten wiedergeben kann, bleibt fremd. Was wir nicht verständlich formulieren können, haben wir noch nicht richtig verstanden. Erst wenn wir eine Theorie oder Zusammenhänge in eigenen Worten wiedergeben können, sind wir in der Lage, mit dieser Theorie umzugehen und mit der Einsicht in diese Zusammenhänge etwas anzufangen.

Es gibt keine verbindlichen Regeln für einen wissenschaftlichen

1 In allen Disziplinen gibt es Wissenschaftlerinnen und Wissenschaftler, die es sich schlicht bequem machen. Sie sparen sich Arbeit und muten es den Leserinnen und Lesern zu, ein halbgares Gericht fertig zu kochen.

Stil, sondern nur plausible Anhaltspunkte. Drei Gründe sprechen dafür, präzise und verständlich zu schreiben:

1. Die Fähigkeit, präzise und verständlich schreiben zu können, wird in vielen Berufen verlangt.
2. Wer sich für einen präzisen und verständlichen Stil entscheidet, erleichtert sich das Schreiben.
3. Verständlichkeit ist ein Gebot der Höflichkeit. Popper meinte sehr bestimmt: »Wer's nicht einfach und klar sagen kann, der soll schweigen und weiterarbeiten, bis er's kann.« (1991, 100)

Popper muss die Urheberin der folgenden Sätze vor Augen gehabt haben:

> »Ein häufiges Problem bei der Einordnung und Analyse der sogenannten Frauenliteratur ist die Frage, ob dieses Genre nun eine Literatur meint, die von Frauen geschrieben wurde, oder aber eine Literatur, die von Frauen handelt. Diese Verwechslung von Subjekt und Objekt hat oftmals so weit geführt, daß es gar zu einer Gleichsetzung von Subjekt und Objekt gekommen ist, lapidar gesagt: Frauen schreiben nun eben einmal über Frauen. Diese Tatsache, die, ohne zu polemisieren, ein wichtiges Spezifikum der Frauenliteratur ist, das im folgenden noch genauer zu analysieren sein wird, wendet sich in einem bestimmten Bereich genau gegen die Frauenliteratur, nämlich in jenem der populären ›sensationellen‹ Bekenntnisliteratur, die, von Frauen geschrieben, mit Frauenliteratur gleichgesetzt wird, die damit als harmlos, inferior und indiskutabel qualifiziert werden kann. Hier arbeitet also ein Teil der Frauen gegen sich selbst, doch der kommerzielle Erfolg dieser Werke zeigt, daß eine solche Art von Literatur gewünscht und gelesen wird.« (Aus einer Magisterarbeit im Fach Romanistik)

Vier komplizierte Sätze, die »irgendwie« wissenschaftlich klingen. *Irgendwie* ist ein Wort aus der Umgangssprache – entweder ein Füllwort oder das Signal: Präziser kann ich den Vorgang oder Sachverhalt nicht beschreiben. *Irgendwie* ist in wissenschaftlichen Texten deplatziert. Die vier Sätze sind, um eine Formulierung aus dem ersten Satz aufzugreifen, lapidar gesagt eine Katastrophe:

1. Satz: Wieso ist *eine Frage ein häufiges Problem*? Und wer hat dieses Problem?

2. Satz: Welche *Verwechslung* ist gemeint? Im ersten Satz war von keiner Verwechslung die Rede. Wo ist es »gar zu einer Gleichsetzung von Subjekt und Objekt gekommen«? Und wieso »gar«?

3. Satz: Welche *Tatsache*? Wieso *wendet* sich diese *Tatsache, die* ein *Spezifikum* der Frauenliteratur ist, *in einem bestimmten Bereich gegen* die Frauenliteratur? Wie macht die Tatsache das? Und auch noch *genau*.

4. Satz: *Wo* arbeitet ein Teil der *Frauen gegen sich selbst?* Welche Form hat diese Selbstschädigung?

Kompliziert ist also nicht notwendig klug und unverständlich nicht identisch mit wissenschaftlich. Wer über komplizierte Zusammenhänge schreibt, sollte diese Zusammenhänge präzise und verständlich erläutern. Von einem »Psychiater, der über Geisteskranke schreibt«, erwarten wir auch, dass er sich nicht ausdrückt »wie ein Geisteskranker« (Eco 1993, 189).

Welche Konsequenzen lassen sich aus den vier missglückten Sätzen für das wissenschaftliche Schreiben ziehen? Man sollte keine *Schachtelsätze* konstruieren, *Füllwörter* vermeiden und *Pronomen* zurückhaltend verwenden.

Das sind die Themen auf den nächsten Seiten. Zunächst stehen akademische Blähungen im Mittelpunkt.

## Informationen statt Blähkonstruktionen

Wer einen runden Tisch beschreiben soll, kann schreiben: »Der Tisch ist rund.« Man kann – spottet Tucholsky – diesen Sachverhalt auch so formulieren: »Rein möbeltechnisch hat der Tisch ... eine kreisrunde Gestalt.« (Bd. 7, 275)

Die erste Satz ist präzise. Das ist entscheidend. Die zweite Version sagt nicht mehr aus, sie ist nur umständlicher formuliert. Wer eine solche Formulierung zu Papier bringt, mag sich einreden, etwas Bedeutendes geschrieben zu haben. Wer sich etwas vormacht, macht sich das Leben schwer und viel Lärm um nichts – aber keine Fortschritte beim Schreibenlernen. Zwei Beispiele.

Umweltverbände brauchen Geld für ihre Arbeit. Eine einfache und wichtige Feststellung. Es gibt keinen vernünftigen Grund, in einer Diplomarbeit diese Feststellung so zu formulieren:

> »II.1 Darstellung der Ressourcen von Greenpeace und BUND (interne Faktoren)

> 1. Finanzen
> Daß das Fehlen einer derart elementaren Ressource wie der Finanzen einschneidende Auswirkungen auf das Verbandsgeschehen besitzen kann, ist ein Allgemeinplatz und bedarf keiner weiteren Ausführung.«[2]

Einige Zeilen weiter heißt es:

> »Die mangelnde Finanzausstattung des BUND scheint dabei nicht die Folge punktueller und zeitlich begrenzter Mißwirtschaft, sondern eher ein strukturelles Moment oder zumindest ein chronisches Leiden, welches sich durch die Verbandsgeschichte zieht, darzustellen.«

Dieser Satz *gibt Rätsel auf*:

- *Ist* die mangelnde Finanzausstattung des BUND ein Problem? Oder *scheint* die mangelnde Finanzausstattung nur ein Problem *darzustellen*? Das ist ein gravierender Unterschied. Scheute der Autor das schlichte Wörtchen »ist«? Oder weiß er es nicht?
- Sollen sich die Leserinnen und Leser aussuchen, ob die mangelnde Finanzausstattung ein *strukturelles Moment* oder ein *chronisches Leiden* ist?
- Warum ist die mangelnde Finanzausstattung kein strukturelles Problem, sondern ein Moment?
- Kann punktuelle Misswirtschaft zeitlich unbegrenzt sein?

Des Rätsels Lösung: Man überlässt es nicht den Lesenden, die entscheidende Aussage herauszufiltern, sondern entscheidet selbst und formuliert knapp und präzise: *Die mangelnde Finanzausstattung ist ein strukturelles Problem des BUND.* (Im nächsten Satz kann der Hinweis erfolgen, dass sich dieses Problem »durch die Verbandsgeschichte zieht«.) – Das genügt.[3]

Aus der Einleitung einer Hausarbeit:

> »Der letzte Teil des Seminars setzt sich mit verschiedenen sozialpolitischen Themenbereichen auseinander. Diese umfassen die Bereiche Arbeitslosigkeit, Alter, Chancengleichheit sowie Armut

---

2 »Allgemeinplätze« sollte man nie formulieren und einen Satz nicht mit *dass* beginnen.

3 *Ich* würde die »mangelnde Finanzausstattung« abspecken: Zu wenig Geld ist ein strukturelles Problem des *BUND*.

> und soziale Ausgrenzung. Die hier vorliegende Arbeit behandelt den sozialpolitischen Themenbereich Armut und soziale Ausgrenzung und ist so in den letztgenannten Part des Seminars einzuordnen.«

Es gibt keinen sachlichen Grund, Themen zu Themen*bereichen* aufzublähen und der letzte *Teil* des Seminars kann sich nicht mit sozialpolitischen Themenbereichen auseinander setzen:

> Im letzen Teil des Seminars *wurden* folgende Themen behandelt: Arbeitslosigkeit, Alter, Chancengleichheit sowie Armut und soziale Ausgrenzung. In dieser Arbeit stehen die Themen Armut und soziale Ausgrenzung im Mittelpunkt. Die Arbeit ist also in den letzten Seminarteil einzuordnen.

Wenn aus einem Thema ein Themen*bereich* oder Themen*komplex* wird, wird ein Satz nicht besser, sondern länger. Und man trifft auch keine bedeutendere Aussage. Deshalb sollte man auf Imponiervokabeln verzichten. Wenn man Probleme mit der Datenerhebung oder mit den Quellen hat, ist das unerfreulich – aber kein Grund, von Problemen *im Bereich der Datenerhebung* zu schreiben. Und wenn ein Projekt viel kostet, dann mag das ein Problem sein – aber kein Grund, aus dem Problem eine Finanzproblem*atik* zu machen oder *zu schreiben*: »Von der *Kostenseite* her ist das Projekt …« Und wenn die Technik ausfällt, sollte man sich zu helfen wissen, aber nicht die Technik zur *Technologie* aufblähen.

### Überflüssiges streichen

Ein Text ist unter anderem dann gelungen, wenn nichts mehr weggelassen werden kann. Streichen kann und sollte man zum Beispiel *gemacht* vor Erfahrungen (oder Aussagen), *aufgeführt* vor Gründe, *erzielt* vor Ergebnisse, *aufgetreten* vor Störungen. Überflüssig sind die bei Studierenden beliebten Wörtchen *rein* und meist *auch* bzw. *aber*. Die bereits zitierten vier Sätze über Frauenliteratur enthalten fünf Füllwörter:

> »Ein häufiges Problem bei der Einordnung und Analyse der sogenannten Frauenliteratur ist die Frage, ob dieses Genre <u>nun</u> eine Literatur meint, die von Frauen geschrieben wurde, oder <u>aber</u> eine Literatur, die von Frauen handelt. Diese Verwechslung von Subjekt und Objekt hat oftmals so weit geführt, daß es <u>gar</u> zu einer Gleich-

> setzung von Subjekt und Objekt gekommen ist, lapidar gesagt: Frauen schreiben nun eben einmal über Frauen. Diese Tatsache, die ... ein wichtiges Spezifikum der Frauenliteratur ist, ... wendet sich in einem bestimmten Bereich genau gegen die Frauenliteratur, nämlich in jenem der populären ›sensationellen‹ Bekenntnisliteratur, die, von Frauen geschrieben, mit Frauenliteratur gleichgesetzt wird, die damit als harmlos, inferior und indiskutabel qualifiziert werden kann.«

Ein anderes Beispiel:

> »Internationale Partnerschaften zwischen Städten gehören in Europa seit den 50er Jahren zum kommunalen Alltag. In der Nachkriegszeit wurde ihnen eine besondere Bedeutung in der Völkerverständigung und der Friedenssicherung in Europa ... zugemessen. *Auch* heute verfolgen die partnerschaftlich verbundenen Städte noch das Ziel, die Annäherung ihrer Bevölkerungen zu erreichen. Den Hintergrund bildet jetzt die von der Staatspolitik angestrebte europäische Einigung ...
> *Aber* im Laufe der 70er Jahre begannen die Kommunen, über den Tellerrand Europas zu schauen.«

Das *auch* und *aber* sind einerseits überflüssig und können deshalb gestrichen werden. Andererseits signalisieren beide Wörter Gedanken, die nicht formuliert werden. Dadurch wird der Text unpräzise.

Gedanke 1: Die partnerschaftlich verbundenen Städte verfolgen noch heute das Ziel, ... *Allerdings hat sich das Motiv geändert.* Die politisch angestrebte Einigung Europas soll von den Bürgerinnen und Bürgern getragen werden.

Gedanke 2: In den 70er Jahren *kommt ein weiteres Ziel hinzu.*

Zur Kategorie der Füllwörter, die in einer Reportage, einem Essay oder einer Rede angebracht sein können, zählen: allenthalben, ausgerechnet, bekanntlich, durchaus, eigentlich, gemeinhin, gewissermaßen, hinlänglich, immerhin, in der Tat, jedenfalls, keineswegs, letztlich, meistenteils, nämlich, natürlich, schlichtweg, überaus, ungemein, völlig, zuweilen.

> »Diese Arbeit möchte einen Beitrag zur Erforschung der italienischen Frauenliteratur leisten und beschäftigt sich mit der in Italien *durchaus* anerkannten und erfolgreichen Schriftstellerin Francesca Sanvitale, die in Deutschland *hingegen* kaum bekannt ist.

> Zunächst möchte ich einen allgemeinen Überblick über die Entwicklung der Frauenliteratur in Italien im 20. Jahrhundert geben …, um einen Rahmen zu schaffen, in dem sich die Analyse bewegen wird. Die Konzeption ›allgemein‹ bedeutet *natürlich*, daß ein gewisses Maß an Generalisierung … nicht zu vermeiden ist.«

Warum ist Francesca Sanvitale *durchaus* anerkannt und erfolgreich? Warum genügt nicht der Hinweis, das sie in Deutschland kaum bekannt ist? Wahrscheinlich sollte auf einen Unterschied hingewiesen werden. Füllwörter sind dafür ungeeignet. Zweckdienlicher ist ein vernünftiger Satzbau (und eine richtige Reihenfolge der Gedanken):

> »Im Mittelpunkt dieser Arbeit stehen die Romane der italienischen Schriftstellerin Francesca Sanvitale, die in Italien anerkannt und erfolgreich, in Deutschland weitgehend unbekannt ist.«

Zu einem präzisen Stil gehört es zudem, Doppelungen zu vermeiden. Die Ursache der Arbeitslosigkeit hat nicht zahlreiche Gründe, sondern die Arbeitslosigkeit hat zahlreiche Ursachen (oder Gründe). Aus der Einleitung einer Hausarbeit:

> »Die Diskussion um die Wirkung von Gewaltdarstellung in den Massenmedien ist ein in der Öffentlichkeit immer wieder auftauchendes Thema.«[4]

Die Diskussion ist ein immer wieder auftauchendes Thema – und der Satz schlampig formuliert. Gemeint ist wohl: In der Öffentlich-

---

4 Dieser Satz ist einer missglückten Hausarbeit über »Massenmedien und Gewalt« entnommen, die ich auf einer der vielen Internet-Börsen für Haus- und Diplomarbeiten gefunden habe. Dass eine Arbeit unter *www.diplom.de, www.hausarbeiten.de oder www.wissen24.de* angeboten wird, ist kein Qualitätsnachweis. Vielmehr ist unter diesen Angeboten viel Ausschuss-»Ware«, die keinen Cent wert ist. Diese »Schummelbörsen« (Schmundt 2002, 164) sind nützlich, wenn man auf der Suche nach Themen-*Anregungen* ist. Gegen einen Download ist nichts einzuwenden. Doch vor dem Einfügen von Textpassagen in die eigene Arbeit sollte eine kritische Prüfung stehen.

Wer für eine Arbeit, die im Internet angeboten wird, bezahlt hat, ist mit der Überweisung nicht zum geistigen Eigentümer dieser Arbeit geworden. Wer gekaufte Quellen nicht ausweist, schummelt. Und das ist nicht nur unredlich, sondern auch riskant: Inzwischen gibt es Software, mit deren Hilfe Prüferinnen und Prüfer Plagiaten auf die Spur kommen können (vgl. Weber-Wulff 2002).

keit wird kontinuierlich (oder: in (un)regelmäßigen Abständen bzw. immer wieder neu) über die Wirkung von Gewaltdarstellung in den Massenmedien diskutiert.

**Präzisionsräuber Pronomen**

Umberto Eco empfiehlt allen, die ihre Abschlussarbeit schreiben: »Habt keine Angst, zweimal das gleiche Subjekt zu verwenden, vermeidet zu viele Pronomina« (1993, 186). Er hat Recht. Fürwörter können zu Rätseln führen. Texte sollen informativ sein – nicht rätselhaft. Ein Beispiel:

> »Im Laufe der 70er Jahre begannen die Kommunen, über den Tellerrand Europas zu schauen. Nachdem die Konsolidierung der europäischen Staaten in weiten Zügen vorangeschritten war, trat in der westlichen Staatspolitik vor dem Hintergrund des Kalten Krieges das Interesse in den Vordergrund, weltweit *ihre* politische Überzeugung und wirtschaftlichen Interessen gegenüber dem Ostblock zu behaupten. In den gerade in die Unabhängigkeit entlassenen Entwicklungsländern spitzte sich der Konflikt um das Ausweiten der Einflußgebiete in Form von Stellvertreterkriegen und über die Zusicherung von Entwicklungshilfe zu. In die öffentliche Diskussion geraten, erregte die Situation der sogenannten Dritten Welt verstärkt das Interesse und die Anteilnahme der Bevölkerungen in den industrialisierten Ländern. Aus dem Gefühl der Solidarität entsprangen in den Kommunen die ersten Schritte in Richtung eines Engagements für die Entwicklungsländer. *Das* legte den Grundstein zu einer im Laufe der Jahre zunehmenden zivilgesellschaftlichen Beteiligung an entwicklungspolitischen Aktivitäten, der Wiege der kommunalen Entwicklungszusammenarbeit.« (Herv. NF)

Wofür steht im zweiten Satz des zweiten Absatzes *ihre*? Für die *westliche Staatspolitik* oder für die *europäischen Staaten*? Und worauf bezieht sich *das* im letzten Satz? Solche Fragen sollten den Leserinnen und Lesern erspart bleiben.

In der Schule haben wir gelernt: Wer Wörter wiederholt, hat einen »schlechten Stil«. Das ist richtig, denn wir langweilen uns, wenn wir zum Beispiel dreimal hintereinander *machen* oder *schön* hören. Bei Verben und Adjektiven sollte man sich, wie es in der Schule hieß, um einen »Wechsel im Ausdruck« bemühen. Wenn in der Einleitung

einer Diplomarbeit auf zwanzig Zeilen der Aufbau der Arbeit erläutert wird, sollte nicht ständig das Verb *dargestellt* vorkommen:

> »Im zweiten Kapitel werden ... dargestellt. Im dritten Kapitel werden ... dargestellt. Im fünften Kapitel wird schließlich dargestellt ...«

Es stehen genügend andere Verben zur Verfügung: analysieren, vergleichen, bewerten, untersuchen, beschreiben, unterscheiden, abgrenzen, eingrenzen.

Die Empfehlung aus dem Deutschunterricht gilt für Substantive und Personen nur eingeschränkt. Im Johannes-Evangelium heißt es: »Im Anfang war das Wort, und das Wort war bei Gott, und Gott war das Wort.« Dreimal *Wort* und zweimal *Gott* in einem Satz. Jeder Deutschlehrer würde den Rotstift zücken. Doch dieser Satz ist verständlich und eindringlich. Das lässt sich über die folgende »Übersetzung« nicht sagen, die Wolf Schneider als Warnung vor Pronomen dient: »Am Anfang war das Wort. Es befand sich bei Gott, und letzterer war identisch mit ersterem.«(1985, 66) *Letzterer* und *ersterem* machen Texte holprig und Sätze häufig schwer verständlich, weil gerätselt werden muss, für wen oder was ein Pronomen steht.

### Hauptaussage in den Hauptsatz: verständliche Sätze bauen

> »Der Nachthimmel, der ganz frei von Wolken war, wies in der Ferne, über Ostberlin, schon einen hellen Schimmer auf, als Frank Lehmann, den sie neuerdings nur noch Herr Lehmann nannten, weil sich herumgesprochen hatte, daß er bald dreißig Jahre alt werden würde, quer über den Lausitzer Platz nach Hause ging.«

Der erste Satz aus dem Bestseller *Herr Lehmann*. Der Satz hat 50 Wörter. Der Autor, Sven Regener, ist einer Meister kunstvoller Sätze. Wer das nicht ist, sollte kürzere Sätze schreiben. Mit komplizierten Satzkonstruktionen macht man sich und den Lesern das Leben schwer.

Ein übersichtlicher Satzbau gelingt, wenn man

- Nebensätze an den Hauptsatz anhängt,
- jedem Gedanken einen eigenen Satz einräumt,
- zusammengesetzte Verben nicht trennt und
- Passivkonstruktionen vermeidet.

*1. Nebensätze an den Hauptsatz anhängen*

Es ist unhöflich, andere Menschen zu unterbrechen. Es ist unfreundlich gegenüber Leserinnen und Lesern, Aussagen durch mehrere Nebensätze zu unterbrechen. Und man macht sich das Schreibleben mit verschachtelten Sätzen schwer, weil man zum Beispiel mit den Anschlüssen nicht zurechtkommt. Ein Beispiel für einen missratenen – weil verschachtelten – Satz:

> »Mit der kognitiven Wende, durch welche sich (wie gesagt) die bisher dominante Stimulus-Response-Psychologie in die zweite Reihe verwiesen sah, wurden kognitive Ansätze und Fragestellungen der alten Bewußtseinspsychologie – die von Ebbinghaus inaugurierte assoziationspsychologische Gedächtnisforschung, die Würzburger Schule der Denkpsychologie, die Berliner Schule der Gestalttheorie etc. –, die seinerzeit durch die behavioristische Umwälzung zurückgedrängt worden waren – Mitte oder Ende der fünfziger Jahre wieder aufgegriffen.« (Holzkamp 1995, 118)

Stellt man den Hauptsatz an den Anfang, wird aus diesem Satzmonster ein klar strukturierter Text:

> Mit der kognitiven Wende wurden in den fünfziger Jahren kognitive Ansätze und Fragestellungen der alten Bewusstseinspsychologie wieder aufgegriffen: die von Ebbinghaus inaugurierte assoziationspsychologische Gedächtnisforschung, die Würzburger Schule der Denkpsychologie, die Berliner Schule der Gestalttheorie etc., die durch die behavioristische Umwälzung zurückgedrängt worden waren.

Sollte die durch »wie gesagt« angekündigte Wiederholung wichtig sein, kann in einem zweiten Satz ergänzt werden: »Die Stimulus-Response-Psychologie wurde mit dieser Wende in die zweite Reihe verwiesen.«

Das Verständnis dieses Textes setzt Kenntnisse der Psychologie voraus. Nicht jeder Text muss für alle verständlich sein. Diese Tatsache ist jedoch kein Freibrief für komplizierte – weil verschachtelte – Sätze. Auch ein komplizierter Sachverhalt kann in Sätzen ausgedrückt werden, die das Verständnis nicht erschweren und deren Struktur deutlich macht, was die Kernaussage und was nachgeordnet ist bzw. ein erläuterndes Beispiel.

*2. Einen (Doppel-)Punkt setzen*

Es ist erfreulich, wenn man mehr als einen Gedanken hat. Gedankenreichtum sollte angemessen präsentiert werden. *Angemessen* heißt: nicht alle Gedanken in einen Satz packen. Ein Beispiel aus einer Diplomarbeit:

> »Die Vermutung, dass der Körper des Menschen nicht nur seine äußere Hülle ist, sondern dass sich in ihm Elemente des Inneren widerspiegeln, spornt schon seit Jahrhunderten den Forschungsdrang von Wissenschaftlern (oder vermeintlichen Wissenschaftlern) an.«

Die Alternative: statt 34 Wörter in einem Satz, 30 Wörter in drei Sätzen:

> Der Körper ist nicht nur die äußere Hülle des Menschen. Vielmehr spiegeln sich im Körper Elemente des Inneren. Diese Vermutung spornt seit Jahrhunderten den Forschungsdrang von Wissenschaftlern (oder vermeintlichen Wissenschaftlern) an.«

*3. Zusammengesetzte Verben zusammenlassen*

Mark Twain bemerkte einmal: »Wenn der deutsche Schriftsteller in einen Satz taucht, dann hat man ihn die längste Zeit gesehen, bis er auf der anderen Seite seines Ozeans wieder auftaucht mit seinem Verbum im Mund.«

Nicht nur deutsche Schriftsteller haben diese Vorliebe, sondern auch deutsche Studentinnen und Studenten:

> »Die mangelnde Finanzausstattung des BUND scheint dabei nicht die Folge punktueller und zeitlich begrenzter Mißwirtschaft, sondern eher ein strukturelles Moment oder zumindest ein chronisches Leiden, welches sich durch die Verbandsgeschichte zieht, darzustellen.«

Nach 24 Wörtern erfahren wir, was »scheint«. Die Trennung von »scheint« und »darzustellen« lädt zu weiteren Verschachtelungen ein:

> »Die mangelnde Finanzausstattung des BUND scheint dabei – und dies ist eine zentrale Differenz zu Greenpeace, der Umweltorganisation, die sehr erfolgreich Spenden akquiriert – nicht die Folge punktueller und zeitlich begrenzter Mißwirtschaft, sondern eher

> ein strukturelles Moment oder zumindest ein chronisches Leiden, welches durch Verbandsgeschichte zieht, darzustellen.«

Schon haben wir 40 Wörter zwischen »scheint« und »darzustellen«. Es geht auch anders:

> Die mangelnde Finanzausstattung des BUND ist nicht die Folge von Misswirtschaft, sondern ein strukturelles Problem, das sich durch die Verbandsgeschichte zieht.

Verben, die sich nicht zerlegen lassen, beugen der Trennung von Satzgegenstand und Satzaussage vor – und damit auch Schachtelsätzen:

| | | |
|---|---|---|
| informieren | statt | mitteilen (teilte mit) |
| beteiligen | statt | teilnehmen (nahm teil) |
| können | statt | möglich sein |
| formulieren, sagen | statt | vortragen (trug vor) |

Funktionsverben laden ebenfalls zu Schachtelsätzen ein und machen Texte schwerfällig. Funktionsverben sind Verben, die nicht ohne Substantiv auskommen. »Erst stirbt der Wald, dann stirbt der Mensch.« Dieser Satz ist einprägsam. Auch deshalb wurde er populär. Niemand hätte folgende Formulierung behalten: »Erst *kommt* der Wald *zu Tode*, dann *scheidet* der Mensch *aus dem Leben*.« Deshalb:

- prüfen statt *einer Prüfung unterziehen*.
- beweisen statt *unter Beweis stellen*,
- können statt *in der Lage sein*,
- beachten statt *Beachtung schenken*.

*4. Aktiv statt Passiv*

Holzkamp (vgl. Seite 224) schreibt im Passiv. Diese Form lädt zu Schachtelsätzen ein. In dem zitierten Satz wird die Satzaussage (*wurde aufgegriffen*) getrennt. Nach 59 Wörtern erfahren die Leser, was aus den »kognitiven Ansätzen und Fragestellungen der alten Bewußtseinspsychologie *wurde*«. Bis sie auf das erlösende »aufgegriffen« stoßen, rätseln sie, ob diese Ansätze endgültig verworfen, vergessen oder verspottet wurden.

Die Lesenden sind bei solchen Satzkonstruktionen häufig so angestrengt damit beschäftigt, die Satzaussage zu erfassen, dass der Satz nicht verstanden wird oder ein falscher »Zwischensinn« entsteht.

Ein Beispiel: »Imke schlug (die Böse!) Patricia als Diskussionsleiterin vor.«

Bei einem so kurzen Satz gibt es keine Verständnisschwierigkeiten. Doch Holzkamps Satz zeigt, welche Satzungetüme entstehen können, wenn die Satzaussage auseinander gerissen wird. Solche Sätze sind schwer zu verstehen. Wer so schreibt, macht sich das Schreiben schwer, weil Grammatik und Logik leicht durcheinander geraten und geprüft werden muss, ob die Anschlüsse stimmen. Mit aktiven Verben vermeidet man dieses Problem.

Die Leideform ist angebracht, wenn

- tatsächlich ein Erleiden ausgedrückt werden soll: Ich wurde im Urlaub von Autolärm belästigt,
- nicht interessiert, wer die handelnde Person ist: Das Museum wird um neun Uhr geöffnet,
- ein Handlungsträger fehlt: In der Prüfungsordnung ist vorgesehen, dass ... Die Prüfungsordnung kann nichts vorsehen, sondern nur die, die sie gemacht haben.

## Wer war's?
## Was Sozialwissenschaften und Krimis gemeinsam haben

Die Vernunft setzt sich nicht durch. Nur die Vernünftigen können sich durchsetzen. In allen Wissenschaftsdisziplinen, in denen es um menschliches Handeln geht, sollten die Handelnden nicht durch Passivkonstruktionen oder Substantivierungen »aufgelöst« werden – wie in dem folgenden Satz:

> »Durch einen immer tiefer in die ökologischen Kreisläufe eindringenden industriellen Produktionsprozeß, durch eine immer rücksichts- und verantwortungslosere Ausbeutung natürlicher Ressourcen und die Zerstörung intakter ökologischer Regionen infolge militärischer Nutzung, werden in Westdeutschland seit Beginn der achtziger Jahre verstärkt Ansätze entwickelt, die versuchen, pädagogische Antworten auf die ökologische Krise zu finden.«(Bernhard 1995, 25)

Das ist Quatsch: Der *industrielle Produktionsprozess* und die *Ausbeutung natürlicher Ressourcen* entwickeln keine *Ansätze*, die versuchen, pädagogische Antworten auf die ökologische Krise zu finden. Menschen entwickeln solche Ansätze. Und Ansätze können nicht

antworten. Vielmehr antworten Menschen *in* oder *mit* Ansätzen auf Fragen.

Dieser Satz wird mit einem aktiven Verb kurz und klar:

> »Seit Beginn der achtziger Jahre entwickelten Erziehungswissenschaftlerinnen und Erziehungswissenschaftler pädagogische Ansätze, in denen versucht wird, auf die ökologische Krise zu antworten.«

Aus dem Schluss einer Hausarbeit:

> »Das politische System der USA ist nicht so demokratisch, wie es oft von sich behauptet.«

Wer behauptet, das politische System der USA sei demokratisch? Das System oder Politiker und Politikwissenschaftlerinnen, Journalisten oder Bürgerinnen? In den Sozialwissenschaften geht es – wie im Kriminalroman – immer um die Frage: Wer war's?

### Keine Angst vorm »Ich«

»Der Stil wissenschaftlicher Texte zeichnet sich u.a. durch die Vermeidung des Personalpronomens ›Ich‹ aus« – meinen Kruse und Jakobs (1999, 23). Narr und Stary empfehlen, die eigene Person nicht zu verstecken – jedenfalls nicht in den Sozial- und Geisteswissenschaften (1999,11). Stitzel plädiert nachdrücklich für *Ich*:

> Ich »müßte Leitlinie und Identifikationsmerkmal wissenschaftlichen Schreibens werden. ›Ich meine‹, ›ich vertrete‹, ›ich kritisiere‹ – und schon ist Wissenschaft spürbarer, lebendiger« (1999, 146).

Ich meine: Wer in einer Haus- oder Diplomarbeit Fragen formuliert und Schwerpunkte setzt, wer meint, feststellt oder schlussfolgert, sollte *ich* schreiben – sofern *ich* nicht den Konventionen des Fachbereichs widerspricht bzw. den Vorlieben derer, die eine Arbeit beurteilen.

Ich empfehle nicht, dick aufzutragen, sondern plädiere dafür, die eigene Leistung nicht zu verstecken:

- Wer über die *eigene* Fragestellung schreibt: »Ich gehe der Frage nach …«
- Wer das Ziel *seiner* Arbeit umreißt: »*Ich* verfolge damit das Ziel …«

Die Entscheidung für *ich* oder *man* sollte vom Gegenstand abhängig gemacht werden, um den es in einer Arbeit geht. Unangemessen ist die Formulierung, ich meine (denke usw.), dass im Mai 2004 über vier Millionen Menschen in Deutschland arbeitslos gemeldet waren: Es gibt Tatsachen, Erkenntnisse, Verallgemeinerungen, die unabhängig vom individuellen Denken und Meinen sind.

Wem *ich* nicht gefällt oder an einem Fachbereich studiert, an dem die erste Person verpönt ist, muss mehr schreiben:

- »In dieser Diplomarbeit wird der Frage nachgegangen …«
- »In dieser Arbeit wird überprüft, ob …«

In jedem Falle sollte die Arbeit nicht zum Subjekt erklärt werden: Eine Hausarbeit kann nichts, eine Diplomarbeit untersucht nicht und ein Kapitel fragt nicht (s.a. Seite 62). Deshalb muss es heißen: »Im Mittelpunkt des zweiten Kapitels steht …« oder »Im Hauptteil wird untersucht …«.

## Literatur

Karl-Heinz Göttert: Kleine Schreibschule für Studierende. München: Fink 1999

Erwin Dichtl: Deutsch für Ökonomen. Lehrbeispiele für Sprachbeflissene. München: 1995

## Schreiben fürs Reden

Texte werden gelesen. Referaten und Vorträgen hören Menschen zu. Ob Zuhörerinnen und Zuhörer wirklich zuhören, hängt maßgeblich davon ab, ob das, was sie hören, *Hör*-Texte sind. Bei vielen Vorträgen schalten Zuhörer ab, weil *Lese*-Texte *gesprochen* werden. Viele Referate kommen nicht deshalb schlecht an, weil sich ein Student oder eine Doktorandin auf ein ausformuliertes Manuskript stützt, sondern weil das Manuskript in *Schrift*sprache geschrieben wurde – drastischer: weil die falsche Sprache gewählt wurde. Deshalb gehört zur Vorbereitung eines Vortrags, der auf der Grundlage eines ausformulierten Manuskripts gehalten werden soll, die Formulierung eines Rede-Textes.

Nur Vortragsprofis gelingen im ersten Entwurf Rede-Texte. Wer nicht jede (zweite oder dritte) Woche einen Vortragstext schreibt, muss zwei Schritte machen: Zunächst wird zu Papier gebracht, *was* gesagt werden soll. Dann geht es um das Wie, um das Übersetzen von Schriftsprache in einen Rede-Text, der problemlos gesprochen und gut verstanden werden kann. Pflicht bei dieser »Übersetzung« ist Verständlichkeit. Zur Kür gehört es, sich um Anschaulichkeit zu bemühen.

### Verständlich formulieren

»isch bin ine bear-LEAN-ar.« Mit diesem Satz begeisterte John F. Kennedy 1963 die Berlinerinnen und Berliner. Der Zettel, auf dem Kennedy seine phonetische Umschreibung notierte, blieb der Nachwelt erhalten. Hätte Kennedy diesen Satz auf Englisch gesagt, wäre die spontane Begeisterung geringer ausgefallen, weil ihn nicht alle sofort verstanden hätten.

Auch dann, wenn es nicht darum geht, Stürme der Begeisterung auszulösen, sollte man verständliche Referate und Vorträge halten. Dreierlei hilft, dieses Ziel zu erreichen:

1. auf kurze Sätze und einen klaren Satzbau achten,
2. Verdichtungen vermeiden,
3. keine Zahlenflut über die Zuhörerinnen und Zuhörer ergießen.

*1. Kurze Sätze, klarer Satzbau*

Sätze mit mehr als 25 Wörtern sind schwer verständlich. Diese Feststellung gilt für gedruckte Texte. Umso mehr sollte man sich bei Vorträgen vor Satzmonstern wie diesem hüten.

> »Ich erinnere mich, daß mir einer derer, die über Politik so viel nachgedacht haben wie wenige sonst, nämlich Carl Schmitt, erklärt hat, wenn er noch einmal eine Vorlesung über das Staatsrecht und seine Geschichte zu halten hätte, würde er mit den Primaten beginnen.« (Aus einem Vortrag an der »Offenen Akademie« der Volkshochschule München – Meier 2003, 41)

Tucholsky hat solche Sätze in seinen *Ratschlägen für einen schlechten Redner* wie folgt kommentiert:

> »Sprich mit langen, langen Sätzen – solchen, bei denen du, der du dich zu Hause, wo du ja die Ruhe, deren du so benötigst, deiner Kinder ungeachtet, vorbereitest, genau weißt, wie das Ende ist, die Nebensätze schön ineinandergeschachtelt, so daß der Hörer ungeduldig auf seinem Sitz hin und her träumend, sich in einem Kolleg wähnend, in dem er früher so gern geschlummert hat, auf das Ende solcher Perioden wartet ...
>
> Du mußt alles in die Nebensätze legen. Sag nie: ›Die Steuern sind zu hoch.‹ Das ist zu einfach. Sag: ›Ich möchte zu dem, was ich soeben gesagt habe, noch kurz bemerken, daß mir die Steuern bei weitem...‹ So heißt das!« (Bd. 8, 291)

Wenn in einer Haus- oder Abschlussarbeit komplizierte Sätze stehen, kann man sie mehrmals lesen. Bei einem Vortrag kann man einen Satz nicht zweimal hören. Deshalb sollte man verständliche Sätze formulieren. Deshalb muss der Satz von Meier entwirrt und entschlackt werden.

Zunächst: »Einer derer, die« kann ebenso gestrichen werden wie »Ich erinnere mich«. Der Satz ist dann schon ein wenig akzeptabler:

> Carl Schmitt, der über Politik so viel nachgedacht hat wie wenige sonst, hat mir einmal erklärt, wenn er noch einmal eine Vorlesung über das Staatsrecht und seine Geschichte zu halten hätte, würde er mit den Primaten beginnen.

Mit zwei weiteren Korrekturen kann daraus ein verständlicher und anschaulicher Satz für einen Vortrag gemacht werden.

Korrektur 1: Gestrichen wird »der über Politik so viel nachgedacht hat wie wenige sonst«. Begründung: Wissen die Zuhörerinnen und Zuhörer, wer Carl Schmitt war, wissen sie auch, dass er »viel über Politik nachgedacht hat«. Kennen sie Carl Schmitt nicht, nutzt dieser Hinweis nichts.

Korrektur 2: Die Aussage von Schmitt wird als wörtliche Aussage formuliert. Begründung: Das erhöht die Authentizität und macht den Satz anschaulicher.

Das Ergebnis:

> Carl Schmitt erklärte mir einmal: Ich würde bei den Primaten beginnen, wenn ich noch einmal eine Vorlesung über das Staatsrecht und seine Geschichte zu halten hätte.

Ein weiteres Negativbeispiel:

> »Neue Steuerungsmodelle und Managementansätze sowie effizienzsteigernde Verwaltungsreformen sind Themen, mit denen sich die Hochschulen angesichts der knapper werdenden Finanzmittel und der wachsenden Zahl der Studierenden zunehmend beschäftigen.«

Der Hauptsatz lautet: »Neue Steuerungsmodelle … sind Themen«. Was ist wirklich wichtig? Dass sich die Hochschulen mit neuen Steuerungsmodellen beschäftigen. Warum tun sie das? Weil sie unter Druck stehen. Aussagen werden verständlicher und prägnanter, wenn sie durch den Satzbau gestützt werden. Der Ort für die Hauptaussage ist, wie der Name sagt, der Hauptsatz, an den sich die Begründung im Nebensatz anschließt:

> Hochschulen beschäftigen sich zunehmend mit neuen Steuerungsmodellen und Managementansätzen sowie effizienzsteigernden Verwaltungsreformen [Aussage], weil sie weniger Geld bekommen und die Zahl der Studierenden steigt [Begründung].

Besser sind zwei Sätze, die durch eine orientierende Frage verbunden werden:

> Hochschulen beschäftigen sich zunehmend
> - mit neuen Steuerungsmodellen,
> - mit Managementansätzen und
> - mit effizienzsteigernden Verwaltungsreformen. [Aussage]
>
> Warum tun sie das? [Orientierung auf Begründung]

Aus zwei Gründen:
Erstens, weil sie weniger Geld bekommen,
obwohl – zweitens – die Zahl der Studierenden steigt.

*2. Keine Verdichtungen*

Die Länge eines Satzes ist dann meist kein Problem, wenn der Satz klar gegliedert ist. Zentrales Problem vieler Referate und Vorträge ist die Verdichtung von Informationen in einem Satz. Häufig wird zu viel in einen Satz gepackt. Ein Beispiel:

> Der Verkauf von Arzneimitteln im Internet soll nach einer Entscheidung der Gesundheitsministerin abweichend von den bisherigen Erklärungen aus ihrem Ministerium künftig gestattet werden, während bislang vorgesehen war, über das Internet lediglich den Verkauf von Medikamenten zuzulassen, die nicht rezeptpflichtig sind.

Dieser Satz ist schwer mit angemessener Betonung zu sprechen. Und es ist schwierig, die Hauptaussage zu entdecken. Wer fürs Hören schreibt, sollte Informationen Schritt für Schritt zu Papier bringen. D. h. für das Beispiel: aus einem langen drei überschaubare Sätze machen.

> Der Verkauf von Arzneimitteln im Internet soll künftig erlaubt sein.
> Das hat die Gesundheitsministerin entschieden.
> Ursprünglich wollte ihr Ministerium nur den Verkauf von rezeptfreien Medikamenten gestatten.

Erhält jeder Gedanke einen eigenen Satz, werden die Aussagen verständlicher. Und man kommt meist mit weniger Worten aus: Der lange Satz mit den Informationshäufungen hat 40 Wörter. Die drei Sätze haben zusammen nur 26 Wörter. Ein weiteres Beispiel (aus Franck 2003a, 125):

> Kostenwahrheit bedeutet, dass die Preise im Verkehr die bisher von der Allgemeinheit finanzierten Kosten für den Ausbau der Verkehrswege, insbesondere aber auch die auf ca. 100 Mrd. pro Jahr geschätzten Kosten für Gesundheitsschäden, Naturzerstörung, Umweltverschmutzung sowie die Folgen der Klimaveränderung widerspiegeln.

Schreiben fürs Hören heißt: diese Informationsverdichtung in Sinn-Schritten aufzulösen:

> Kostenwahrheit bedeutet: Die Preise im Verkehr enthalten die Kosten, die bisher von der Allgemeinheit finanziert werden:
> Die Kosten für den Ausbau der Verkehrswege. Und die Kosten für Gesundheitsschäden, Naturzerstörung, Umweltverschmutzung und die Folgen der Klimaveränderung – Kosten, die auf ca. 100 Mrd. € pro Jahr geschätzt werden.

Weitere Verdichtungsmittel, die das Verständnis erschweren, sind → Abkürzungen und Fürwörter → Schreiben in der Wissenschaft. Sind viele Abkürzungen für die Zuhörerinnen und Zuhörer neu, wird das Zuhören anstrengend: Man muss behalten, wofür WTO oder SARS steht, was der Unterschied zwischen UNCTAD und UNEP ist.[1]

Pronomen sind ein Ersatz für Hauptwörter, eine Kurzform für Namen. Pronomen bereiten beim Zuhören häufig Probleme: Was meint *deren*? Worauf bezieht sich *ihre* oder *diese*? Solche Rätsel sollte man seinem Publikum ersparen.

Im zweiten Satz des vorherigen Absatzes könnte man die Wiederholung von *Pronomen* durch *sie* ersetzen – in einem schriftlichen Text. In einem Vortragsmanuskript sollte man *Pronomen* wiederholen. Mit dieser Wiederholung lässt sich der Satz besser betonen – und leichter behalten.

Für einen sparsamen Umgang mit Pronomen, für Wortwiederholungen spricht ein weiteres Argument. Mit Wortwiederholungen (nicht: Mit *ihnen*) lässt sich die Wirkung einer Aussage steigern. So kann man, um eine Aussage zu unterstreichen, das erste Wort oder die ersten Worte eines Satzes wiederholen:

> »Jetzt müssen auch die Lernen, die uns zum Lernen angetrieben haben. Jetzt weiß man, dass Lernen uns nicht notwendigerweise weiterbringt. Jetzt haben wir erfahren, dass das Lernen nicht nur Probleme löst, sondern diese auch schafft.«(Geißler 2003, 79)
> Sie verachten Homosexuelle. Sie verachten »Bürohengste«. Sie verachten Mitschüler, die sich ernsthaft am Unterricht beteiligen. Der

---

1 Abkürzungen müssen eingeführt werden: Die bislang unbekannte Lungenkrankheit *Schweres Akutes Atemwegsyndrom, kurz SARS* … Sind Fachbegriffe Zungenbrecher oder lang, wird niemand etwas gegen eingeführte Abkürzungen einwenden. Da es keine Mühe macht, *Welthandelsorganisation* zu sagen, kann die eine oder andere Abkürzung ohne großen Sprachaufwand vermieden werden – und damit auch die Schwierigkeit, Abkürzungen korrekt zu beugen.

Grund: Homosexualität, Büroarbeit und Lernen liegt für *sie* auf einer Bedeutungsebene – es ist unmännlich.

*3. Mit Zahlen zurückhaltend sein*

Zahlen und Statistiken sind ohne schriftliche Vorlage schwer aufzunehmen. Das folgende Zahlenwerk ist für einen Vortrag viel zu viel:

> 42 Millionen Menschen waren 2002 an HIV/Aids erkrankt. 5 Millionen haben sich 2002 neu infiziert. Das sind nur 23 000 Menschen weniger als 2001. Nur in Süd- und Südostasien ging die Zahl der Neuinfizierten zurück – von 800 000 im Jahr 2001 auf 700 000 im Jahr 2002. Im südlichen Afrika stieg die Zahl der Neuinfizierten im gleichen Zeitraum von 3,4 auf 3,5 Millionen Menschen. In allen anderen Regionen dieser Welt blieb die Zahl der Neuinfizierten weitgehend konstant. Südafrika ist auch das Land mit den absolut und prozentual meisten HIV-Kranken. Dort ist zudem der Anteil der Frauen an den infizierten Erwachsenen mit 58 % im Jahr 2002 am größten. 2001 betrug dieser Anteil 55 %. In Westeuropa sind es 25 %, in Nordamerika 20 %. Ähnlich hoch wie im südlichen Afrika ist der Frauenanteil mit 50 % in der Karibik und mit 55 % in Nordafrika und dem Mittleren Osten. Australien und Neuseeland haben absolut und prozentual die geringste Zahl an infizierten Erwachsenen und Kindern und Neuerkrankungen. In Australien und Neuseeland ist zudem der Anteil der Frauen an den infizierten Erwachsenen mit 7 % am niedrigsten. In den meisten Regionen der Welt begann die Epidemie …

Bei einem solchen Zahlenwust schalten die Zuhörerinnen und Zuhörer ab. Ohne Folien oder eine andere optische Unterstützung überfordert diese Zahlenfülle jedes Publikum. Doch auch Folien entbinden nicht von der Pflicht, die Zahlen zu ordnen und zu gewichten. Zum Beispiel so:

> 42 Millionen Menschen waren 2002 an HIV/Aids erkrankt.
>
> Und es gibt keine Entwarnung: Die Zahl der neu Infizierten geht nicht zurück.
>
> Nur in einer Region gab es deutlich weniger neu infizierte Menschen: in Süd- und Südostasien.
>
> Im südlichen Afrika stieg die Zahl der neu Infizierten 2002 um 100 000.
>
> Die Region südlich der Sahara …

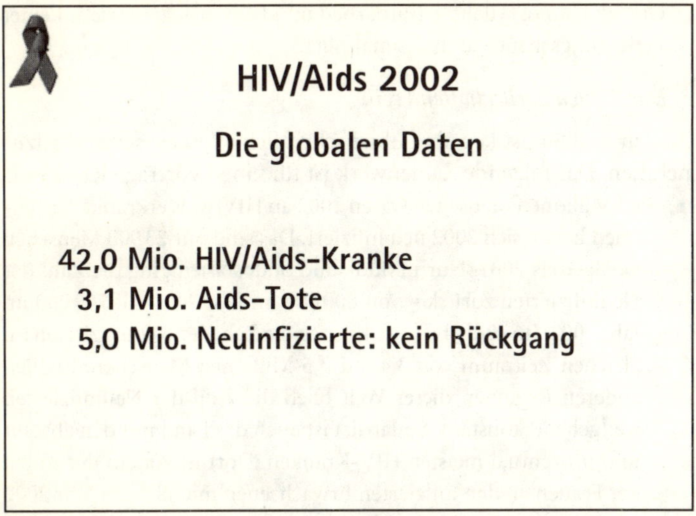


Abbildung 11: Folie zur Unterstützung einer Zahlenpräsentation

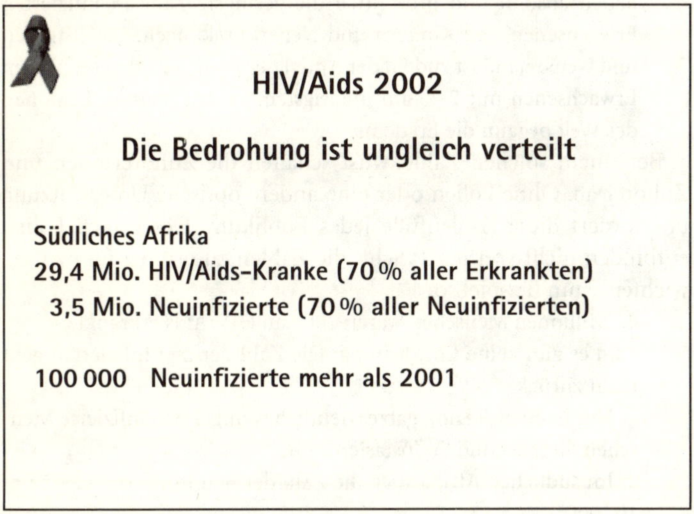


Abbildung 12: Folie 2 zur Unterstützung einer Zahlenpräsentation

Bevor es um die Kür geht, noch einmal ein Plädoyer für Verständlichkeit: Mit einer verständlich formulierten Vorlage für ein Referat oder einen Vortrag erfreut man die Zuhörerinnen und Zuhörer. Und man erleichtert sich das Reden. Zum einen fällt freies Sprechen entschieden leichter. Zum anderen entstehen keine sprachlichen Brüche, wenn man auf Zwischenfragen antwortet oder einmal vom Konzept abweicht. Zudem macht es keinen guten Eindruck, wenn man einen sehr »akademisch« klingenden Vortrag hält und in der anschließenden Diskussion diesen Sprachstil nicht beibehalten kann.

### Anschaulich formulieren

»Ich glaube, Gefahren warten nur auf jene, die nicht auf das Leben reagieren.« Sagte Michail Gorbatschow einmal. Berühmt wurde folgende Version dieses Satzes: »Wer zu spät kommt, den bestraft das Leben« – die anschauliche Übersetzung eines Korrespondenten (Bittrich 2003, 124).

Man kann mit einfachen Worten einen Sachverhalt treffend beschreiben. Und man kann mit schwer gängigen und leblosen Wörtern das Gegenteil erreichen. Man kann sagen: »Nach Aushebung einer Vertiefung liegt auch für den Urheber ein Stürzen im Bereich der Möglichkeit.« Und man kann sagen: »Wer anderen eine Grube gräbt, fällt selbst hinein.«

Aus einem Vortrag eines Professors für Ägyptologie:

> »Wir leben in einer schriftgeformten Welt und sind selbst schriftgeformte Wesen. Daher erscheint uns die Schrift als etwas Selbstverständliches. Wir können sie aus unserer Welt nicht mehr wegdenken und können uns nicht in eine schriftlose Welt hineinversetzen. Menschen, die in einer schriftlosen Welt leben, stellen wir uns als eine Art geistige Eintagsfliegen vor. In einer solchen Welt, so denken wir uns, kann nichts festgehalten werden. Alles muss täglich oder doch von Generation zu Generation neu erfunden werden.« (Assmann 2003, 25)

Wer ein paar Semester an der Hochschule verbracht hat, kann sich mühelos vorstellen, wie diese Passage weit weniger anschaulich formuliert werden kann:

- aus schrift*geformt* wird schrift*konstituiert*,
- aus *Wesen* können *Individuen* oder *Spezies* werden,

- *denken bzw. hineinversetzen* kann durch *imaginieren* (nicht ersetzt, sondern) substituiert werden,
- statt *von Generation zu Generation* könnte man intergenerativ sagen oder schreiben,
- aus festhalten lässt sich *konservieren* machen
- und die *Eintagsfliege* heißt selbstverständlich *Ephemeroptera.*

Vor allem Fach-*Jargon* entzieht Referaten und Vorträgen Leben. Der folgende Satz enthält kein Wort, das wir als Fremdwort wahrnehmen. Trotzdem wirkt der Satz fremd, weil er ein alltägliches Phänomen in eine »fremde Sprache« übersetzt:

> Da das Begreifen von Zusammenhängen optimal nur durch tätiges Erproben gewonnen wird, unser Alltag jedoch immer weniger Anlässe gibt, praktische Erfahrungen zu machen, müssen wir in der pädagogischen Arbeit bewusst entwickelte Gelegenheiten zur Förderung, Entfaltung und Differenzierung sinnlicher Aktivitäten bieten.

Wer solche Sätze im Manuskript stehen hat, mutet den Zuhörerinnen und Zuhörern viel zu – und macht sich das Vortragen schwer. Diese Formulierungen sind umständlich und leblos. Diese Formulierungen lassen sich nicht mit Nachdruck vortragen. Deshalb muss dieser Satz umgeschrieben werden.[2]

Schritt 1: Abschied vom Fachjargon

- *bewusst entwickelte* Gelegenheiten – können Gelegenheiten *unbewusst entwickelt* werden? Schlicht: *Möglichkeiten* zur Förderung
- *sinnliche* Aktivitäten – gibt es *unsinnliche* Aktivitäten? Schlicht: mit allen Sinnen lernen
- *tätiges* Erproben – ist *ausprobieren* etwas anderes, kann man *untätig* erproben? Schlicht: *praktischer* Umgang
- *Begreifen* von Zusammenhängen *wird gewonnen* – wie geht das? Schlicht: Zusammenhänge begreifen

  Der Satz ohne überflüssigen Fachjargon:

---

2 Wissenschaft zeichnet sich unter anderem dadurch aus, dass Prozesse oder Sachverhalte auf den Begriff gebracht werden. Dazu ist es auch notwendig, alltägliche Phänomene anders als in der Alltagssprache zu formulieren. Präzision der Begriffe ist jedoch nicht identisch mit dem verquasten Fachjargon in dem zitierten Satz.

> Da sich Zusammenhänge nur im praktischen Umgang mit der Umwelt begreifen lassen, unser Alltag jedoch immer weniger Anlässe gibt, praktische Erfahrungen zu machen, müssen wir in der pädagogischen Arbeit Möglichkeiten zum Lernen mit allen Sinnen schaffen.

Schritt 2: Klare Gedankenfolge

1. Worum geht es? Hauptaussage:
   Kindern ermöglichen, mit allen Sinnen zu lernen
2. Warum ist das wichtig? Allgemeine Begründung:
   Zusammenhänge können sie nur durch den praktischen Umgang mit ihrer Umwelt wirklich begreifen.
3. Was steht dem entgegen? Besondere Umstände:
   Im Alltag gibt es immer weniger Möglichkeiten, praktische Erfahrungen zu machen.
   Das Endergebnis:
   > Wir müssen Kindern ermöglichen, mit allen Sinnen zu lernen, denn Zusammenhänge können sie nur durch den praktischen Umgang mit ihrer Umwelt wirklich begreifen. In unserem Alltag gibt es jedoch immer weniger Möglichkeiten, praktische Erfahrungen zu machen.

Nicht ungewöhnliche Worte, sondern ungewöhnliche Aussagen machen einen Vortrag interessant. Schopenhauer: »Man brauche gewöhnliche Worte und sage ungewöhnliche Dinge.« Meist sind »gewöhnliche« Worte anschaulicher. Anschaulicher als *Personalbestand* ist *Arbeiter* und *Angestellte* (oder *Lehrerinnen und Lehrer*). *Personal(bestand)* ist ein Oberbegriff. Solche Termini machen Vorträge steif. Deshalb sollte man sich, wenn es nicht um begriffliche Präzision geht, für *Bus und Bahn* zugunsten der *öffentlichen Verkehrsmittel* entscheiden und für

- Sonnen- und Windenergie – statt *regenerative Energien,*
- Kinder und Jugendliche – statt *Heranwachsende* oder *Minderjährige,*
- Geld – statt *Finanzmittel* oder *finanzielle Ressourcen.*

Deshalb sollte man prüfen, ob in einem Vortragsmanuskript der *Kraftfahrzeugverkehr* durch Autoverkehr ersetzt werden kann und der *Baumbestand* durch *Wald* oder *Bäume,* durch *Buchen* und *Tannen.*

Wer Sonnen- und Windenergie sagt, trifft eine Auswahl. Bei einer Pfändung, einem Unfall oder bei einer Inventur muss alles penibel aufgeführt werden. Doch immer dann, wenn es nicht um Vollständigkeit geht, gewinnt ein Referat durch anschauliche Wörter.

Zusammengefasst: »Autor« eines Vortrags oder Referats ist die Wissenschaft. Ein guter Autor braucht die richtige Regisseurin. Das ist beim Schreiben für Reden nicht die Grammatik, sondern die Rhetorik.

## Literatur

Für das Schreiben von Vorträgen und Reden im Beruf und Alltag geben Franck und Trotha nützliche Anregungen – von A (wie Anrede) bis Z (wie Zitate einführen):

Norbert Franck: Fit für den Auftritt. Selbstbewusst reden, souverän diskutieren, überzeugend präsentieren. 2. Aufl. München 2004: Deutscher Taschenbuch Verlag

Thilo von Trotha: Reden professionell vorbereiten. 3. Aufl. Regensburg u. a. 2002: Walhalla Fachverlag

## Schreibhürden

An der Hochschule gibt der »Stoff«, geben die Inhalte der Wissenschaft den Takt in Seminaren und Vorlesungen an:

> »Die Inhalte der wissenschaftlichen Tätigkeit sind zentrales Planungsdatum, nicht die Tätigkeit selber. (...) Lichtenbergs metaphorischer Hinweis, daß die Auseinandersetzung mit einer Sache ›Bahnen‹ hinterlassen müsse, die man auch bei anderer Gelegenheit benutzen könne, gilt nicht im universitären Unterricht.« (Rückriem, Stary 1996, 98)

Professoren interessieren sich für die Inhalte einer Hausarbeit. Der Prozess, der zu einer Hausarbeit führt, ist für sie Angelegenheit der Studierenden. Über das Schreiben wird nicht gesprochen – schon gar nicht über Schwierigkeiten beim und mit dem Schreiben. Zwar weiß man, dass Schwierigkeiten mit dem Schreiben eine zentrale Ursache für lange Studienzeiten und Studienabbruch sind. Aber diese Quittung für unzureichende Lehre schmerzt nicht: Viele Hochschulen sind ohnehin überlaufen, und Fachbereiche mit einer hohen Abbruchquote können sich damit brüsten, sie seien selektiv und leistungsorientiert.

Leidtragende sind die Studierenden: Viele Studentinnen im ersten und Studenten im siebten Semester quälen sich mit Hausarbeiten. Sie schreiben »auf den letzten Drücker«; sie entwickeln Vermeidungsstrategien – aber keine Sicherheit und Routine im Schreiben. Jede Hausarbeit erscheint als ganz neue Herausforderung.

Anderswo ist das anders. Zum Beispiel in den USA. *Academic* bzw. *Scientific Writing* ist dort selbstverständlicher Gegenstand von Lehre. Zwar gibt es kein Patentrezept für wissenschaftliches Schreiben, aber Anhaltspunkte, wie man

- zielgerichtet an der Produktion eines Textes arbeitet → Wissenschaftliches Schreiben – Der Prozess;
- Texte strukturiert → Anmerkungen, Einleitung, Literaturverzeichnis, Quellenangaben, Schluss;
- lesbar schreibt → Wissenschaftliches Schreiben – Wissenschaftlicher Stil.

Und es gibt Erfahrungen mit Haltungen und Einstellungen, die das Schreiben erschweren. Fünf solcher Schreib-Hürden stehen auf den folgenden Seiten im Mittelpunkt.

### Selbstüberforderung 1: Kein Training

Französisch und Surfen, Chemie und Fallschirmspringen, Geschichte und Schwimmen – kein Weg führt am Lernen vorbei. Für Französisch oder Englisch braucht man mehrere Jahre, um es zur Perfektion zu bringen. Mit dem Schreiben wissenschaftlicher Texte verhält es sich nicht anders. Eine wissenschaftliche Hausarbeit ist wie ein Marathonlauf: Sie gelingt nicht »aus dem Stand«, nicht ohne Training.

Gedanken, Ideen oder Argumente in eine angemessene sprachliche Form zu bringen, muss – um im Bild zu bleiben – trainiert werden. Diese Fähigkeit ist kein Nebeneffekt der Auseinandersetzung mit der System- oder der Kritischen Theorie, mit Eignungsdiagnostik oder Volkswirtschaft. Wer auf das Training verzichtet und meint, aus dem Stand wissenschaftlich schreiben zu können, überfordert sich – und bringt sich um eine Lernchance. Wer sich einräumt, dass wissenschaftlich schreiben gelernt werden muss, hat gute Chancen, es zu lernen.

Das Lernen sollte bereits bei der ersten Hausarbeit beginnen. Ist zum Beispiel »Sozialpolitik in der Europäischen Union« Thema dieser Hausarbeit, wird man viel lesen müssen über Verträge, Institutionen und Kommissionen, über Instrumente der Sozialpolitik usw. Wissenschaftliches Schreiben lernen heißt, sich bewusst damit auseinander zu setzen, *wie* die Ergebnisse dieser Lektüre dargestellt werden können.

Darauf kommt es an. Es ist nicht sicher, ob man, wenn diese Hausarbeit abgegeben ist, das mühsam zusammengetragene *Wissen* über die Sozialpolitik in der Europäischen Union noch einmal braucht. Sicher hingegen ist: Bei der nächsten Hausarbeit – und vor allem bei der Abschlussarbeit – wird die *Fähigkeit* verlangt, Wissen zusammenzutragen, zu strukturieren und verständlich zu formulieren. Und in sehr vielen Berufen ist es eine Schlüsselqualifikation, Sachverhalte angemessen darstellen zu können.

### Selbstüberforderung 2: Druckreif schreiben wollen

Der Angestellte Joseph Grand träumt in Camus' *Die Pest*, ein großes Werk zu schreiben, das mit einem beeindruckenden Satz beginnt. Dieser Satz kommt nie zu Papier und das Werk wird nie geschrieben.

Auch Studierende, die nicht darauf aus sind, dass Dozenten »Hut ab« vor dieser Hausarbeit rufen, tun sich schwer, mit dem Schreiben zu beginnen. Sie betrachten das Schreiben als ein »Alles-oder-nichts-Unternehmen«, bei dem nur *ein* Versuch gestattet ist. Sie wollen auf Anhieb »druckreif« schreiben – und überfordern sich.

Man sollte nicht zu früh mit dem Schreiben anfangen (vgl. Hürde 3) – aber auch nicht darauf setzen, dass eine Arbeit im Kopf konzipiert und formuliert werden kann. Das erarbeitete Wissen und die eigenen Überlegungen müssen geordnet werden. Um Ordnung schaffen zu können, muss man die Gedanken zu Papier bringen. Dort können sie strukturiert, ergänzt, vertieft oder korrigiert werden.

Ein vorzeigbarer Text ist ein Text, der umgeschrieben wurde. Die angemessene Form und der treffende Ausdruck gelingen nicht auf Anhieb. Wer viel schreibt, weiß das und bringt einen ersten, zweiten (und dritten) Entwurf zu Papier, aus dem ein gelungener Text werden kann. Diese Erfahrung hilft, gelassen mit Schwächen der ersten Fassung umzugehen und das Problem des Anfangs loszuwerden.[1]

Der Schreibprozess sollte jedoch nicht durch häufige Korrekturen gebremst werden. Der erste Entwurf eines Kapitels oder Abschnitts ist eine Rohfassung. Jede Rohfassung ist unzulänglich. Wer bereits nach den ersten Sätzen korrigiert, blockiert sich, kommt nicht voran, wird unzufrieden oder beißt sich an der Korrektur der Korrekturen fest.

### Zu wenig Planung

Man stellt sich eine große Schreibhürde in den Weg, wenn man das Schreiben lange hinauszögert – und wenn man zu früh startet. Es ist

---

1 Zum ersten Satz eine Empfehlung von W. F. Haug: »Führe ein Register solcher Sätze, mit denen angefangen werden könnte und die Schlaglichter auf dein Thema werfen, zusammen mit allen anderen Einfällen, die im Moment ›nicht dazugehören‹, wohl aber irgendeine Relevanz bekommen können.« (1999, 73) → Studienjournal.

sinnvoll, sich bei der *Erarbeitung* eines Themas Notizen zu machen, Lektüre-Ergebnisse und eigene Gedanken schriftlich festzuhalten. Es kann jedoch in eine Sackgasse führen, wenn man die *Darstellung* des Themas zu früh beginnt. Zwar können beim Schreiben »die besten Ideen kommen«. Aber diese Ideen brauchen eine Struktur und eine angemessene Form, damit aus ihnen eine schlüssige Hausarbeit wird. Die »besten Ideen« ersetzen keine Kriterien, was warum wichtig ist und was nicht.

Hausarbeiten lassen sich nicht wie der Schulaufsatz aus dem Ärmel schütteln. Sie lassen sich nicht im Kopf konzipieren und gestützt auf ein paar Gliederungspunkte am Stück »runterschreiben«. Wer ohne ein Konzept schreibt, landet häufig im Abseits.

Es ist sehr hilfreich,

- Einfälle, die beim Schreiben kommen, zu notieren,
- stets ein Notizbuch für Ideen zur Hand zu haben,
- in einem → Studienjournal ohne Zensur Überlegungen zur Arbeit festzuhalten.

Doch wenn man die erste Fassung einer Hausarbeit ohne Konzept schreiben will, kommt man allenfalls sehr mühsam und auf Umwegen voran.

Ein Hilfe für alle, die mit dem Frühstart-Problem zu kämpfen haben, ist ein Kapitel-Abstract: Man schreibt nicht nur für die gesamte Arbeit ein → Exposé, sondern auch für jedes Kapitel eine kurze Inhaltsangabe von fünf bis zehn Zeilen: Worum soll es in welcher Reihenfolge in diesem Kapitel gehen. Man gibt sich also vor dem Schreiben eines Kapitels eine Regieanweisung: Das will ich jetzt zu Papier bringen. Und an eigene Anweisungen kann man sich getrost halten.

### Autorität 1: Die Dozentin, der Dozent

Wer beim Schreiben statt mit dem »Stoff« mit der Vorstellung ringt, was die potenziellen Leserinnen und Leser von dem Text halten werden, kann sich blockieren – vor allem dann, wenn man einen Prüfer oder eine Betreuerin vor Augen hat, der oder die alles schon (besser) weiß.

Wenn solche Vorstellungen am Schreiben hindern, kann eine Einsicht und ein Bildertausch helfen.

*Die Einsicht:* Das Schreiben im Studium ist in einer Hinsicht eine paradoxe Situation: Mit einer Haus- oder Diplomarbeit verstößt

man gegen eine Grundregel der Kommunikation: Man teilt anderen nicht mit, was diese bereits wissen.

> »Stellen Sie sich vor, Sie sitzen in einem Zug und jemand steigt in Hannover zu. Sie sagen zu ihm: ›Sie sind in Hannover zugestiegen‹. Er wird sie erstaunt anblicken und wissen wollen, warum Sie ihm das sagen, denn Sie haben eine Konversationsregel verletzt: Wir sind gehalten, unseren Adressaten nur das zu sagen, was sie vermutlich noch nicht wissen.« (Keseling 2003, 218)

Diese Konversationsregel gilt zum Beispiel nicht bei Prüfungen. Prüfer kennen in der Regel die Antworten auf ihre Fragen. Mit Hausarbeiten verhält es sich ähnlich. Zwar vergeben didaktisch versierte Betreuerinnen Themen, die eigenständiges Arbeiten ermöglichen. »Aber die Paradoxie lässt sich nie ganz aufheben.« Und man tut »gut daran, sich damit abzufinden« (ebd.).

*Der Bildertausch:* Keseling rät, sich einen interessierten, »noch nicht wissenden Leser« vorzustellen und so zu schreiben, dass dessen Interesse nicht erlahmt.

> »Bauen Sie Ihren Text so auf, dass eine gewisse Spannung aufkommt, indem Sie zum Beispiel zuerst eine Frage stellen, diese in Teilfragen zerlegen und die eigentliche Lösung nicht vorwegnehmen. Versetzen Sie sich in die Rolle des Lesers, und versuchen Sie nachzuvollziehen, wie er auf Ihre Darstellung reagieren könnte. Die Fähigkeit, die Sie in Ihrer Arbeit unter Beweis stellen sollen, besteht nicht nur darin, Ihr Wissen zu demonstrieren. Sie sollen auch zeigen, dass Sie argumentieren und einen Stoff angemessen darstellen können.« (2003, 218f.)

Der oder die tatsächliche Leser oder Leserin wird dies – in der Regel – zu schätzen wissen: Wer eigene Fragen formuliert und Argumentationsfolgen präsentiert, bietet mehr als die Reproduktion des Wissens, das der Prüferin oder dem Betreuer geläufig ist.

### Autorität 2: Die Texte

Vielen Studierenden fällt es schwer, sich von den Texten zu lösen, die sie gelesen haben, einen Sachverhalt in eigenen Worten auszudrücken. Sie reihen Zitat an Zitat und formulieren nur die Verbindungssätze selbst. Das Ergebnis ist ein Zitate-Patchwork – keine eigenständige Arbeit.

Ein Grund für dieses Vorgehen ist zu großer Respekt vor dem *Wortlaut* wissenschaftlicher Texte und zu geringes Vertrauen in die eigenen Fähigkeiten. Zu großer Respekt und zu geringes Selbstvertrauen führen nicht nur zu einem unbefriedigendem Ergebnis, sondern auch dazu, dass der Schreibprozess nur langsam und mühsam vorankommt.

Wer am Wort klebt, dringt nicht zum Sinn vor. Was man nicht in eigenen Worten wiedergeben kann, bleibt fremd. An anderer Stelle habe ich darauf hingewiesen, dass wir erst dann mit einer Theorie umgehen oder mit einer Einsicht in Zusammenhänge etwas anfangen können, wenn wir in der Lage sind, diese Theorie oder Zusammenhänge in eigenen Worten wiederzugeben (vgl. Seite 215). Und ich habe betont, wissenschaftliches Arbeiten bedeutet, sich eigene Gedanken zu machen (vgl. Seite 204).

Für den Umgang mit der »Autorität« Text heißt das: Texte müssen klug – nicht wortgetreu – genutzt werden. Howard S. Becker hat dafür eine treffende Analogie gefunden:

> »Stellen Sie sich vor, Sie führen eine Schreinerarbeit aus, zimmern vielleicht einen Tisch. Sie haben ihn im Entwurf gezeichnet und in Teilen auch schon zugesägt. Günstigerweise brauchen Sie nicht alle Teile selbst zu fertigen. Einige weisen Standardgrößen und -formen auf und sind in jedem Holzgeschäft zu haben. Andere sind bereits von anderen Schreinern konzipiert und gefertigt worden – z.B. Schubladenknäufe und gedrechselte Tischbeine. Sie müssen sie nur noch in die von Ihnen dafür vorgesehenen Leerstellen einpassen.« (1994, 188)

Fürs Schreiben wie fürs Schreinern braucht man Übung. Von einer Hausarbeit werden keine neuen Erkenntnisse erwartet, sondern der Nachweis, dass ein Thema mit Hilfe der Literatur bearbeitet werden kann. Dieser Nachweis kann gelingen, wenn man selbst denkt und das eigene Nachdenken auf die Literatur stützt und bezieht. Wissenschaftliche Texte sind Autorität. Respektvoller Umgang mit dieser Autorität verlangt eine sorgfältige und kritische Lektüre – mit dem Ziel, die Erkenntnisse *nutzen* zu können, die diese Texten enthalten.[2]

---

2 »Buchstabengelehrte« nennt man Menschen, die wissen, was in Büchern steht, aber nichts mit dem Wissen anfangen können. »Es ist ihnen selten um

Ohne eigene Überlegungen und → Fragestellung gelingt es nicht, in der Literatur Mittel zum Zweck zu sehen, vorhandene Erkenntnisse in das *eigene* Vorhaben »einzupassen«.

Eigene Gedanken und wissenschaftliche Literatur ergeben die richtige Mischung für eine Hausarbeit. Wenn man eigene → Fragen entwickelt und die Literatur nutzt, um Antworten zu geben – dann beweist man: Ich kann wissenschaftlich arbeiten.

## Literatur

Hürden kann man umgehen oder überspringen. Sind Schreibhürden so groß, dass sie zu Schreibblockaden werden, lohnt es, das eigene Schreibverhalten zu überprüfen. Keseling hat zu diesem Zweck einen ausführlichen Fragebogen entwickelt, mit dessen Hilfe man Schreibstörungen auf die Spur kommen kann.

Gisbert Keseling 2003: Schreibblockaden überwinden. In: Norbert Franck, Joachim Stary (Hrsg.): Die Technik wissenschaftlichen Arbeitens. Paderborn: Schöningh, S. 197–222

---

den lebendigen Begriff der Sache zu tun, sondern um das, was man davon gesagt hat.« (Goethe Bd. 18, 844).

## Studienjournal

»Greift nur hinein ins volle Menschenleben! Wo ihr's packt, da ist's interessant.« Meint die »Lustige Person« in Goethes Faust (Vorspiel auf dem Theater).

Goethe hat Recht.

> »Spannende Themen gibt es wie Sand am Meer. Man muß sich nur dazu entschließen können, eines auszuwählen … Kein Thema ist … langweilig. Wir können es allenfalls trübsinnig betrachten. Dann bleibt es kalt und schal, erscheint gar widerwärtig. Auch wenn ein Thema vorgegeben ist, können aus ihm Funken geschlagen werden, sobald derjenige oder diejenige, die es bearbeiten soll, das Thema als das ihre eigensinnig packen.« (Narr 1999, 95)

Goethe hat Recht. Und viele Studierende machen andere Erfahrungen. Themen, die für Hausarbeiten vergeben werden, wecken kein Interesse. Theorien langweilen. Und die (unüberschaubare) Literatur kann erdrückend wirken.

Frigga Haug hat untersucht, warum Theorien Studierende langweilen. In ihren Lehrveranstaltungen führten Studierende »Lerntagebücher«, in denen sie ihre Auseinandersetzung mit Theorien festhielten. Diese Eintragungen wurden im Seminar besprochen. Frigga Haug berichtet über die Notizen einer Studentin:

> »Es geht um zunehmende Individualisierung in der Gesellschaft, wovon sie [die Studentin – NF] schon gehört hat und dem sie eigentlich ›aus Erfahrung‹ zustimmen möchte. Sie wundert sich aber zugleich, dass sie dies als Erfahrung von anderen denkt, sich selbst außerhalb von Gesellschaft verortet. Sie probiert eine Reihe von Fragen: Vielleicht ist die These von der Individualisierung nicht so brandneu, wie die Autoren glauben machen wollen, und weckt daher aus einer Art Gewöhnung kein Interesse – geht einfach zu glatt herunter? Vielleicht aber bildet sie Gesellschaft scharf ab, lässt sich aber nicht kritisch aufnehmen, da man nicht gleichzeitig Teil von Gesellschaft sein kann und diese kritisieren? (…) An dieser Stelle bewegt sich die Studentin tastend in das Feld des Zusammenhangs von Erfahrung und Theorie … Es geht gar nicht nur

> um eine Anknüpfung im Alltag, sondern ... um umfassende Kritik und zugleich Selbstveränderung, da die gesellschaftlichen Verhältnisse auch ›von mir‹ gemacht und also veränderbar erfasst werden müssen. Der wahrgenommene Außenstandpunkt bezieht sich vielleicht zu Recht auf die Theorie, und also muss man die Grenzen, die eine Theorie steckt, überschreiten, um sie zu durchdringen? Wie kann man solche Grenzüberschreitungen vollziehen ...? Die Fragen werden probeweise formuliert, so wird gleichzeitig Fragen gelernt; damit werden erste Schritte in eigenständige Forschung getan.« (2003, 180f.)

Die Studentin resümiert, das Lerntagebuch, das schriftliche Festhalten ihrer Beobachtungen, Zweifel und Überlegungen habe sie »zu wichtigen Fragen geführt.« (Haug 2003, 181)

Wissenschaftliches Arbeiten muss selbstreflexiv sein: Wissenschaftliches Arbeiten schließt das (selbst-)kritische Nachdenken darüber ein, wie man warum zu einer → Fragestellung oder Prämisse kommt. Selbstreflexion ist nicht nur notwendig für einen angemessenen Umgang mit einem Thema bzw. Problem. Sie kann auch das Studium interessanter machen: Wer meint, von sich selbst absehen zu müssen, um wissenschaftlich zu arbeiten, gerät entweder mit sich in Konflikt oder hat mit Langeweile zu kämpfen, weil kein Thema mit der eigenen Person zu tun hat. Wenn man eigene Erfahrungen als legitimes Thema von Wissenschaft begreift und *wissenschaftlich* reflektiert, dann sind Studium und Wissenschaft nichts Unpersönliches, nicht das »ganz Andere«. Diese Denkhaltung ist zudem eine zentrale Voraussetzung, um auch außerhalb des eigenen Studienfachs wissenschaftlich an Probleme und Fragestellungen heranzugehen.[1]

Ein Lerntagebuch ist ein hilfreiches Instrument, um sich Wissenschaft zu Eigen zu machen, um Interesse zu entwickeln. Lerntagebücher, mir scheint der Terminus *Studienjournal* treffender,

---

1 In manchen Disziplinen darf man allerdings für eine solche Haltung keine Unterstützung erwarten. In den Rechtswissenschaften etwa wird vielerorts hartnäckig die Fiktion gepflegt, jeder neue Sachverhalt könne unter die vorhandenen Gesetze subsumiert werden. Es gibt keine Zweifel, neue Erfahrungen oder Widersprüche, sondern nur die Aufgabe, Gesetze, Urteile und Kommentare adäquat auszulegen.

- helfen, sich selbst zum Zentrum wissenschaftlichen Arbeitens zu machen:

  »Nicht, weil sich alles um Sie drehen sollte, sondern weil Sie Sicherheit nicht in einem Wissen finden können, das Ihnen äußerlich ist. Sicher werden Sie sich nur dann fühlen, wenn Sie sich trauen, sich das Wissen zu eigen zu machen, es zu prüfen, zu kritisieren, einzelne Elemente miteinander zu verknüpfen und anzuwenden.« (Kruse 1995, 30)
- können zu Beginn des Studiums davor schützen, in der Flut neuer Informationen unterzugehen,
- sind ein gutes Schreibtraining,
- können sich zu einer Fundgrube für Themen von Prüfungen, Haus- und Abschlussarbeiten entwickeln,
- bilden eine Grundlage für Gespräche mit Dozentinnen und Dozenten über Themen, die bearbeitet werden sollen.

### Inhalte und Schreib»regeln«

Ein Studienjournal ist der Ort für drei Wissens- und Erkenntnisquellen:

1. *wissenschaftliche Quellen:* Seminarmaterialien, Seminarnotizen, Vorlesungsmitschriften, Exzerpte, Zitate, Definitionen, Begriffsbestimmungen, Zahlen, Tabellen, Statistiken, (kommentierte) Literaturhinweise, Rezensionen usw.
2. *literarische und andere Quellen:* Medienberichte, Autobiografien, Aussagen von Politikerinnen und Politikern, Gerichtsurteile, Wahlkampfaussagen von Parteien usw.
3. *eigene Überlegungen:* Fragen, Ideen, Zweifel, Thesen und Beobachtungen, Themen für Prüfungen, Ideen für Hausarbeiten, Referate, Magister- oder Diplomarbeiten, Arbeitsvorhaben (zum Beispiel: Bücher oder Aufsätze, die gelesen werden sollen) usw.

Die wichtigste Schreib»regel« für ein Studienjournal lautet: keine Zensur ausüben. Das Journal dient der Selbstreflexion. Selbstreflexion kennt keine Verbote – außer einem: Man soll sich nichts vormachen. Deshalb sollte die Sprache verwendet werden, die dem momentanen Sprachniveau entspricht. Wer beim Schreiben fürs Studienjournal Gutachter oder Prüferinnen im Kopf hat und sich deshalb bemüht, »anspruchsvoll« zu schreiben, verleidet sich das Schreiben.

Die richtige Art, ein Studienjournal zu führen, gibt es nicht. Wichtig ist allerdings Kontinuität und die sorgfältige Dokumentation der Quellen, denen man Begriffe, Definitionen usw. entnommen hat.

Die Notizen sollte man mit einem Datum versehen und festhalten, auf welches Thema bzw. Problem sich die Notizen beziehen.

Das Studienjournal kann, je nach Vorliebe, ein Heft oder ein Ordner sein. Nützlich ist es, auf allen Seiten einen breiten Rand zu lassen für Ergänzungen und nachträgliche Verweise. Die Arbeit mit dem PC erleichtert Ergänzungen, Mehrfachzuordnungen, die Verschlagwortung und das Finden von Notizen. Wer sich für den PC entscheidet, sollte sich – vor allem während der Abschlussarbeit – zusätzlich ein Notizheft zulegen, um die Ideen notieren zu können, die fernab des Schreibtischs durch den Kopf gehen.

Ein Studienjournal zu führen kann – und sollte – Spaß machen. Dass ein solches Journal ein gewisses Maß an Disziplin erfordert, muss kein Widerspruch sein. Wenn man mit einem Studienjournal beginnt, ist das zunächst eine Investition in die Zukunft. Kann man dem Journal für die nächste Hausarbeit oder das übernächste Referat ein treffendes Zitat, eine prägnante Definition oder einen originellen Einstieg entnehmen, hat sich die Anfangsinvestition gelohnt. Das mag Ansporn sein, das Studienjournal zur Themen- und Materialfundgrube für die Abschlussarbeit zu machen. Und vielleicht wird noch mehr daraus:

> »Wahrscheinlich hat jeder gewissenhafte Wissenschaftler unter seinen Ordnern einen, der über die Jahre hin das Beste seiner Forschungsgedanken schluckt. Gewiß, er mag sie, mehr oder minder bewußt, für ein Buch bestimmen, das er eines Tages zu schreiben hofft, und doch sind seine Notizen in erster Linie Versuche, sich selbst über den Sinn und den Wert seiner Tätigkeit als Wissenschaftler Rechenschaft abzulegen, wohin immer diese Forschungsarbeit ihn auch führen mag. Aus einem solchen Ordner ist dieses Buch hervorgegangen.« (Devereux 1984, 13)

### Literatur

Interessante Überlegungen zum »Lerntagebuch« als Medium selbstbestimmten Lernens und der Lehre an Hochschulen sind bei Haug zu finden. Über das Tagebuch als Forschungsinstrument informieren Beiträge im *Handbuch Qualitative Forschungsmethoden.*

Frigga Haug: Lernverhältnisse. Selbstbewegungen und Selbstblockierungen. Hamburg: Argument-Verl. 2003

Barbara Friebertshäuser, Annedore Prengel (Hrsg.): Handbuch Qualitative Forschungsmethoden in der Erziehungswissenschaft. Weinheim und München: Juventa 1997

Zur Bedeutung von Selbstreflexion und zum Verhältnis von Erkenntnisobjekt und Erkenntnissubjekt (vgl. Seite 286) drei Hinweise auf wichtige und schwierige Texte, deren Lektüre Zeit und Energie erfordern:

Jürgen Habermas: Erkenntnis und Interesse. Frankfurt a. M.: Suhrkamp 1973

Wolfgang Fritz Haug: Philosophieren mit Brecht und Gramsci. Hamburg: Argument-Verl. 1996

Dorothy Smith: Der aktive Text. Eine Soziologie für Frauen. Hamburg: Argument-Verl. 1998

# Texte visualisieren

Neben dem → Exzerpieren ist das Übersetzen von Texten in ein »Bild« ein weiteres Verfahren, Texte intensiv und mit Gewinn zu bearbeiten. Das Visualisieren von Texten lenkt den Blick auf Beziehungen und Zusammenhänge. Auf drei Wegen lassen sich Texte visualisieren.

## 1. Mind Mapping

Mind Mapping, das Erstellen von Gedanken-Landkarten, ist eine für viele Zwecke nützlich Technik (siehe auch Seite 105). Wie kommt man zu einer Gedanken-Landkarte von einem Text? Man legt ein DIN-A4- oder A3-Blatt quer. In die Mitte schreibt man das Thema. Dem Thema werden die zentralen Text-Aussagen zugeordnet und an diese die Teilaspekte (Begründungen, Beispiele usw.) angefügt.

Bei dieser »Übersetzung« kommt es darauf an, mit wenigen Worten auszukommen, sich auf Schlüsselwörter zu konzentrieren. Die Verdichtung eines Textes auf wenige Wörter zwingt, die Aufmerksamkeit auf das Wesentliche zu richten. Die Verwendung von Pfeilen, Symbolen und Bildern hilft, Texte in den individuellen Zeichenvorrat zu übertragen. Beispiele sind die Abbildungen 4 (Seite 151) und 9 (Seite 162)

Mind Mapping ist vor allem für die Visualisierung diskursiver Texte geeignet. Die Technik hat vier Vorzüge:

1. Die Relevanz jeder Aussage bzw. Information wird deutlich. Zentrale Aspekte stehen in der Nähe des Zentrums, weniger wichtige am Rande.
2. Verknüpfungen und Zusammenhänge sind eindeutig erkennbar.
3. Neue Gesichtspunkte können ohne Mühe hinzugefügt werden.
4. Jedes Bild ist einmalig. Das erleichtert das Behalten.

## 2. Netzwerk-Technik

Für die Bearbeitung von Texten, in denen es in erster Linie um Informationen, um unstrittige Tatbestände geht, kann man mit der Netzwerk-Technik Beziehungen und Zusammenhänge herausarbeiten. Diese Technik beruht auf folgender Überlegung: Nicht-diskur-

sive Texte bestehen aus zwei Elementen: aus Sachverhalten und Relationen zwischen diesen Sachverhalten. Typische Relationen sind:

| | |
|---|---|
| 1. Ursache: | Die erhöhte Nachfrage nach Dienstleistungen führt zu Produktionssteigerungen. |
| 2. Folge: | Verkehrswachstum ist das Ergebnis von Zersiedelung. |
| 3. Eigenschaft: | Viele chemische Substanzen belasten die Natur dauerhaft, da sie nicht abgebaut werden können. |
| 4. Teil-Ganzes: | Freizeit ist ein Konsumfeld, das zu hohen Umweltbelastungen führt. |
| 5. Element/Typ von: (Gehört zur Klasse/Gattung) | Die Landwirtschaft gehört zu den Produktionssektoren mit hohem Wasserverbrauch. |

Diese Aufzählung ist nicht vollständig. In der Regel genügen jedoch diese fünf Relationen, um in Texten des genannten Typs Zusammenhänge zu visualisieren. Ein Beispiel: Die Visualisierung eines Textes über Faktoren der Umweltbelastung (s.a. das Beispiel auf der Seite 74).

Sind die Relationen so eindeutig wie in diesem Beispiel, genügen Pfeile zur Kennzeichnung. Sind Beziehungen komplexer, sollte man mit Buchstaben kenntlich machen, um welchen Relationstyp es sich handelt (zum Beispiel: »U« für *Ursache*, »F« für *Folge* und »E« für *Eigenschaft*). Nachts sind alle Katzen grau. Und alle Pfeile sehen gleich aus, wenn nicht deutlich gemacht wird, ob es sich um eine Teil-Ganzes-Relation, eine Ursache-Wirkungs- oder eine andere Beziehung handelt.

**3. Flussdiagramm**

Mit einem Flussdiagramm können Texte visualisiert werden, in denen es in erster Linie um Handlungsanweisungen oder Entscheidungsabläufe, um Versuchsanleitungen oder Fehlersuchprogramme usw. geht (vgl. das Beispiel auf Seite 277).

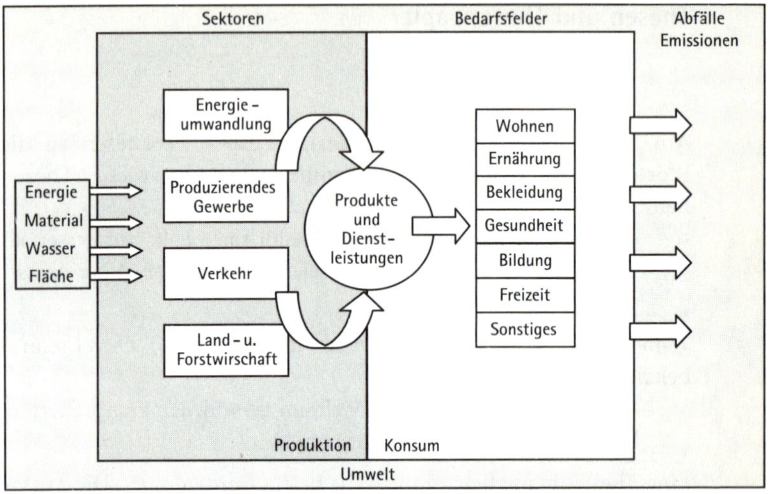


Abbildung 13: Visualisierter Text

## Literatur

Es gibt eine Flut von Literatur über Mind Mapping, in der ein nützlicher Gedanke auf vielen Seiten breit getreten wird. Zu empfehlen ist das Taschenbuch von Tony Buzan, dem »Vater« des Mind Mapping:

Tony Buzan: Kopftraining. Anleitung zum kreativen Denken. 2. Aufl. München: Goldmann 1984

## Thesen und Thesenpapier

Am 31. Oktober 1517 schlug Martin Luther 95 Thesen an die Pforte der Schlosskirche in Wittenberg. In einer dieser Thesen heißt es:

> »Wer den Armen gibt oder den Bedürftigen leiht, tut besser, als wenn er Ablass kauft. Gesegnet sei, wer der Frechheit der Ablassprediger Einhalt tut.«

1845 schrieb Karl Marx seine *Thesen über Feuerbach*. Die elfte und bekannteste lautet:

> »Die Philosophen haben die Welt nur verschieden interpretiert; es kommt aber darauf an, sie zu verändern.«

Eine These ist eine Behauptung, die belegt werden muss. Die Aussagen »Ein Euro hat hundert Cent« oder »Im Winter ist es länger dunkel als im Sommer« sind keine Thesen. Sie geben Tatsachen wieder, die nicht bewiesen werden müssen.

Eine These ist eine Behauptung, die widerlegt werden kann. Die Sätze »Gott ist gütig« und »Das Leben ist voller Rätsel« können nicht widerlegt werden. Ich kann *glauben*, dass Gott gütig und das Leben rätselhaft ist. Thesen sind jedoch weder Glaubenssätze noch Allgemeinplätze.

*Thesenpapiere* dienen als Diskussionsgrundlage. Sie

- können ein Referat bzw. einen Vortrag ergänzen oder ersetzen,
- sind eine nützliche Vorlage für mündliche Prüfungen,
- können die eigene Meinung oder die anderer Autoren bzw. Autorinnen wiedergeben.

Damit Thesen zur Diskussion anregen, sollten sie kurz und prägnant sein. Die wichtigsten Argumente und Ergebnisse einer Arbeit müssen zu pointierten Behauptungen verdichtet bzw. zugespitzt werden. Erscheinen Thesen allen plausibel, kommt keine Diskussion zustande. Sind Thesen so überzogen, dass kein rationaler Kern erkennbar ist, werden sie als absurd bewertet und nicht diskutiert.

Ein Thesenpapier zum Referat bzw. Vortrag sollte vor dem Referat bzw. Vortrag verteilt werden. Die Reihenfolge der Thesen muss mit dem Aufbau des Referats korrespondieren, damit die Zuhörenden

dem Referat problemlos folgen können und nicht der Eindruck entsteht, im Thesenpapier stünde etwas anderes als im Referat zu hören ist.

Dient ein Thesenpapier als Gesprächsgrundlage für eine Prüfung, sollten die Thesen durch Literatur belegt werden. Für ein Seminar ist das nicht zwingend notwendig.

Ein Thesenpapier kann unterschiedlich aufgebaut werden. In einfach strukturierten Thesenpapieren folgt These auf These: These 1 – These 2 – These 3 usw. Ein Beispiel:

1. Die aktuelle Lage der Umwelt in Deutschland bietet keine Anhaltspunkte, in der Umweltpolitik zurückhaltender vorzugehen.
2. International besteht zur Zurückhaltung in der Umweltpolitik noch weniger Anlass.

Anspruchsvoller sind folgende »Baupläne«:

### These – Begründung

Jeder These folgt eine kurze Begründung oder ein knapper Kommentar: These 1, Begründung (Kommentar) – These 2, Begründung (Kommentar) usw. Ein Beispiel:

1. Die aktuelle Lage der Umwelt in Deutschland bietet keine Anhaltspunkte, in der Umweltpolitik zurückhaltender vorzugehen.

   Zwar gibt es Erfolge bei der Reinhaltung der Luft, der Klärung von Abwässern, bei der Abfallentsorgung und erste Schritte zum Umstieg auf erneuerbare Energien. Aber die meisten Umweltprobleme sind noch ungelöst: Beim Pro-Kopf-Ausstoß klimaverändernder Spurengase liegt Deutschland in Europa weit vorn. Die Flächenversiegelung schreitet voran: täglich werden über hundert Hektar Land betoniert. Die biologische Vielfalt geht zurück. Die Belastung der Gewässer und Böden hält an.
2. International besteht zur Zurückhaltung in der Umweltpolitik noch weniger Anlass.

   Ob Klimawandel, Artenschwund, Waldvernichtung, Überfischung der Ozeane – der Trend weist in Richtung Desaster.

Begründungen sind, wie aus dem Beispiel deutlich wird, noch keine erschöpfenden Beweise, sondern Hinweise, welche Überlegungen der These zugrunde liegen.

### These – Schlussfolgerung

Jeder These wird zudem noch eine Schlussfolgerung angefügt:

These 1, Begründung (Kommentar), Schlussfolgerung – These 2, Begründung (Kommentar), Schlussfolgerung usw. Ein Beispiel für eine Schlussfolgerung:

> Deutschland braucht nicht weniger ökologische Politik, sondern mehr – und bessere.

### These – Antithese

These 1, Antithese – These 2, Antithese usw. Ein Beispiel für eine Antithese:

> Angesichts des globalen Wettbewerbs muss sich der Umweltschutz dem Primat der Kostenbegrenzung beugen.

### These – Antithese – Synthese

These 1, Antithese, Synthese – These 2, Antithese, Synthese usw. Ein Beispiel für eine Synthese:

> Am Umweltschutz darf nicht gespart werden. Die umweltschädlichen Subventionen in den Bereichen Energie, Verkehr, Industrie und Landwirtschaft müssen drastisch reduziert werden. Subventionskürzungen in diesen Feldern wären sowohl ökologisch als auch finanzpolitisch sinnvoll.

Diese Baupläne können auch kombiniert werden: These 1, Begründung; Antithese, Begründung; Synthese, Begründung – These 2, Begründung; Antithese, Begründung; Synthese, Begründung usw.
Ein Beispiel:

1. Globalisierung und deutsche Umweltpolitik
   - Die aktuelle Lage der Umwelt in Deutschland bietet keine Anhaltspunkte, in der Umweltpolitik zurückhaltender vorzugehen.

     Zwar gibt es Erfolge bei der Reinhaltung der Luft, der Klärung von Abwässern, bei der Abfallentsorgung und erste Schritte zum Umstieg auf erneuerbare Energien. Aber die meisten Umweltprobleme sind noch ungelöst: Beim Pro-Kopf-Ausstoß klimaverändernder Spurengase liegt Deutschland in Europa weit vorn. Die Flächenversiegelung schreitet voran: Täglich werden über hundert Hektar Land betoniert.

Die biologische Vielfalt geht zurück. Die Belastung der Gewässer und Böden hält an.

- Angesichts des globalen Wettbewerbs muss sich der Umweltschutz dem Primat der Kostenbegrenzung beugen.
  (Begründung)
- Am Umweltschutz darf nicht gespart werden. Die umweltschädlichen Subventionen in den Bereichen Energie, Verkehr, Industrie und Landwirtschaft müssen drastisch reduziert werden. Subventionskürzungen in diesen Feldern wären sowohl ökologisch als auch finanzpolitisch sinnvoll.
  (Begründung)

2. *Globalisierung und internationale Umweltpolitik*
   International besteht zur Zurückhaltung in der Umweltpolitik noch weniger Anlass.
   Ob Klimawandel, Artenschwund, Waldvernichtung, Überfischung der Ozeane …

Welcher Aufbau am zweckmäßigsten ist, hängt vom Thema ab. Für jede Variante gilt:

- Thesen sollten in einer logischen Folge entwickelt werden, so dass ein innerer Zusammenhang erkennbar wird.
- Eine These sollte sich auf einen überschaubaren Themen- bzw. Problemaspekt beziehen.

# Verzeichnisse

Die Seiten, die nach dem → Inhaltsverzeichnis folgen, sind die Orte für vier Verzeichnisse: das → Abkürzungsverzeichnis, das Symbol-, Abbildungs- und Tabellenverzeichnis. Diese Verzeichnisse kommen nicht – wie in manchen Büchern zu finden – in den → Anhang (oder – wie in diesem Buch – vor das Register).

*Formeln und Symbole* sind eine Variante der → Abkürzungen. Formeln und Symbole, die in einer Arbeit häufiger vorkommen, führt man in einem Symbolverzeichnis auf – zum Beispiel so:

| | |
|---|---|
| A | Konzentrationsfläche einer Lorenzkurve |
| F (x) | Verteilungsfunktion |
| G | Gini-Koeffizient |
| $\mu_2$ | 2. Moment einer Verteilungsfunktion F |
| … | … |

Allgemein bekannte Symbole wie das Summenzeichen $\sum$ gehören nicht ins Symbolverzeichnis.

Im *Abbildungsverzeichnis* werden Grafiken, Diagramme und Bilder aufgeführt, im *Tabellenverzeichnis* Tabellen. Ein Muster für ein Abbildungsverzeichnis ist das Verzeichnis auf der Seite 312. Da dieses Buch nur vier Tabellen enthält, habe ich auf ein Tabellenverzeichnis verzichtet.

Alle Verzeichnisse paginiert man wie das Inhaltsverzeichnis entweder mit arabischen oder mit römischen Ziffern. Es ist ratsam, den Konventionen oder Regeln des jeweiligen Fachbereichs bzw. Prüfers zu folgen.

## Literatur

Über die Darstellung von Zahlen und Maßeinheiten, Formeln und Symbolen sowie Gleichungen informiert Walter Krämer: Wie schreibe ich eine Seminar- oder Examensarbeit? Frankfurt a. M., New York: Campus 1999, S. 165–176

# Visualisieren

Wer prominent ist, kann bei einem Vortrag mit großem Interesse des Publikums rechnen. Wer über Wege zum Reichtum, zur ewigen Gesundheit oder ein anderes Thema spricht, das (fast) alle interessiert, kann auf aufmerksame Zuhörerinnen und Zuhörer setzen. Der Student, der ohne Vorschusslorbeeren referiert, und die Juniorprofessorin, die einen Vortrag über ein weniger aufmerksamkeitsstarkes Thema hält, sollten strukturiert, verständlich und anschaulich sprechen – und → Medien einsetzen, um Zusammenhänge, wichtige Daten und Fakten zu visualisieren. Warum und was sollte man visualisieren?

## Warum visualisieren?

Ein Bild sagt nicht immer mehr als tausend Worte. Aber es kann manchmal bessere Dienste leisten als viele Worte. Bilder können die *Aufmerksamkeit* des Publikums wecken und aufrechterhalten; sie können das *Verstehen* unterstützen und damit das Behalten erleichtern.

*1. Aufmerksamkeit wecken*

Wenn wir eine Zeitschrift aufschlagen, eine Web-Page oder eine Folie anschauen, geht unser Blick zuerst zum Bild. Bilder machen neugierig. Sie lenken die Aufmerksamkeit und können emotionale Reaktionen auslösen. Deshalb eignen sie sich als Aufmerksamkeitswecker. Drei Beispiele:

1. Ein Referat über die Inszenierung von Politik wird mit einigen Bildern inszenierter Politik veranschaulicht (Abbildung 14).
2. Ein Vortrag über Wahrnehmungsmuster wird mit einem Bild eröffnet, das zeigt, wie unterschiedlich ein Objekt wahrgenommen werden kann (Abbildung 15).
3. Es befriedigt die Neugier der Zuhörerinnen und Zuhörer, wenn sie die Personen sehen, über die gesprochen wird. Deshalb bietet es sich zum Beispiel an, ein Referat über Atompolitik mit einem Bild zu beginnen, das die Akteure zeigt, die den Vertrag über den Ausstieg aus der Atomenergie ausgehandelt haben (Abbildung 16, S. 263).

Abbildung 14: »Kochen mit Bioland«, Landwirtschaftsministerin Künast und Umweltminister Trittin auf der Grünen Woche 2002
Quelle: Bundesbildstelle

**Halb voll? Halb leer?**

Abbildung 15:
Bild für einen Vortragseinstieg

Diese Empfehlung muss präzisiert werden: Auf einem Kongress der *Deutschen Gesellschaft für Erziehungswissenschaft* würde man sich blamieren, wenn man einen Vortrag über die geisteswissenschaftliche Pädagogik mit Bildern von Schleiermacher, Dilthey, Nohl oder anderen prominenten Vertretern dieser erziehungswissenschaftlichen Richtung begleiten würde. In einem Einführungsseminar über die verschiedenen Strömungen der Erziehungswissenschaft fänden alle Studierende solche Bilder gut. Allgemeiner: Bilder müssen situationsangemessen eingesetzt werden.

*2. Das Verstehen unterstützen*

*Die Orientierung erleichtern:* Die Abbildungen auf den Seiten 74 und 255 vermitteln auf *einen Blick* eine Vorstellung vom Ganzen. Solche Orientierungen erleichtern das Verständnis von Zusammenhängen, die in einem Vortrag nur nach und nach entwickelt werden können.

*Den Durchblick erleichtern:* Visualisierungen sind dann besonders hilfreich, wenn es um die Erläuterung von Sachverhalten geht, die sich über die sinnliche Wahrnehmung nicht erschließen (Abbildung 17).

*Das Behalten erleichtern:* Die Verknüpfung von Wort und Bild

Abbildung 16: Kanzler Schröder, die Minister Müller und Trittin sowie die Chefs der Energiekonzerne HEW, EnBW, E.ON und RWE nach der Unterzeichnung der Vereinbarung über den Ausstieg aus der Kernenergie am 11. Juni 2002
Quelle: Bundesbildstelle

erleichtert das Behalten, weil zwei Lern-»Kanäle« angesprochen werden: das Ohr und das Auge. Der Behaltenseffekt wird noch verstärkt, wenn ein Bild eine emotionale Reaktion auslöst. Das sind die Grün-

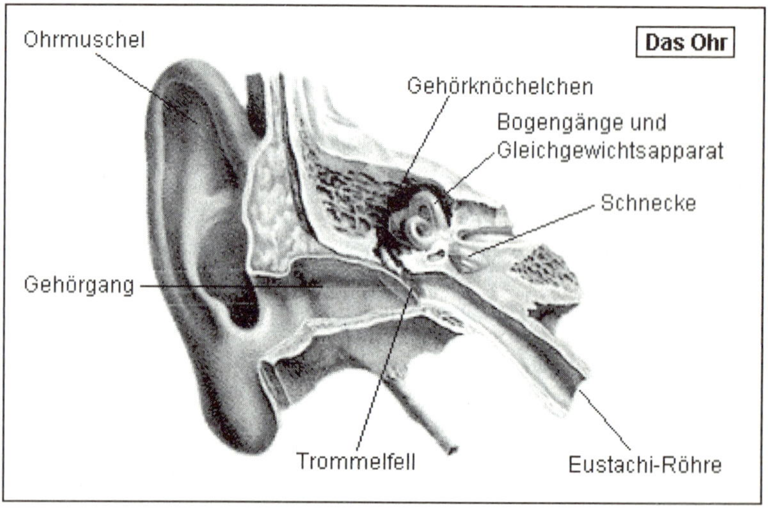


Abbildung 17: Durch Visualisieren den Durchblick erleichtern
Quelle: http://www.educat.hu-berlin.de/kurse/multimedia/images/ohr.gif (29. 1. 2004)

de für die Empfehlung, Bilder statt Zahlen oder Diagramme einzusetzen, wenn dies sinnvoll möglich ist (vgl. Seite 269).

Von den Voraussetzungen der Zuhörenden hängt es ab, ob Visualisierungen primär der Motivierung dienen oder in erster Linie zur Erklärung von Sachverhalten und Vorgängen. Als Faustregel formuliert: Je mehr die Zuhörerinnen und Zuhörer mit einem Thema vertraut sind, um so mehr verliert das Erklären und gewinnt das Motivieren durch Visualisieren an Bedeutung.[1]

## Was visualisieren?

Wer schon einmal mit einem Dia-Abend gequält wurde, bei dem ein (belangloses) Bild auf das andere (langweilige) Bild folgte, weiß: Klasse geht vor Masse. Das gilt auch für das Visualisieren von Referaten und Vorträgen. Nicht alles kann und sollte in Bilder übersetzt werden. Was lässt sich sinnvoll visualisieren?

*1. Zahlen*

Zahlen können in Tabellen überschaubar gemacht und durch Diagramme oder Bilder veranschaulicht werden.

*Tabelle*
Tabellen sind ein zweckdienliches Mittel zur kompakten Präsentation von Ergebnissen – wenn sie maßvoll eingesetzt werden und folgende Voraussetzungen erfüllen:
1. Sinnvolle Anordnung
2. Klarheit
3. Konzentration

---

1 Visualisieren dient noch weiteren Zecken: der Handlungsanleitung, der Strukturierung von Diskussionen und dem Verstehen von Texten.

*Handlungsanleitung:* Wollte man ein Regal aus dem Möbelhaus mit dem Elch nach einer Bedienungsanleitung ohne Zeichnung aufbauen, sollte man nur mit Worten erklären, wie eine Krawatte gebunden wird – man käme in große Schwierigkeiten: Visualisierungen sind nützlich um zu zeigen, wie man eine Handlung ausführt.

*Strukturierung von Diskussionen:* Mit Visualisierungen können Diskussionen dadurch besser strukturiert werden, dass die Ergebnisse für alle sichtbar dargestellt werden.

Zudem ist das Visualisieren eine Hilfe zum *Verstehen* von Texten → Texte visualisieren.

Tabelle 1 ist ein Beispiel für eine missglückte Anordnung von Zahlen. Zum einen sind Spalten und Zeilen falsch gewählt: Das Vergleichen von Zahlen wird erschwert, wenn sie nebeneinander statt untereinander stehen. Zum anderen macht die alphabetische Anordnung der Länder die Tabelle zu einem Zahlenfriedhof. Worum geht bei diesen Zahlen? Um einen Überblick, welche Staaten viele und welche wenige Frauen in das Europäische Parlament entsenden. Das wird mit einer sinnvollen Anordnung der Daten problemlos deutlich (Tabelle 2, Seite 266).

Zudem kann es nützlich sein hervorzuheben, in welchen Staaten der Frauenanteil an den Europaabgeordneten über bzw. unter dem Durchschnitt liegt (Tabelle 3, Seite 267).

Und es sollte stets geprüft werden, was ist die »Kernbotschaft«? Man kann – zum Beispiel – in einem Referat über die Umweltbewegung in Deutschland für alle Bundesländer die Zahl der Mitglieder des *Bund für Umwelt- und Naturschutz Deutschland* (BUND) aufführen. Diese Angaben sind ohne Bezugsgröße wenig aussagekräftig. Ergänzt man sie um die Information, wieviel Mitglieder der BUND pro 10 000 Einwohner hat, ist dies schon aufschlussreicher (Tabelle 4, seite 268).

Der nächste Schritt ist die Herausarbeitung einer Kernaussage, die dieser Tabelle zu entnehmen ist: In Ostdeutschland sind deutlich weniger Menschen in Umweltschutzverbänden organisiert als in den alten Bundesländern (Voraussetzung für diese Aussage ist die Überprüfung, ob in den anderen großen Umweltverbänden die

| | Belgien | Dänemark | Deutschland | Finnland | Frankreich | Griechenland | Großbritannien | Irland |
|---|---|---|---|---|---|---|---|---|
| Frauen | 8 | 7 | 35 | 10 | 26 | 4 | 16 | 4 |
| Prozent | 32,0 | 43,8 | 35,3 | 62,5 | 29,9 | 16,0 | 18,3 | 26,7 |
| | Italien | Luxemburg | Niederlande | Österreich | Portugal | Schweden | Spanien | Gesamt |
| Frauen | 11 | 2 | 19 | 7 | 2 | 10 | 21 | 173 |
| Prozent | 12,6 | 33,3 | 32,2 | 33,3 | 8,0 | 45,4 | 32,9 | 27,6 |

Tabelle 1: Weibliche Europaabgeordnete 1994/95 – misslungene Übersicht
(Quelle: Hoecker 1998, 300)

**Schlusslicht Portugal:**
**Weibliche Europaabgeordnete 1994/95**

| Land | Frauen | Prozent |
|---|---|---|
| Finnland | 10 | 62,5 |
| Schweden | 10 | 45,4 |
| Dänemark | 7 | 43,8 |
| Deutschland | 35 | 35,3 |
| Luxemburg | 2 | 33,3 |
| Österreich | 7 | 33,3 |
| Spanien | 21 | 32,9 |
| Niederlande | 19 | 32,2 |
| Belgien | 8 | 32,0 |
| Frankreich | 26 | 29,9 |
| Irland | 4 | 26,7 |
| Großbritannien | 16 | 18,3 |
| Griechenland | 4 | 16,0 |
| Italien | 11 | 12,6 |
| Portugal | 2 | 8,0 |
| Insgesamt | 173 | 27,6 |

Tabelle 2: Übersichtliche Darstellung

Situation ähnlich ist). Abbildung 18 (Seite 269) macht diese Aussage plastisch und leitet zum Diagramm über. Zur Tabelle zwei abschließende Hinweise:

- keine Tabelle ohne Überschrift. In der Überschrift kann die Kernaussage hervorgehoben werden (vgl. Tabelle 2 und 3).
- Es muss nicht immer die Tabelle sein. Die Angaben über die Zahl der Mitglieder des BUND pro 10 000 Einwohner können zum Beispiel auch in eine Karte übertragen werden (Abbildung 19, Seite 270).

*Diagramm*

Beim Übersetzen von Zahlen und Daten in Diagramme sind 3 Regeln zu beachten:

1. Diagramme müssen so beschaffen sein, dass die Betrachter über die *Informationen* nachdenken und nicht über die Diagramm-*Gestaltung*.

**Spitzenreiter Finnland:**
**Weibliche Europaabgeordnete 1994/95**

| Land | Frauen | Prozent |
|---|---|---|
| Finnland | 10 | 62,5 |
| Schweden | 10 | 45,4 |
| Dänemark | 7 | 43,8 |
| Deutschland | 35 | 35,3 |
| Luxemburg | 2 | 33,3 |
| Österreich | 7 | 33,3 |
| Spanien | 21 | 32,9 |
| Niederlande | 19 | 32,2 |
| Belgien | 8 | 32,0 |
| Frankreich | 26 | 29,9 |
| **Durchschnitt** | | **27,6** |
| Irland | 4 | 26,7 |
| Großbritannien | 16 | 18,3 |
| Griechenland | 4 | 16,0 |
| Italien | 11 | 12,6 |
| Portugal | 2 | 8,0 |

Tabelle 3: Deutliche Hervorhebung des Durchschnitts zur leichteren Orientierung

2. Es wird *nur das gezeigt, was die Daten aussagen.*
3. *Zusammenhänge* sind wichtiger als Einzelheiten.

Wann ist ein Säulen- oder Balkendiagramm die richtige Wahl und wann ein Kreis- oder Kurvendiagramm? Das hängt davon ab, was man zeigen will.

Für die Darstellung von *Häufigkeitsverteilungen* ist das Säulendiagramm geeignet (Abbildung 20, Seite 271). Sind solche Verteilungen *Rangfolgen* (größer/kleiner, mehr/weniger), wird häufig ein Balkendiagramm gewählt (Abbildung 21, Seite 271). Ein Vergleich der Abbildungen 21 und 22 zeigt, dass sich nicht eindeutig bestimmen lässt, welcher Diagramm-Typ die bessere Wahl ist, um Rangfolgen abzubilden.

*Veränderung im Laufe der Zeit, Schwankungen, Ab- und Zunahmen* in einem bestimmten Zeitraum können mit einem Säulen- oder Kurvendiagramm visualisiert werden (Abbildung 23, Seite 272).

**Mitglieder und Förderer des BUND 2002**

| Bundesland | Mitglieder und Förderer | Mitglieder pro 10 000 Einwohner |
|---|---|---|
| Bayern | 166 064 | 134,0 |
| Baden-Württemberg | 71 973 | 67,5 |
| Nordrhein-Westfalen | 21 848 | 12,1 |
| Niedersachsen | 21 772 | 27,3 |
| Hessen | 21 006 | 34,5 |
| Rheinland-Pfalz | 15 906 | 39,2 |
| Berlin | 14 551 | 42,9 |
| Schleswig-Holstein | 9064 | 32,2 |
| Bremen | 6720 | 101,5 |
| Hamburg | 6293 | 36,4 |
| Saarland | 4923 | 46,2 |
| Thüringen | 2986 | 12,9 |
| Sachsen | 2719 | 6,3 |
| Sachsen-Anhalt | 1561 | 6,1 |
| Mecklenburg-Vorpommern | 1525 | 9,0 |
| Brandenburg | 854 | 3,3 |
| Bundesverband/Ausland | 23 252 | – |
| Gesamt | 393 017 | 47,6 |

Tabelle 4: Die Bezugsgröße Mitglieder pro 10 000 Einwohner macht die absoluten Zahlen aussagekräftig (Quelle: BUND 2003, 24)

Zur Darstellung von (Prozent-)*Anteilen* an einer Grundgesamtheit (100%) eignet sich vor allem das Kreisdiagramm. Mehr als sechs Werte sollte ein Kreisdiagramm nicht enthalten, da sonst eine problemlose Orientierung nicht möglich ist (Abbildung 24, Seite 273).

Eindimensionale Balken, Säulen bzw. Kurven sind schneller und leichter zu erfassen als zwei- oder dreidimensionale Darstellungen. Deshalb sind sie angemessen. Mehrdimensionale Darstellungen, die Programme wie *Excel* oder *Harvard Graphics* nahe legen, sind unnütze Spielereien – »Chartjunk« (Edward Tuft).

Diagramme brauchen einen Titel, der knapp und treffend informiert, worum es geht. Zu prüfen ist stets, ob eine Legende und Quel-

lenangaben notwendig und die Farben bzw. Schraffuren deutlich erkennbar und voneinander zu unterscheiden sind.

*Zahlenbilder*
Mit Bildern und Piktogrammen können Vorgänge bzw. Sachverhalte eindringlicher dargestellt werden als mit »nackten« Zahlen bzw. Balken, Säulen oder Kurven. Zweierlei ist bei Zahlenbildern zu beachten: Auch hier gilt: Klasse vor Masse. Zudem müssen Piktogramme eindeutig sein. Wenn eine Entwicklung sehr drastisch ins Bild gerückt werden soll, können Veränderungen wie in der Abbildung 27 (Seite 276) visualisiert werden – unter einer Voraussetzung: Es muss sachlich gerechtfertigt sein, dass die Größenrelation nicht hundert Prozent exakt ist.

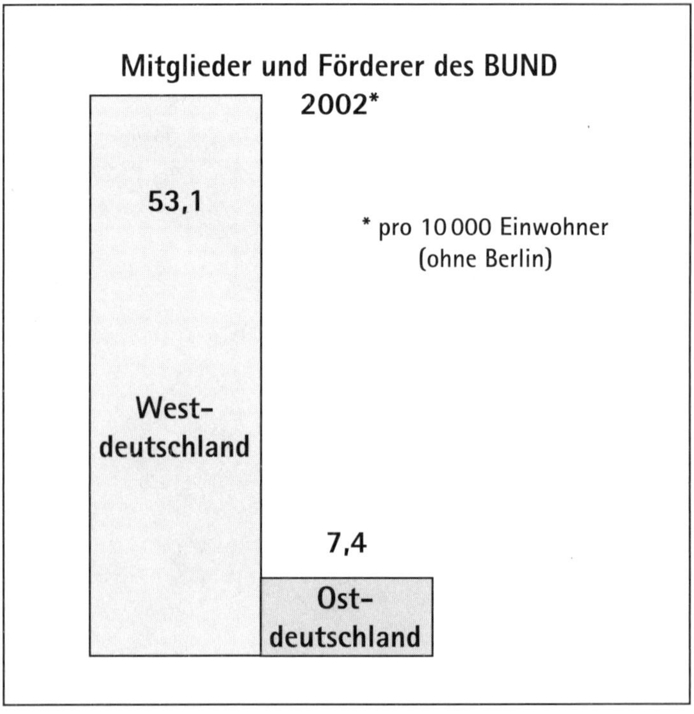


Abbildung 18: Säulendiagramm

**Im Süden stark. Im Osten schwach:**
**Mitglieder und Förderer des BUND pro 10.000 Einwohner 2002**

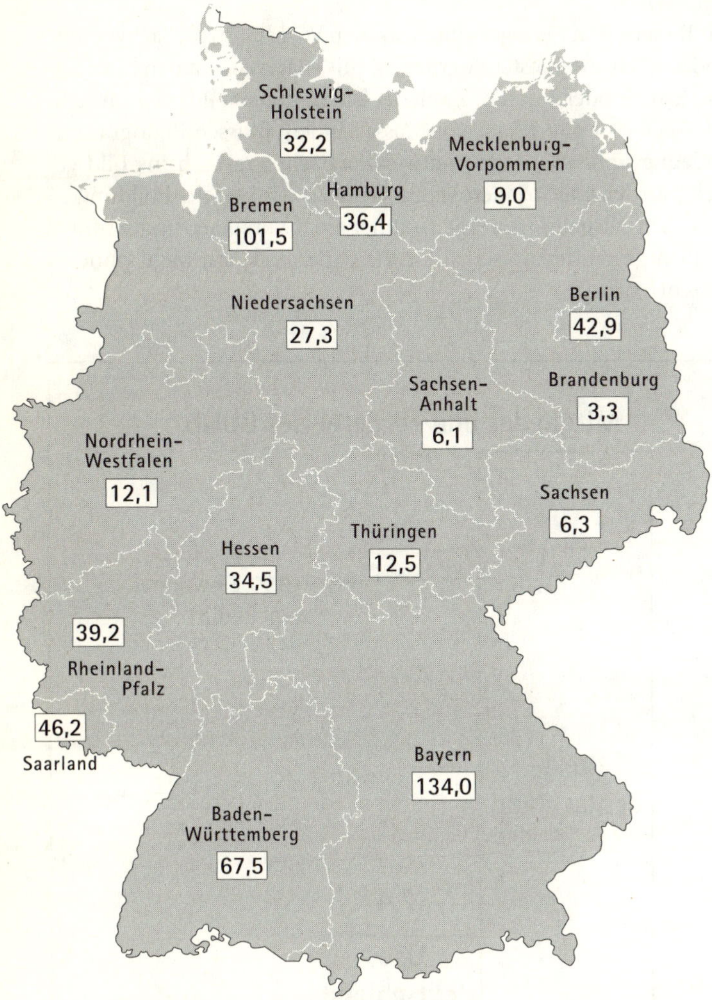


Bundesdurchschnitt: 47,6 Mitglieder und Förderer pro 10.000 Einwohner

Abbildung 19: Karte statt Tabelle

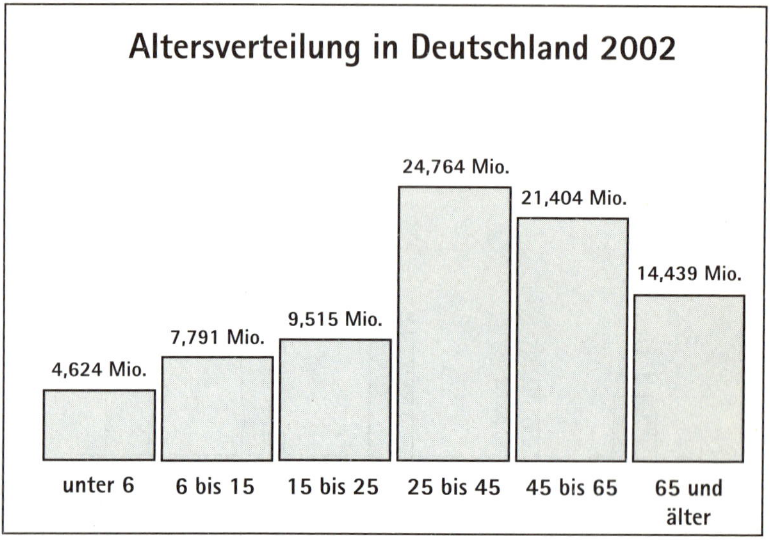


Abbildung 20: Säulendiagramm (Quelle: Statistisches Bundesamt)

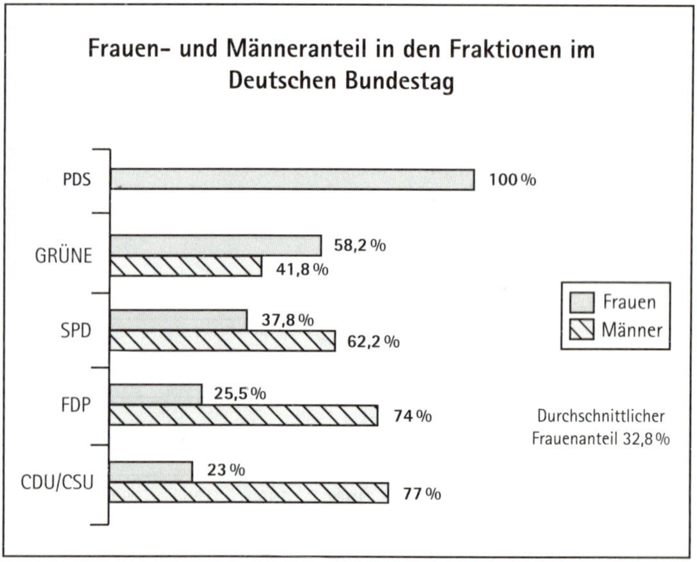


Abbildung 21: Balkendiagramm

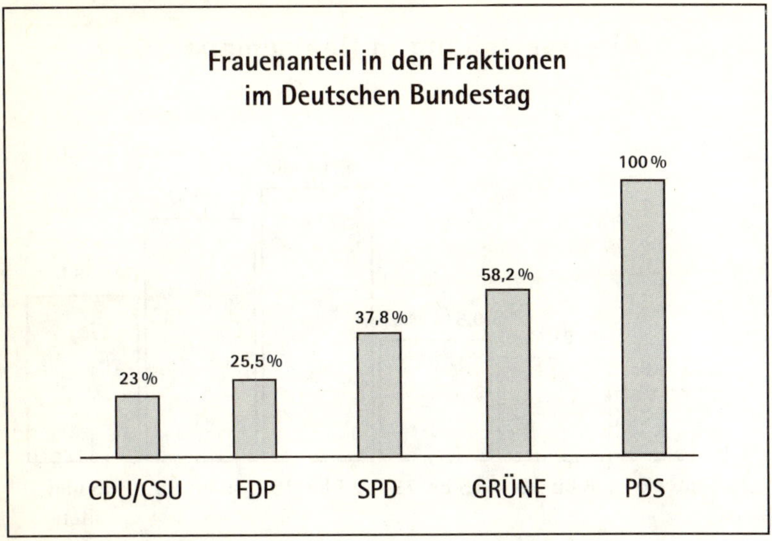


Abbildung 22: Säulendiagramm

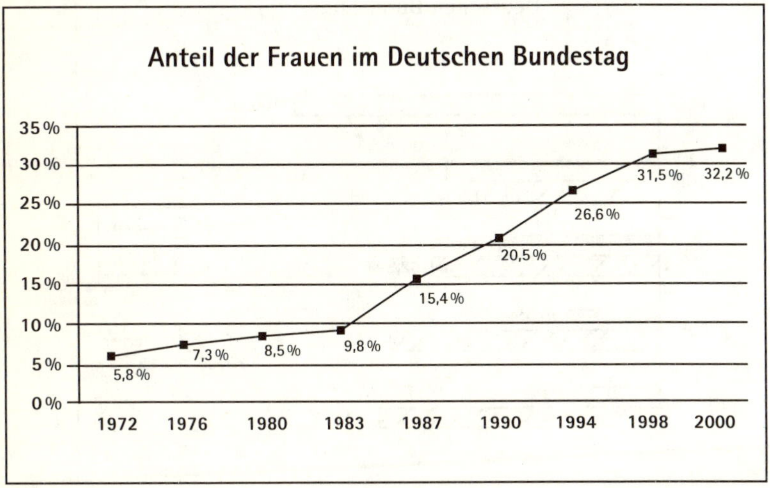


Abbildung 23: Kurvendiagramm

*2. Strukturen und Zusammenhänge*

Die Abbildungen auf den Seiten 74 und 255 sind Beispiele für das Visualisieren von Strukturen und Zusammenhängen.

*3. Abläufe*

Handlungs- und Entscheidungsabläufe, (Versuchs-)Anleitungen, Fehlersuchprogramme, usw. können mit einem Flussdiagramm visualisiert werden. Fünf Formen werden für ein Flow-Chart verwandt (vgl. Abbildung 28, Seite 277):

1. Anfang und Ende eines Flussdiagramms.
2. Mit Rechtecken werden Tätigkeiten gekennzeichnet.
3. Eine Raute steht für Entscheidungen.
4. Pfeile zeigen die Richtung des Handlungsablaufs.
5. Mit einem Kreis wird ein Anschlusspunkt markiert. Er wird benötigt, wenn ein Handlungsverlauf aus Platzgründen nicht mehr oder nicht mehr übersichtlich dargestellt werden kann. In den Kreis wird ein Buchstabe oder eine Ziffer gesetzt, der/die bei der Fortsetzung an anderer Stelle wieder aufgenommen wird.

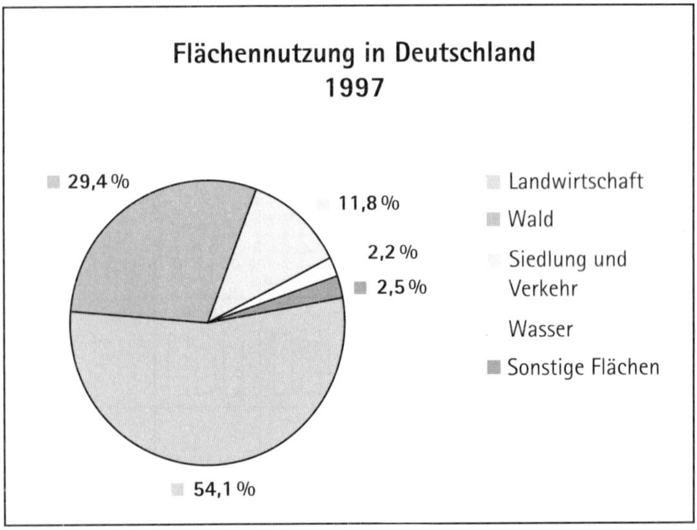


Abbildung 24: Kreisdiagramm
Quelle: Bundesministerium für Umweltschutz, Naturschutz und Reaktorsicherheit (2002, 106)

## Bildquellen

Mit *Microsoft Excel* gelingen brauchbare Diagramme. Für Bilder ist ein Scanner sehr nützlich. Im Internet findet man brauchbare Bilder mit Hilfe der bekannten Suchmaschinen *google*, *yahoo*, *lycos* usw. und spezieller Bilder-Suchmaschinen:

- *AllTheWeb* (http://www.alltheweb.com) und
- *Picsearch* (http://www.picsearch.com)

Zur Erleichterung der Bildersuche im World-Wide-Web gibt es spezielle Software – zum Beispiel *Mister PiX* (http://www.mister-pix.com/de/home.htm).

## Literatur

Die Anleitung von Stary ist erste Wahl für alle, die sich ausführlicher informieren wollen. Zu empfehlen sind zudem die Veröffentlichungen von

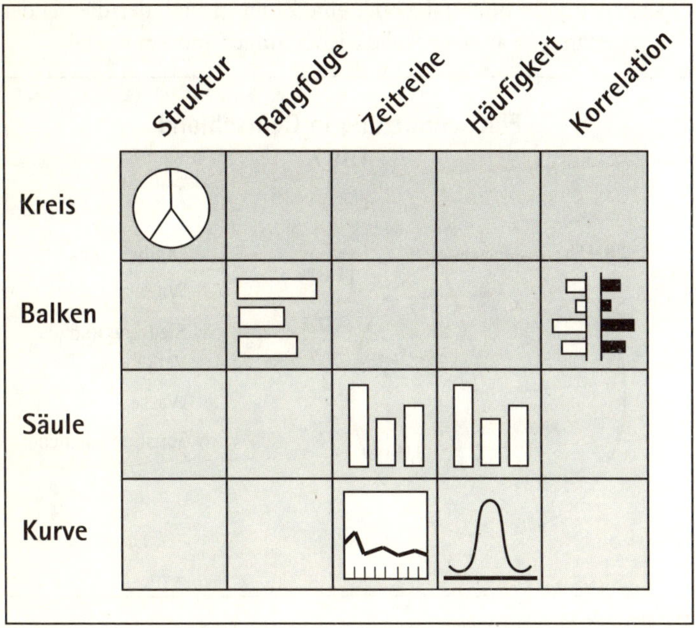


Abbildung 25: Was mit welchem Diagramm-Typ veranschaulicht wird (Stary 2003, 260)

Tuft und Zelazny. Hartmann und Bauer informieren über Piktogramme als Mittel der Visualisierung und den Erfinder der Bildersprache Otto Neurath. Den Missbrauch von Datengrafiken beleuchtet Krämer.

Joachim Stary: Visualisieren. Ein Studien- und Praxisbuch. Berlin: Cornelsen Scriptor 1997

Edward R. Tuft: The Visual Display of Quantitative Information. Cheshire: Graphic Press 1983

Gene Zelazny: Wie aus Zahlen Bilder werden. Wiesbaden: Gabler 1986

Frank Hartmann, Erwin K. Bauer: Bildersprache. Otto Neurath. Visualisierungen. Wien: WUV Universitätsverlag 2002

Walter Krämer: So lügt man mit Statistik. München: Piper 2000

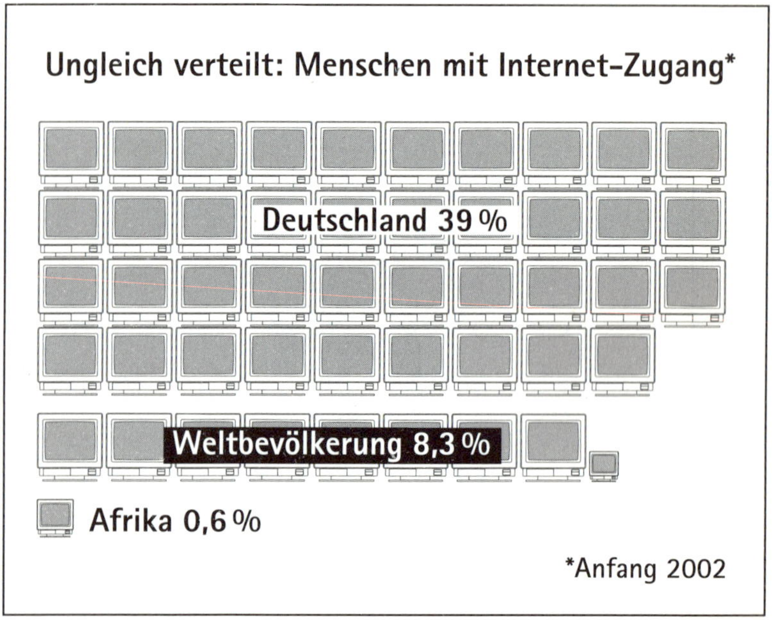


Abbildung 26: Zahlenbild (Quelle: Fischer Weltalmanach 2003. Frankfurt/Main 2002, Sp. 1252)

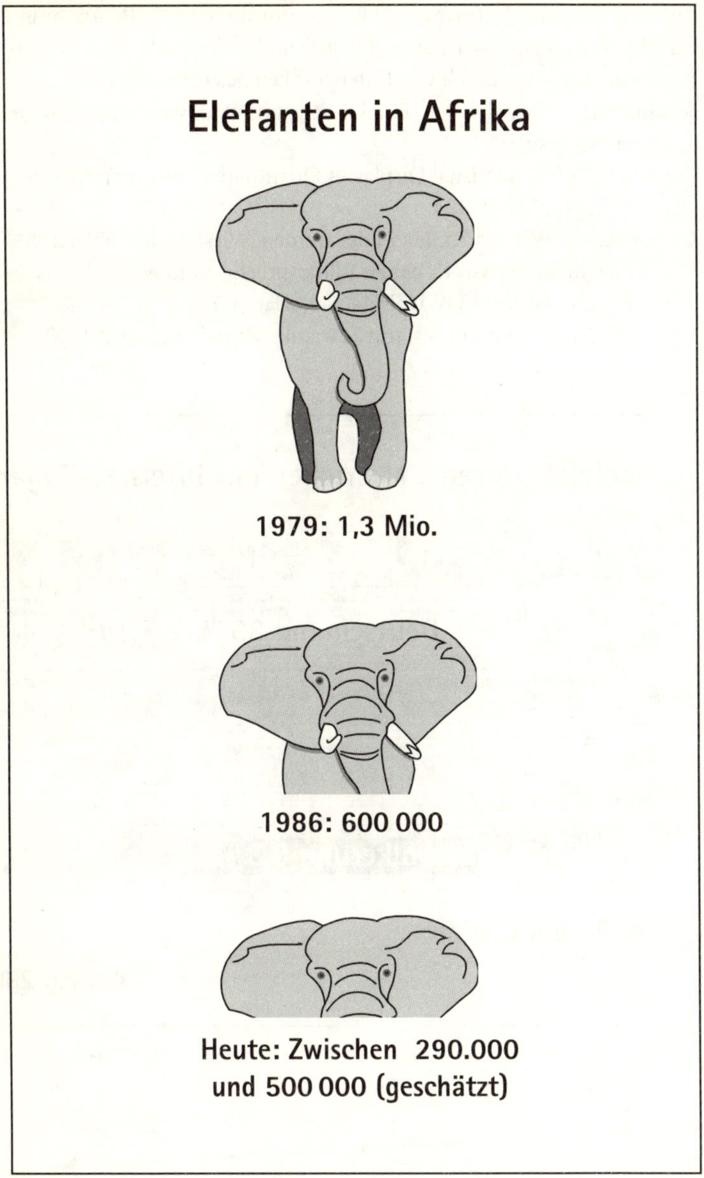


Abbildung 27: Daten als Zahlenbilder

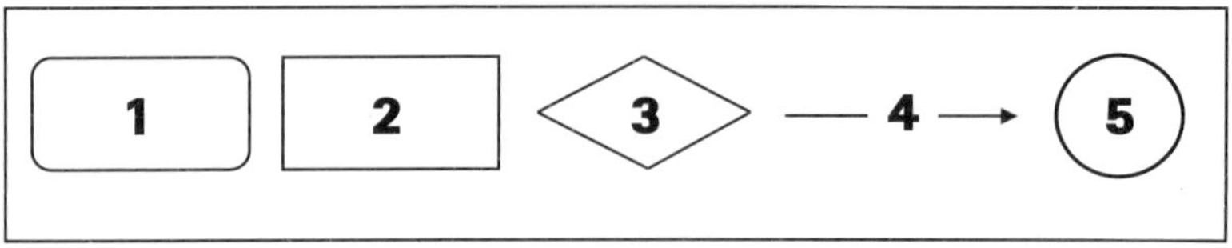


Abbildung 28: Elemente eines Flussdiagramms

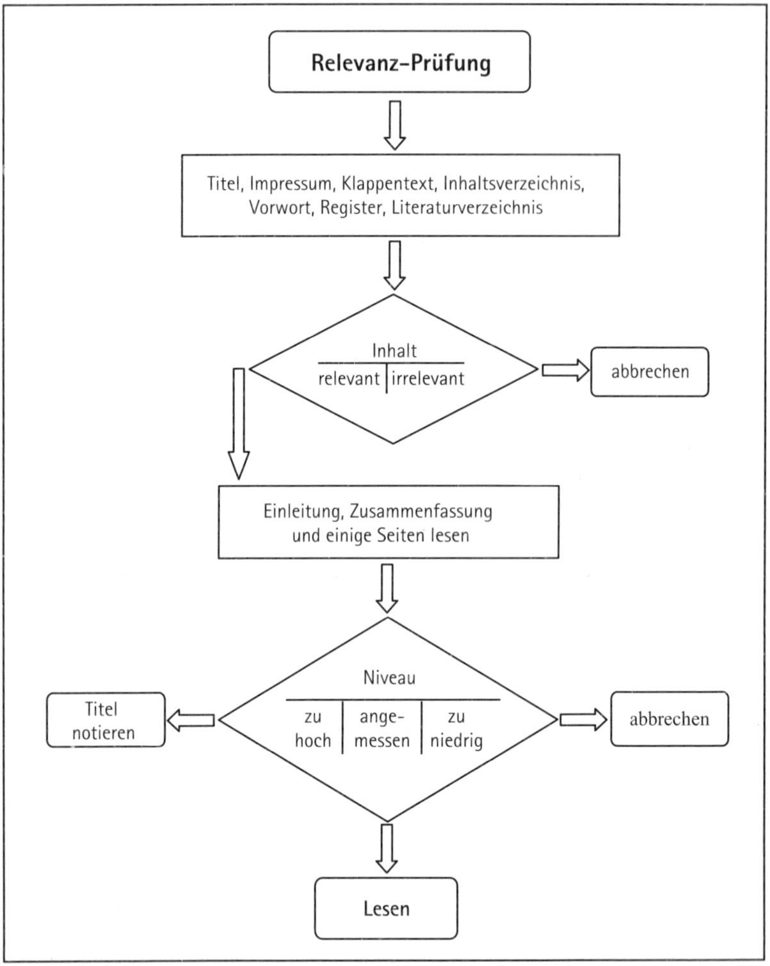


Abbildung 29: Flussdiagramm

## Vorwort

Vor dem → Inhaltsverzeichnis einer Arbeit stehen der Titel bzw. das Titelblatt. Vor dem Inhaltsverzeichnis *können* stehen: ein Motto, eine Widmung, ein Geleitwort und ein Vorwort.

Ein Vorwort ist keine Einleitung und heißt nicht *Vorbemerkung*. Im Vorwort werden Hinweise und Erläuterungen gegeben, die nicht unmittelbar zum eigentlichen Thema gehören – zum Beispiel: Aussagen über die Bedingungen, unter denen die Arbeit entstand, der Dank an Personen oder Institutionen, die die Arbeit unterstützt haben. Ein Vorwort wird nur umfangreichen Arbeiten vorangestellt. Eine Hausarbeit kommt in der Regel ohne Vorwort aus.

Mit einer *Widmung* sollte man bis zur ersten Buchveröffentlichung warten. Wer Lebensratgeber schreibt, kann dem Text ein *Motto* voranstellen. Gegen ein treffendes Zitat nach dem Titel ist nichts einzuwenden. Die Mühe, ein treffendes Zitat zu finden, sollte man sich frühestens bei der Dissertation machen.[1]

*Geleitwort* ist ein Terminus aus dem letzten Jahrtausend. Wird eine Dissertation veröffentlicht, kann ein *Vorwort* des Doktorvaters oder der Doktormutter sinnvoll sein.

Auch das Referat und der Vortrag sind *vorbemerkungsfrei*. Bünting u.a. meinen, bei einem Referat könne man in der Vorbemerkung »eine kurze Vorschau auf das geben, worüber man reden will, also was [sic] bei einem schriftlichen Text als *Inhaltsangabe* stehen würde« (1996, 129). Das ist Unsinn:

- Der Überblick über den Aufbau eines Referats oder Vortrags gehört ans Ende der → Einleitung.
- Eine *Inhaltsangabe* ist schlechter Ersatz für eine *Erläuterung* des Aufbaus einer Arbeit. Für eine Abschlussarbeit ist der Verzicht auf eine solche Erläuterung nicht akzeptabel, weil unter Niveau.

---

1 In der »Wegleitung für das Abfassen von Semester- und Diplomarbeiten« des Lehrstuhls Marketing der Universität Zürich heißt es: »Bitte keine Widmungen, Vorworte, Sprichworte oder ähnliches der eigentlichen Arbeit hinzufügen« (Universität Zürich 2003, S. 15).

# Wissenschaft: Wissenschaftliche Standards, wissenschaftliche Texte

Haus- und Abschlussarbeiten sind Leistungsnachweise. Die Bezeichnungen *Hausarbeit*, *Magisterarbeit* oder *Dissertation* geben keine Auskunft darüber, welche Textsorte gemeint ist. Eine Hausarbeit kann zum Beispiel ein *Referat* sein: Ein Text wird wiedergegeben (und interpretiert). Oder die (aktuelle) Literatur über Frauenforschung in der Erziehungswissenschaft wird referiert. Ein solcher Literaturbericht (»Sammelreferat«) ist häufig Teil einer Abschlussarbeit; in einer Dissertation ist der Literaturbericht in der Regel Pflicht: Man referiert den Stand der Forschung, um das eigene Vorhaben zu begründen bzw. in die wissenschaftliche Diskussion einzuordnen.

Ob die referierten Texte *(re)interpretiert, analysiert* oder *ausgelegt* werden sollen, hängt nicht von der Textgattung ab, sondern davon, was als angemessene wissenschaftliche Methode verstanden wird. Methodenfragen sind Streitfragen in der Wissenschaft. Es gibt keinen allgemein akzeptierten Konsens, welche Methoden wofür *angemessen* sind.

Deshalb erschöpfen sich Informationen über *die* Hausarbeit häufig in eher banalen Hinweisen: Die schriftliche Hausarbeit gehört »zu den etwas komplexeren Formen wissenschaftlichen Arbeitens« (Pyerin 2001, 101).

> Ihr »Umfang wird nach Seiten bemessen. Er wird im Grundstudium geringer sein als im Hauptstudium. Die Vorstellungen der einzelnen Lehrenden … sind recht unterschiedlich, sie liegen … zwischen 10 und 25 Seiten« (Pyerin 2001, 103).

Doch was heißt *wissenschaftlich* arbeiten? Was ist das *Wissenschaftliche* an einer Haus- oder Abschlussarbeit?

## Wissenschaft

Im *Forschungswörterbuch* von Krapp und anderen (1982), in dem »Grundbegriffe zur Lektüre wissenschaftlicher Texte« erläutert werden, kommt der Begriff »Wissenschaft« nicht vor. Der Grund: Die Autoren setzen Wissenschaft mit empirischer Forschung gleich. Sie

erläutern Kriterien empirischer Forschung und bringen unausgesprochen zum Ausdruck, dass die Kenntnis bzw. Berücksichtigung dieser Kriterien die Frage erübrige, was Wissenschaft sei.

Die Gleichsetzung von Wissenschaft und empirischer Forschung ist auch rund zwanzig Jahre später noch anzutreffen. Die Vorstellung von *einem* Modell wissenschaftlicher Forschung hält sich zwar noch in manchen Köpfen, aber faktisch bestimmt ein Methodenpluralismus den Wissenschaftsalltag. Das hat vor allem zwei Gründe.

1. Methoden müssen den zu untersuchenden Gegenständen und Prozessen angemessen sein. Diese Feststellung ist in der Wissenschaft unstrittig. Strittig ist, ob bzw. welche der von Menschen gestifteten Zusammenhänge bzw. kulturellen Äußerungen *messbare* Ursache-Wirkungszusammenhänge sind, die sich durch *quantifizierende* Verfahren erfassen lassen.

   Für einen Hersteller von Herrenanzügen sind Beinlängen und Bauchumfang wichtige Kenngrößen der Produktion. Er ist daher an der Häufigkeitsverteilung dieser Größen interessiert und bedient sich statistischer Verfahren bzw. Erkenntnisse, um marktgerecht produzieren zu können. Der Zweck bestimmt die Methodenauswahl. Um Abweichungen wird der Unternehmer sich nicht kümmern. Sehr große Menschen sind für die Produktion uninteressant. Sie müssen sich ihre Anzüge maßschneidern lassen oder in Boutiquen für »Übergrößen« einkaufen. Das Herzstück herkömmlicher statistischer Verfahren ist die Überprüfung von Häufigkeiten, ihren Verteilungen, Streubreiten usw. Die Abweichung gilt als Verzerrung, die – je nach Verfahren – unberücksichtigt bleibt oder als Größe ausgewiesen wird, die den Durchschnitt verändert. Kleine Männer oder große Frauen verstehen sich wahrscheinlich nicht als »Verzerrung« (sie haben vielleicht darunter zu leiden, dass es Normvorstellungen von der »richtigen« Größe von Männern und Frauen gibt). Und wenn man nicht die »Normalverteilung« – also einen Status quo – zum Gegenstand wissenschaftlicher Untersuchungen machen will, sondern Abweichungen, Neues, Entwicklungspotenzial usw., dann kommt man mit quantifizierenden Methoden nicht voran.
2. Die Geschichte der Wissenschaft ist kein kontinuierlicher Prozess, in dem »eins zum anderen kommt«. Forschungsergebnisse und Methoden, die gestern als gesichert bzw. zuverlässig galten,

werden heute aufgrund neuer Erkenntnisse verworfen. Und Forschungen, die gestern belächelt wurden, werden morgen mit einem Nobelpreis ausgezeichnet.[1] Wissenschaftlicher Fortschritt vollzieht sich in Sprüngen, in kleineren oder größeren Revolutionen. Wissenschaftlicher Fortschritt wurde häufig nur durch unkonventionelles Vorgehen abseits traditioneller Methoden und Verfahren erzielt.

Daher erklären sich die zum Teil heftigen Kontroversen und aufgeregten Debatten, in denen zum Beispiel einer Theorie »wissenschaftliche Beliebigkeit« bescheinigt oder einer Forschungsrichtung attestiert wird, sie könne sich nicht als *wissenschaftlich* ausweisen.

Es ist nützlich, diese Debatten zu kennen, zumindest in den Disziplinen, die man studiert. Für das Studium, für die Aneignung wissenschaftlicher Kompetenzen bringt eine handlungsorientierte Bestimmung wissenschaftlichen Arbeitens weiter als Definitionen nach dem Muster, *Wissenschaft ist ein System …* Drei Aspekte sind für eine solche Bestimmung zentral: Wissenschaftliches Arbeiten

1. beginnt mit *eigenem* Denken,
2. führt zu begründeten und nachvollziehbaren Ergebnissen,
3. stützt und bezieht sich auf Ergebnisse der Wissenschaft.

Der erste Aspekt wird in diesem Handbuch im Zusammenhang konkreter Anforderungen bzw. Tätigkeiten näher erläutert → Fragen, → Fragestellung, → Lesen, → Wissenschaftliches Schreiben – Der Prozess. Um das zweite und dritte Kriterium geht es auf den folgenden Seiten.

## Wissenschaftliche Standards

Wie für andere Sachtexte, zum Beispiel einen Geschäftsbrief oder ein Testament, gilt für jede wissenschaftliche Arbeit: Ein Text muss präzise sein, exakt das aussagen, was man meint. Damit ein Text *wis-*

---

1 Ein Beispiel aus jüngster Zeit: 1981 lehnte eine wissenschaftliche Zeitschrift einen Artikel von Gerd Binnig und Heinrich Rohrer über das von ihnen erfundene Rastertunnelmikroskop mit der Begründung ab, dem Beitrag fehle der wissenschaftliche Gehalt. 1986 erhielten sie für ihre Erfindung den Physik-Nobelpreis.

*senschaftlichen* Maßstäben genügt, sind die folgenden fünf Kriterien zu berücksichtigen.

### 1. Darstellung und Analyse trennen

Der Aufbau bzw. die Anordnung eines Versuchs, ein Tathergang, die Symptome einer Krankheit müssen zunächst exakt beschrieben werden, bevor man eine Diagnose stellt, eine Schlussfolgerung zieht oder eine Bewertung vornimmt. In den Naturwissenschaften ist Trennung von Darstellung und Analyse bzw. Bewertung eine Selbstverständlichkeit, und für die Darstellung gibt es meist präzise fachbezogene Vorgaben.

In den Sozial- und Geisteswissenschaften sind, von der Kunstwissenschaft einmal abgesehen, Beschreibungen eher die Ausnahme → Bericht. Die Regelanforderung in Soziologie, Geschichte oder Pädagogik lautet: Die Darstellung der Gedanken eines Autors, der Intention einer Autorin, der Grundlagen einer Theorie zu trennen von der Analyse und Bewertung: Zunächst müssen die Texte bzw. der Sachverhalt, um den es geht, korrekt und verständlich wiedergegeben werden. Eine Inhaltsangabe ist dann gelungen, wenn für den Leser die Lektüre des Originals nicht mehr notwendig ist. Meinungen, Ergebnisse, Theorien werden distanziert referiert: als Meinungen, Ergebnisse, Theorien anderer (vgl. Seite 129).

Auf dieser Grundlage wird analysiert und bewertet.[2] Folgende Fragen können eine Einordnung, Analyse und Bewertung leiten: Wer [Autor, Autorin] sagt was mit welcher Intention und in welcher Form [Text] wem [Leserin, Leser]? Aus diesen Hauptfragen lassen sich unter anderem folgende Teilfragen ableiten:

- Wer ist der Autor, die Autorin?
- Welches Ziel verfolgt er oder sie?
- In welchem Kontext steht die Arbeit?
- Welche Frage, welches Problem steht im Mittelpunkt?
- Welche Kernaussagen werden getroffen, welche Problemlösungen vorgeschlagen?

---

2 Die »persönliche Stellungnahme« mag im ersten Semester noch erlaubt sein. Eigentlich ist die Bezeichnung Nonsens. Jede Stellungnahme ist persönlich. Die »persönliche Stellungnahme« als unbekümmertes Drauflosmeinen hat mit wissenschaftlichem Arbeiten nichts zu tun.

- Ist das Problem relevant?
- Ist die Fragestellung sinnvoll?
- Werden Voraussetzungen erläutert?
- Wird die Methoden- und Quellenauswahl begründet?
- Ist die Begründung schlüssig?
- Ist die Argumentation stimmig?
- Sind die Ergebnisse (praktisch) relevant?

Auf der Seite 128 werden drei Aussage-Kategorien vorgestellt: Aussagen über die Realität, über Mittel und Werte bzw. Normen. *Bewertungen* innerhalb dieser Kategorien können zum Beispiel sein:

*Aussagen über die Realität*
- richtig – falsch
- genau (vollständig, differenziert) – ungenau (unvollständig, undifferenziert)
- relevant – irrelevant
- neu – bekannt
- überprüfbar – nicht überprüfbar
- usw.

*Aussagen über Mittel*
- tauglich – untauglich
- effizient – ineffizient
- ökonomisch – aufwendig
- keine unerwünschten Folgen – unerwünschte Folgen
- usw.

*Aussagen über Normen*
- sozial – unsozial
- gerecht – ungerecht
- human – inhuman
- unterhaltend (spannend) – langweilig
- ausdrucksstark – ausdruckslos
- usw.

Lautet die Aufgabe, einen Überblick über (aktuelle) Literatur zum Beispiel zur Globalisierung zu geben oder über Konzepte zur Reform des Sozialstaats, sollten die Veröffentlichungen oder Konzepte

nicht nacheinander, sondern kriteriengeleitet referiert werden. Diese Kriterien müssen ausgewiesen und es muss begründet werden, warum sie zweckdienlich sind.[3] Zudem ist darauf zu achten, dass die kriteriengeleitete Wiedergabe eines Textes der Intention des Autors gerecht wird.

Diese Anforderungen gelten auch für Vergleiche: Die Vergleichskriterien müssen angemessen sein und expliziert werden. Die Gliederung auf der Seite 103 ist Beispiel für kriteriengeleitetes Vergleichen. Andere Gliederungen dieses Vergleichs sind möglich:

| | |
|---|---|
| *Kriterium 1* | *Gemeinsamkeiten* |
| Schweden | Kriterium X |
| Deutschland | Kriterium Y |
| | |
| *Kriterium 2* | *Differenzen* |
| Schweden | Kriterium A |
| Deutschland | Kriterium B |
| | |
| usw. | usw. |

## 2. Begründen

In der Wissenschaft ist – anders als im Alltag – nichts selbstverständlich. Alles muss begründet werden (können): die Fragestellungen, Quellenauswahl, Methoden, Verfahren usw. Glaube kann Berge versetzen – aber nicht begründet werden. Im Alltag kann es entlastend sein, etwas zu tun, weil man es immer schon getan hat – eine Begründung ist das nicht.

## 3. Begriffe klären

Jede Wissenschaft hat ihre Fachbegriffe. In den Naturwissenschaften sind Begriffe und Fachausdrücke in der Regel eindeutig. In Erziehungs- und Politikwissenschaft, in Germanistik und Psychologie sind verbindliche Definitionen der zentralen Fachbegriffe die Ausnahme. Deshalb müssen in den Sozial- und Geisteswissenschaften die zentralen Begriffe einer Arbeit geklärt werden (s. a. Seite 211).

3 Eine Hilfe bei der Auswahl solcher Kriterien sind die *problemstrukturierenden* Begriffe, die auf der Seite 95 erläutert werden.

**Referat und referieren**

Ein Referat ist »das Sachgebiet eines Referenten« oder ein Vortrag – so der *Duden*. Als *Referent* bezeichnet man – so der *Duden* – einen »Redner« bzw. »Gutachter«, der eine wissenschaftliche Arbeit beurteilt.

Der Vortrag von Studierenden wird als *Referat* bezeichnet. Ich weiß nicht, ob dieser Terminus aus einer Tradition bzw. Zeit stammt, in der Studierende dem Sachgebietsleiter Professor vortrugen, was sie über ihr Sachgebiet wissen. Ich weiß: Die Bedeutung von *Reden* steht in der Bezeichnung *Referat* meist im Hintergrund. Vortragen ist häufig das Vorlesen eines Textes, der wie eine Hausarbeit formuliert ist. Die Folge ist die gleiche wie bei vielen »großen« Referaten, bei Vorträgen von Wissenschaftlerinnen und Wissenschaftlern: Diesen Vor-Lesungen zuzuhören ist häufig eine »Qual«, weil die »Regel des angemessenen Sprechens verfehlt« wird (Ueding 1996, 90).

Es würde uns irritieren, wenn auf einer Party jemand laut mit sich selbst redet. Viele Studierende haben sich daran gewöhnt, dass Professoren dies in Hörsälen tun. Jedoch spricht nichts dafür, diese Gewohnheit deutscher Gelehrter zu übernehmen. Ein Referat wird nicht dadurch »wissenschaftlich«, dass man die Zuhörerinnen und Zuhörer ignoriert und sich nur auf die Sache konzentriert. Ein Referat, bei dem niemand angesprochen wird, ist wie ein Selbstgespräch auf einer Party. Ein Referat ist keine schriftliche Arbeit. Referieren heißt zu Menschen sprechen. Und das ist mit anderen Anforderungen verbunden als das Schreiben von Texten, die gelesen werden (sollen) → Referat, Vortrag halten → Referat, Vortrag – Vorbereitung.

## 4. Etwas wissen wollen

Der »Oeckl«, das *Taschenbuch des Öffentlichen Lebens,* enthält auf weit über tausend Seiten viele Informationen. Im »Oeckl« steckt viel Arbeit. Niemand würde diese jährlich aktualisierte Veröffentlichung als wissenschaftliche Arbeit bezeichnen. Die Anhäufung von Daten und Fakten ergibt noch keine Wissenschaft. Der »Faktenhuber« oder die »Fliegenbeinzählerin« sind verpöntes Gegenteil eines Wissenschaftlers oder einer Wissenschaftlerin. Fakten und Wissen sind für

die Wissenschaft notwendig, aber nicht hinreichend: Wissenschaft zielt auf Erklärungen:

- Warum ist das so?
- Unter welchen Voraussetzungen kam (kann) es dazu (kommen)?
- Wie könnte es anders sein?
- Wo gilt (galt) das?
- Wann gilt (galt) das?
- Wie entstand diese oder jene Auffassung?
- Wie und warum konnte sie sich verbreiten?
- Wer teilte sie (nicht)?

Erkenntnisse, Konzepte, Theorien usw. haben eine Geschichte und sind das Ergebnis bestimmter Perspektiven.

*Geschichte:* Wenn man ein Thema bearbeitet – zum Beispiel Sexualerziehung – sollte man unter anderem klären:

- Wann wurde Sexualerziehung Gegenstand der Wissenschaft?
- Warum wurde Sexualerziehung ein Thema?
- Wie haben sich die Auffassungen verändert?
- Was waren die Gründe für die Meinungsänderungen?

*Perspektive:* Menschen *machen* Wissenschaft. Das ist nicht folgenlos für die Fragen, die gestellt, die Ziele, die verfolgt werden und für die Prämissen, unter denen Forschung stattfindet – kurz: Es werden subjektive Entscheidungen gefällt. Zwei Beispiele:

Wenn über die Erhöhung der Absatzchancen mittelständischer Betriebe im Landkreis Osnabrück durch elektronische Medien geforscht wird, dann ist das Ziel die Erhöhung der Produktion (und des Konsums) selbstverständliche Prämisse.

Wenn man die Voraussetzungen für die Steigerung von Unternehmensgewinnen untersucht, kann man zu dem Ergebnis kommen, dass die Senkung der Lohnkosten und eine Reduzierung von Umweltauflagen entscheidende Faktoren sind.

Und man kann mehr Wachstum als ein fragwürdiges Ziel ansehen, Entlassungen bzw. Rationalisierung und die Senkung von Umweltstandards als nicht akzeptable Maßnahmen bewerten.

Wie auch immer man urteilen mag: Diese subjektiven (Vor-) Entscheidungen sind zu reflektieren. Vor allem in den so genannten angewandten Wissenschaften bleibt diese Reflexion von Standpunkt und Perspektive häufig aus:

> »So kommt im Jurastudium die Person, die Recht sprechen oder verteidigen muß, so gut wie überhaupt nicht vor. Studierende erfahren in der Regel sehr wenig darüber, welche Faktoren in Entscheidungsprozessen eine Rolle spielen. Obwohl Juristinnen und Juristen zuerst mit Kategorien der Alltagsmoral nach einer ›gerechten‹ Entscheidung suchen und dann nach den dafür ›passenden‹ juristischen Argumenten, bleibt die Vermittlung von Voraussetzungen zur wissenschaftlichen Überprüfung des eigenen (juristischen) Handelns die Ausnahme.« (Franck 2003 b, 24)

Aus Kenntnissen können *Er*kenntnisse werden, wenn Zusammenhänge, Voraussetzungen, Entwicklungen und Folgen begriffen werden. Wer nur weiß und kann, aber nichts begreift, ist – so die Umgangssprache – ein »Fachidiot«.

## 5. Zusammenhänge herstellen

Wissenschaft entwickelt sich in Kontroversen. Es ist ein Gebot der wissenschaftlichen Redlichkeit, unterschiedliche Auffassungen darzustellen und nicht nur nach Belegen zu suchen bzw. die Autorinnen und Autoren zu referieren, die die eigene Auffassung stützen.

Wissenschaft lässt sich nicht in Ressortgrenzen halten. Häufig beschäftigen sich mehrere Disziplinen aus unterschiedlichen Blickwinkeln mit einem Thema. Fruchtbare Ergebnisse werden häufig dann erzielt, wenn interdisziplinär gedacht und gearbeitet wird. Wer nur Chemie studiert, merkte Lichtenberg einmal an, studiert auch die nicht recht. Als Anforderung an eine Haus- oder Abschlussarbeit formuliert: Welche Disziplinen beschäftigen sich – unter welchen Gesichtspunkten – mit dem Problem, das bearbeitet werden soll?

Wissenschaft ist nicht deutsch. Man kommt zwar in vielen Fächern mit Literatur durchs Studium, die auf Deutsch vorliegt. Einen Gefallen tut man sich damit nicht.

Die Realität ist der Härtetest für den Erkenntniswert von Wissenschaft. Dieser Test ist unzureichend, wenn Realität auf unmittelbar praktischen Nutzen eingeschränkt wird: Erziehungswissenschaft kann nicht satt machen (allenfalls die Erziehungswissenschaftlerinnen und Erziehungswissenschaftler). Sie kann aber Aufschluss geben zum Beispiel über den Zusammenhang von Erziehungsstilen und kindlicher Entwicklung. Ob sie diesen Zusammenhang

(handlungsanleitend) *erklären* kann, daran misst sich ihr Erkenntniswert.

Ein Medikament gegen Alzheimer ist unmittelbar nützlich. Es kann nicht entwickelt werden, wenn nicht zuvor die Ursachen dieser Krankheit entdeckt werden. Diese Ursachenforschung macht Kranke nicht gesund. Sie ist jedoch unverzichtbar.

## Wissenschaftliche Texte

Die auf den Seiten zuvor erläuterten Standards gelten für Haus- und Abschlussarbeiten in unterschiedlicher Ausprägung. Die Entscheidung darüber, welche Standards wie zu gewichten sind, treffen vor allem diejenigen, die Haus- und Abschlussarbeiten bewerten. Aus dieser Abhängigkeit gibt es während des Studiums kein Entkommen. Es ist daher empfehlenswert, die konkreten Leistungserwartungen in Erfahrung zu bringen. Das Entscheidende jedoch ist die Haltung,

- etwas wissen,
- aus einem Thema etwas machen,
- eine *eigene* Arbeit schreiben (ein *eigenes* Referat halten)

zu wollen und deshalb → Fragen zu stellen und für eine Arbeit eine → Fragestellung zu entwickeln, aufgrund derer ein Thema strukturiert werden kann, aus der sich Beurteilungskriterien entwickeln lassen.

Hinzu kommt die Anforderung, die Fähigkeit zu entwickeln, wissenschaftliche Sachverhalte in eigenen Worten auszudrücken – statt in der Sprache der Literatur zu schreiben, mit der man sich auseinander setzt → Schreiben in der Wissenschaft – Wissenschaftlicher Stil.

### Hausarbeit

*Themenwahl*

Im Grundstudium sollte man sich vor Themen hüten, über die man hundert Seiten und mehr schreiben müsste, um sie erschöpfend zu behandeln. »Nachhaltigkeit« ist zum Beispiel kein Hausarbeits-, sondern ein Sachbuchthema. »Die Nachhaltigkeitspolitik der Bundesregierung« könnte ein anspruchsvolles Thema für eine Abschlussarbeit sein, in der unter anderem darauf eingegangen werden müsste, ab wann und vom wem *Nachhaltigkeit* in die politische Diskussion eingebracht wurde, ob und wie in den vergangenen Legislaturperioden das Konzept der *Nachhaltigkeit* in der Regierungspolitik auf-

gegriffen wurde. Eine Hausarbeit erfordert weitere Eingrenzungen (vgl. Seite 205 ff.), soll sie Hand und Fuß haben – zum Beispiel auf einen überschaubaren Zeitraum: »Die Nachhaltigkeitspolitik der rot-grünen Koalition« oder eine Institution: »Die Nachhaltigkeitspolitik des Nachhaltigkeitsrats«.

*Anforderungen kennen*
Es ist keine Zumutung, Lehrende zu bitten, deutlich zu machen, welche Anforderungen eine Hausarbeit erfüllen soll. Geht es darum Fakten zusammenzutragen, zu erklären, Konzepte zu referieren und/oder zu analysieren? Soll zum Beispiel im Mittelpunkt einer Hausarbeit

- der reale Prozess, der als »Globalisierung« bezeichnet wird, stehen oder
- die Ursachen der Globalisierung analysiert und die Folgen bewertet werden oder
- Theorien über Globalisierung referiert bzw. verglichen und/oder bewertet werden?

*Fehler vermeiden*
In Hausarbeiten müssen die Daten und Fakten stimmen. Die Darstellung von Sachverhalten bzw. Meinungen und deren Bewertung muss auseinander gehalten werden und die Argumentation schlüssig sein. Zudem sollten sich in eine Hausarbeit nicht folgenden Schwächen »einschleichen«:

1. Die → Gliederung sollte weder *übergliedert* noch *untergliedert* sein. In einer Hausarbeit kommt man in der Regel mit 3 bis 5 Kapiteln aus, die in bis zu vier oder fünf Abschnitte untergliedert werden.
2. Ein *Thema* sollte nicht als *selbstverständlich gesetzt* werden. Vielmehr sollte erläutert werden, um welches Problem, um welche Frage es geht (vgl. Seite 97).
3. Die *zentralen Begriffe* dürfen nicht *vorausgesetzt*, sondern müssen geklärt werden (vgl. Seite 211 und 284).
4. Keine *Behauptung ohne Belege* → Belegen.
5. Keine *Trivialbehauptungen*: »Erziehung ist ein schwieriger Prozess«, »Globalisierung ist ein komplexes Phänomen«.
6. Keine *emphatischen Formulierungen:* »Die Menschen (Gesellschaft) müssen (muss) begreifen …« (vgl. Seite 199).

## Diplom-, Magisterarbeit, Dissertation

*Themenwahl*

Bei *Dissertationen, Diplom- und Magisterarbeiten* sollte man die Jahrhundert-Themen der Wissenschaft meiden. Über die *Wahrheit*, den Grund des *Seins*, die Wurzeln des *Bösen* (oder Guten), den *Ursprung* des … schreibt man erst dann eine wissenschaftliche Arbeit, wenn man dafür einige Jahre Zeit hat und finanziell abgesichert ist.

Wer eine *Magister- oder Diplomarbeit* schreiben will, sollte kein Thema wählen, das nur auf der Grundlage intensiver Forschung ernsthaft behandelt werden kann.

Vor der Wahl eines Themas für eine *Diplomarbeit* sollte man über seine weiteren Lebenspläne nachdenken: Wer nicht an der Hochschule bleiben will, der oder dem rate ich zu einer Arbeit, in deren Mittelpunkt die Lösung eines *praktischen* Problems steht.

*Anforderungen kennen*

Umberto Eco hat vier orientierende Kriterien formuliert, denen eine Abschlussarbeit genügen muss:

1. Die Arbeit muss einen »erkennbaren Gegenstand« behandeln, »der so genau umrissen ist, daß er auch für Dritte erkennbar ist.« (1993, 40) Mehr dazu unter → Exposé und → Fragestellung.
2. In der Arbeit müssen Aussagen über einen Gegenstand getroffen werden, »die noch nicht gesagt worden sind« bzw. bereits getroffene Aussagen »aus einem neuen Blickwinkel« betrachtet werden (1993, 41). Der Nachweis, dass die Erde keine Scheibe ist, wäre keine wissenschaftliche Arbeit, denn sie würde bereits vorhandenem Wissen nichts hinzufügen. Wenn es, so Eco, noch keine Arbeit gibt, in der alle Methoden zum Bau einer Hundehütte verglichen und kritisch gewürdigt werden, dann könnte eine solche Arbeit »einen bescheidenen Anspruch auf Wissenschaftlichkeit erheben.« (1993, 42) *Hundehütte* ist ein Platzhalter. Er kann ersetzt werden durch *Konzepte zur Vermittlung von Schlüsselqualifikationen*, durch *Theorien der Massenkommunikation* oder *Untersuchungen über nachhaltigen Konsum.*
3. Die Arbeit muss »für andere von Nutzen« sein (ebd.). Die *anderen* müssen nicht *viele* sein. Eine Magisterarbeit über die *Hexagonalen Bauten von Wilhelm Ulrich* wird nicht die Welt aufhorchen lassen. Für Wissenschaftlerinnen, die sich mit *Wilhelm Ulrich* beschäfti-

gen, sollte diese Arbeit eine Erkenntnis oder Anregungen enthalten und vielleicht auch für Wissenschaftler, die über Architekturtheorie arbeiten. Voraussetzung dafür ist, dass die beiden ersten Kriterien erfüllt werden.

4. Die Arbeit muss Angaben enthalten, die es anderen ermöglichen nachzuprüfen, ob die Hypothese, die Voraussetzungen und Schlussfolgerungen richtig oder falsch sind (1993, 44).

Um sicherzugehen, dass die Kriterien 2 und 3 erfüllt werden, muss – vor allem in einer Dissertation – die vorliegende Forschung rezipiert werden: Wer nicht weiß, was andere bereits gedacht und herausgefunden haben, kann nicht entscheiden, ob er oder sie einen neuen Gedanken verfolgt, zu einer neuen Sichtweise oder Erkenntnis gelangt ist. Die Literatur umfassend berücksichtigen heißt nicht: sie lang und breit darstellen (oder gar »aus den Angeln zu heben«), sondern sie zu kennen, um begründet neue Fragen stellen zu können oder nach abweichenden Antworten zu suchen.

*Fehler vermeiden*
In Abschlussarbeiten ist zwischen Befunden und deren Interpretation zu trennen. Zentrale Begriffe müssen eingeführt werden. Die Schwerpunktsetzung muss begründet und eingeordnet werden. Und es sind folgende »klassische« Fehler zu vermeiden:

1. Die Gliederung ist überfrachtet. Als Orientierung für hundert Seiten: 5 bis 7 Kapitel, mit bis zu 8 Unterpunkten → Gliederung.
2. Die Methode bzw. Vorgehensweise wird nicht begründet bzw. erläutert → Einleitung, → Exposé.
3. Es fehlen Angaben zur Materialauswahl bzw. Quellenlage → Einleitung, → Exposé.
4. Die Autorin, der Autor setzt sich nicht ausreichend mit den Ergebnissen ihrer bzw. seiner Arbeit auseinander:
   - es werden keine Schlussfolgerungen gezogen,
   - eine Einordnung der Ergebnisse in die wissenschaftliche Diskussion findet nicht statt.

Zum Schluss eine pragmatische Empfehlung von C. W. Müller für alle, die an ihrer Abschlussarbeit sitzen:

> »Wenn Sie soweit sein werden, daß Sie ›an Ihrer wissenschaftlichen

Arbeit sitzen‹, dann sollten Sie in die Routine eines Handwerkers schlüpfen, der früh in die Werkstatt geht, der eine halbe Stunde vespert und der am späten Nachmittag auf die Uhr schaut, um den Feierabend nicht zu verpassen. All die nächtlichen Schreiborgien, deren Pathetisierung wir dem bürgerlichen Geniekult des letzten Jahrhunderts verdanken, sind ... wenig effektiv. Der Großteil der ... produzierten Texte fällt, wenn es gutgeht, am übernächsten Morgen der Selbstzensur ... zum Opfer. Machen Sie also, wenn Sie soweit sind, einen ganz gewöhnlichen Achtstundentag und gönnen Sie sich anschließend den verdienten Feierabend« (1999, 86).

## Literatur

Wolf-Dieter Narr: Was ist Wissenschaft? Was heißt wissenschaftlich arbeiten? Was bringt ein wissenschaftliches Studium? In: Norbert Franck, Joachim Stary (Hrsg.): Die Technik wissenschaftlichen Arbeitens. 11. Aufl. Paderborn: Schöningh 2003, S. 15–32

## Zitat, zitieren

> »Niemand, der sich an den Schreibtisch setzt, schüttelt, was er niederschreibt, aus dem Ärmel. Wir fangen nicht am Nullpunkt an, sondern stützen uns auf die, die vor uns da waren. Wir könnten unsere Arbeit nicht tun, wenn wir uns nicht ihre Methoden, ihre Befunde und ihre Ideen zunutze machten.« (Becker 1994, 185)

Ein Zitat. Weil es länger als drei Zeilen ist, wurde es eingerückt und in einer kleineren Schriftgröße gesetzt. Ist ein Zitat noch länger, sollte es eingeführt werden. Zum Beispiel so:
Hervorhebungen in einem Zitat müssen gekennzeichnet werden. Das ist eine von vielen Regeln über korrektes Zitieren. Kruse betont zu Recht, dass es mit Regeln allein nicht getan ist:

> »Selbst Studierende, die ihre Diplomarbeit schreiben, haben oft noch elementare Probleme mit dem Zitieren. Das hat seinen Grund nicht nur darin, daß diese Fähigkeit unzureichend gelehrt wird, sondern auch darin, daß es keine ganz eindeutigen Regeln gibt. Die Regeln unterscheiden sich von Fach zu Fach und von Diskurs zu Diskurs. *Es ist deshalb wichtig, den Sinn des Zitierens zu verstehen und nicht einfach Regeln zu lernen.*« (Kruse 1995, 84 – Herv. N. F.)

### Warum und wozu zitiert man?

Vor allem aus sechs Gründen zitiert man »die, die vor uns da waren«, bzw. verweist auf »ihre Methoden, ihre Befunde und ihre Ideen«:

1. Zur Klärung der Urheberschaft: Auf wessen Theorie, Erkenntnis, Meinung stützt bzw. bezieht sich die eigene Argumentation?
2. Zum Beleg von Daten und Fakten: In welchen Quellen kann – zum Beispiel – die Feststellung überprüft werden, dass deutsche Schülerinnen und Schüler im internationalen Bildungsvergleich eher mittelmäßig abschneiden?
3. Bei der Interpretation des Werks einer Autorin oder der Auseinandersetzung mit einer Theorie müssen die Autorin oder die Theorie »zu Wort kommen«, um die Interpretation nachvollziehen und überprüfen zu können.

4. Zur Entlastung: Man stützt sich in einer Arbeit auf eine Definition oder analysiert ein Problem aus der Sicht eines bestimmten theoretischen Ansatzes. Es ist legitim, sich auf Autoritäten zu berufen, um sich von ausführlichen Begründungen zu entlasten:

   Ich stütze mich im folgenden auf die Definition von Gruning und Hunt (1984, 6), die ...

   Die Wirkung von Kommunikation wird im zweiten Kapitel mit Hilfe des transaktionalen Ansatzes (Davison 1959, Bauer 1964, Früh/Schönbach 1982) analysiert.

   Ob solche Entlastungen zulässig sind, hängt vom Thema und der Arbeit ab. In einer Abschlussarbeit wird man einen Überblick über die verschiedenen Ansätze der Wirkungsforschung geben und begründen müssen, warum der transaktionale Ansatz herangezogen wird. In einer Hausarbeit ist es legitim darauf zu verweisen, dass dieser Ansatz in der neueren Literatur als der komplexeste gilt.

5. Man kann eigene Ergebnisse oder Auffassungen durch Verweise auf Arbeiten anderer stützen:

   Zu ähnlichen Ergebnissen kommt ABC (2004, 14).
   Diese Auffassung wird gestützt durch Befunde von XYZ (2003, 15).

6. Mit Zitaten kann zudem ein Sachverhalt anschaulich oder pointiert zum Ausdruck gebracht werden. Ein Beispiel. Ich könnte schreiben: Notizen, Exzerpte, Literaturhinweise, die man für eine Arbeit zu Papier gebracht bzw. auf der Festplatte gespeichert hat, sollte man nach Abschluss der Arbeit nicht wegwerfen oder löschen, sondern aufbewahren, da diese Unterlagen für künftige Arbeiten nützlich sein könnten. Oder ich greife auf einen Satz von Eco zurück, der diese Empfehlung kurz und anschaulich formuliert hat: »Es ist mit der Arbeit wie mit dem Schlachten eines Schweines ...: Man wirft nichts davon weg.« (Eco 1993, 265)

Zitate und Verweise verfehlen ihren Sinn, wenn sie beweisen sollen, dass man viel gelesen hat. Zitatehuberei ist kein Indiz für Wissenschaftlichkeit. Vielmehr ist ständiges Zitieren häufig ein Hindernis – für die Entwicklung *eigener* Gedanken, beim Verfolgen eines *eigenen* Ziels bzw. einer *eigenen* Fragestellung.

Zitate sind auch kein Arbeitsersatz. Vielen Studierenden fällt es schwer, sich von den Texten zu lösen, die sie gelesen haben, einen

Sachverhalt in eigenen Worten auszudrücken. Sie reihen Zitat an Zitat und formulieren nur Verbindungssätze. Das Ergebnis ist ein Zitate-Patchwork – keine eigenständige Arbeit. Für eine Hausarbeit muss Literatur verarbeitet werden. Die Literatur ist Mittel zum Zweck: ein Thema behandeln, ein Problem beleuchten, einer Frage nachgehen usw. Zitat-Reihungen sind oft Ausdruck dafür, dass die Autorin oder der Autor ein Thema noch nicht im Griff hat.

### Was zitiert man und was nicht?

Die Quellen, die man zitiert, müssen zuverlässige Quellen sein. Das sind nur Originalquellen. Wer aus zweiter Hand zitiert, riskiert Fehler zu übernehmen. Deshalb sollten Daten, Fakten, Meinungen und Definitionen aus der Originalquelle »geschöpft« werden. Wer zum Beispiel eine Arbeit über die Systemtheorie schreibt, kommt um die Lektüre der wichtigsten (oder ausgewählter) Vertreter dieses Ansatzes nicht herum. Literatur über die Systemtheorie kann ein guter Einstieg zum Verständnis der Systemtheorie sein und eine Entscheidungshilfe, welche Originalquellen besonders wichtig sind. Aber »ad fontes« muss man gehen. Allenfalls im ersten Semester mag es vertretbar sein, Luhmann oder einen anderen Repräsentanten der Systemtheorie nach Sekundärliteratur zu zitieren.

Vorsicht ist auch bei Textsammlungen geboten. Sie können den Einstieg in ein Thema und den Zugang zur Primärliteratur erleichtern, aber nicht das Studium der Primärliteratur ersetzen. Eine Textsammlung ist eine Auswahl durch andere. Ob diese Auswahl vollständig und zuverlässig ist, sollte überprüft werden. In Abschlussarbeiten sind Quellen stets im Original zu zitieren.

Für Eco sind auch Übersetzungen keine Quellen aus erster Hand, sondern ein Hilfsmittel, um in »beschränktem Umfang etwas zu erreichen, was einem sonst nicht zugänglich wäre.«(1993, 70) Wer eine Abschlussarbeit über einen italienischen Philosophen oder eine amerikanische Soziologin schreiben will, sollte klären, ob erwartet wird, dass deren Arbeiten im Original herangezogen werden. Für die Arbeiten über eine italienische Schriftstellerin oder einen britischen Schriftsteller ist das selbstverständlich.

Zitate sollten *zweckmäßig* sein: Ein Zitat sollte das – und nur das – zum Ausdruck bringen, was man ausdrücken möchte. Enthält ein

Zitat Aspekte, die nicht in den Zusammenhang passen, wird es den Lesenden erschwert, einer Argumentation zu folgen.

Zitate sollten *notwendig* sein. Ein Beispiel:

> »Abkürzungen, die der angesprochene Leserkreis nicht kennt, müssen beim ersten Auftreten zunächst in ausgeschriebener Form erscheinen, die Abkürzung wird in Klammern dahintergesetzt. Im nachfolgenden Text wird dann ausschließlich die Abkürzung verwendet.« (Förster 1995, 93f.)

Dieser Hinweis ist richtig. Aber er ist weder geistiges Eigentum von Förster noch ist er prägnant formuliert. Deshalb sollte diese Empfehlung in eigenen Worten ausgedrückt werden:

> Abkürzungen werden eingeführt, wenn sie den Leserinnen und Lesern unbekannt sind: Das Wort bzw. der Begriff wird zunächst ausgeschrieben und die Abkürzung dahinter in Klammern gesetzt. Dann wird nur noch die Abkürzung verwendet.

Zitate sollten *nicht peinlich* sein: »Die Erde ist keine Scheibe.« »Das Fernsehen ist ein Massenmedium.« Beide Aussagen sind Allgemeingut geworden und werden deshalb nicht mehr belegt. Das gilt auch für die Tatsache, dass fast alles *komplex* und das Leben *kompliziert* ist. Nicht zitiert wird:

- was Teil der Allgemeinbildung ist;
- was in der Psychologie, der Betriebswirtschaft oder einer anderen Wissenschaftsdisziplin als selbstverständlich vorausgesetzt werden kann;
- was in Lexika steht: wann Adorno geboren wurde, wann Freud starb, wieviel Einwohner Belgien hat und wann Rom gegründet wurde (es sei denn, über das Gründungsjahr einer Stadt oder Institution gibt es eine Kontroverse);
- was trivial ist: Alle Menschen müssen sterben.

Unseriöse Quellen werden ebenfalls nicht zitiert. Man belegt Aussagen nicht mit Zitaten aus der Regenbogenpresse, aus Boulevardzeitungen und ähnlichen Medien. Die Ausnahme von der Regel: Die Regenbogenpresse ist Gegenstand der Arbeit (zum Beispiel einer Diplomarbeit über »Frauenfeindlichkeit in Frauenzeitschriften« oder einer Magisterarbeit über »Die Personalisierung gesellschaftlicher Verhältnisse in Boulevardzeitungen«). Dann sind *Gala*, *Petra* oder die *Bildzeitung* Primärquellen, aus denen ausführlich zitiert wird.

Schließlich sollte man nach dem ersten Semester nicht mehr aus Lehrbüchern oder Lexika zitieren (auch hier wieder die Ausnahme: sofern Lehrbücher oder Lexika nicht Gegenstand der Arbeit sind). Diese Quellen sind nützlich. Doch wer aus ihnen zitiert, signalisiert: Ich habe mich nicht intensiv mit dem Thema auseinandergesetzt bzw. hatte keine Zeit oder Lust, mich mit der Originalliteratur auseinander zu setzen.

### Wie zitiert man? 8 Regeln

*1. Zeichensetzung und Rechtschreibung werden beibehalten*

> »Die Kinder, 12 Knaben und 6 Mädchen, wurden nach einer sehr zweckmäßig eingetheilten Lebens- und Schulordnung erzogen, waren im Allgemeinen gutmüthig, nicht ohne Anlage, und machten, wenn gleich nur langsame, doch sichere Fortschritte.« (Heister 1842, 116)

Aus dieser Regel folgt, dass es notwendig sein kann, unbekannte Wörter zu erläutern:

> »Wo früher die gute alte Tafel noch wenigstens den persönlichen Einsatz des Vortragenden erforderte, fadisieren [langweilen – N.F.] heute die computerproduzierten seelen- und einfallslosen Präsentationsfolien den Zuleser.« (Möllers 1993, 71f.)

*2. Fehler im Zitat*

Sowohl orthografische als auch sachliche Fehler kennzeichnet man mit dem Wörtchen »sic« (so), das in eckigen Klammern direkt hinter das betreffende Wort geschrieben wird:

> Fehler im Zitat kennzeichnet man mit dem Wörtchen »sic« (so), das in eckigen Klammern direkt hinter das betrefende [sic] Wort geschrieben wird.
>
> Haas dagegen betont: »Die Revolution von 1798 [sic!] war für Frankreich …« (2001, 123).

Das Ausrufezeichen ist Geschmackssache.

*3. Zitat im Zitat*

Ein Zitat in einem Zitat wird in einfache Anführungszeichen (›…‹) gesetzt:

> »Die Gefahren des von Feuer empfohlenen ›spekulativen‹ Ansatzes, bei dem der Theoretiker einfach versucht, die möglichen Implikationen …« (Morley 1999, 293)

Das zitierte *spekulativ* im Zitat vom Morley wird nicht durch einen Quellenhinweis belegt.

*4. Zitate aus zweiter Hand*

Zitate aus zweiter Hand sind nur zweite Wahl. Sie werden mit »zit. n.« (zitiert nach) ausgewiesen. Zuerst wird der Autor bzw. die Autorin des Originaltexts genannt, dann die Quelle, aus der das Zitat übernommen wurde:

> »Wer ... eine Anleihe bei anderen aufnimmt, muß den Leuten, deren Gedanken, Konzepte, Modelle, Verfahren, Meßtechnik etc. er sich zu eigen macht, Gerechtigkeit widerfahren lassen. (...) Es sind, kurz gesagt, die Quellen offenzulegen. Sich nicht daran halten, heißt mogeln.« (Dichtl 1995, zit. n. Franck 2003b, 96)

Die Originalquelle wird nicht ins Literaturverzeichnis aufgenommen.

*5. Fremdsprachige Literatur*

Zitiert man aus dem Englischen, ist eine Übersetzung nicht erforderlich. Zitate in einer anderen Fremdsprache müssen übersetzt werden.[1] Diese Übersetzungen werden gekennzeichnet:

- entweder nach dem ersten Zitat: »Dieses und die folgenden Zitate aus dem Norwegischen übersetzt vom Autor«
- oder in jedem Beleg: »Sörensen 1999, 175 – Übersetzung N.F.«.

Ist eine fremdsprachige Autorin oder ein fremdsprachiger Autor *Gegenstand* einer Haus- oder Abschlussarbeit, werden ihre bzw. seine Werke in der Originalsprache zitiert. »Diese Regel ist absolut bindend, wenn es sich um ein literarisches Werk handelt.« (Eco 1993, 199)

*6. Ergänzungen*

*Erläuterungen* werden in Klammern gesetzt und durch den Vermerk »d. Verf.« oder Initialen ergänzt:

> »Wir lassen uns eine solche Herabsetzung unseres großen deutschen Musikgenies [Richard Wagner – NF] von keinem Menschen gefallen, ganz sicher aber nicht von Herrn Thomas Mann, der sich

1 Die Ausnahme von der Regel: Man studiert Französisch oder eine andere Sprache und zitiert Literatur in dieser Sprache.

> selbst am besten dadurch kritisiert und offenbart hat, daß er die ›Gedanken eines Unpolitischen‹ nach seiner Bekehrung zum republikanischen System umgearbeitet und an den wichtigsten Stellen in ihr Gegenteil verkehrt hat.« (Münchener Neueste Nachrichten 1933)

Bei *Anpassungen* kann auf einen solchen Zusatz verzichtet werden: Eco meint, »diese Regel (sei) absolut bindend, wenn es sich um ein literarisches Werk handelt.« (1993, 199)

*7. Auslassungen*

Auslassungen *im* Satz werden durch drei Punkte deutlich gemacht:

> »Auslassungen … sind zulässig, wenn dadurch der ursprüngliche Sinn des Zitats nicht verändert wird.« (Rückriem, Stary, Franck 1997, 171)

Werden mehrere Sätze zitiert und dabei ein *Satz* oder mehrere Sätze ausgelassen, weist man dies durch drei Punkte in Klammern aus:

> »Wie viele Schriften zitiert man? Wird eine Ansicht, auf die man sich beruft, von vielen geteilt, hat man eine Auswahl zu treffen. (…) Wer zuviel zitiert dokumentiert damit, daß er nicht in der Lage ist, Wichtiges von Unwichtigem zu trennen.« (Dichtl 1995, 18)

Bei Auslassungen am *Satzanfang* oder *Satzende* sind zwei Wege möglich. Entweder mit oder ohne drei Punkten:

> »Auslassungen (auch Ellipsen genannt) sind zulässig …« (Rückriem, Stary, Franck, 1997, 171).
>
> »Auslassungen (auch Ellipsen genannt) sind zulässig« (Rückriem, Stary, Franck, 1997, 171).

*8. Genaue Seitenangaben*

Nach einem wörtlichen oder sinngemäßen Zitat ist eine genaue Seiten- bzw. Spaltenangabe notwendig. Erstreckt sich ein Zitat in der verwendeten Quelle über einen Seitenwechsel, ergänzt man die Seitenzahl, auf der das Zitat beginnt, mit einem »f.« (für »und die folgende Seite« bzw. Spalte). Werden drei Seiten *paraphrasiert*, wird dies mit »ff.« kenntlich gemacht (»und die folgenden Seiten/Spalten«). Bei mehr als drei Seiten kann man Anfang und Ende nennen: »S. 135–140«.

## Paraphrasieren und verweisen

Zitate müssen exakt sein – auch dann, wenn eine Textpassage nicht wörtlich, sondern sinngemäß in eigenen Worten wiedergegeben wird. Exakt heißt beim Paraphrasieren: Die Wiedergabe in eigenen Worten darf nicht zu Sinn- bzw. Bedeutungsverschiebungen führen.

Wenn man – was sich empfiehlt – lange wörtliche Zitat vermeiden möchte, jedoch wichtige Begriffe oder markante Formulierungen im Original anführen will, kombiniert man sinngemäßes und wörtliches Zitieren:

> Gründlichkeit und Genauigkeit, zwei Merkmale wissenschaftlichen Arbeitens, sind keine »bloß formalen« Anforderungen. Ein Beispiel: Um Quellen überprüfen zu können, müssen sie korrekt ausgewiesen werden. »Die Form hat also eine Funktion.« (Rost/Stary 2003, 180)

Verweise begegnen uns in folgenden Formen:

> »Aktuelles Interesse findet derzeit vor allem die Postkolonialismusdebatte (vgl. Bronfen et al. 1997 und Mayer/Terkessidis 1998).«
>
> »Fast alle Analysen der Welt-Mediensituation gehen so vor (vgl. Edelstein 1983; Head 1985).«
>
> »Zur Diskussion des Funktionsbegriffs siehe Luhmann (1964) und Merton (1967). Zur funktionalen Analyse von Kommunikation siehe vor allem Lasswell (1948) sowie Wright (1960).«

Das »vgl.« in den ersten beiden Zitaten verweist auf Quellen, die die jeweilige Aussage belegen. Das »siehe« ist Wissensnachweis und Service zugleich. Ich (der Autor, die Autorin) kenne die Diskussion. Sie (die Leserin, der Leser) können sich in der angegebenen Literatur sachkundig machen. Solche Verweise sind sinnvoll, wenn man sich in einer Arbeit mit einem bestimmen Themenaspekt nicht näher auseinander setzt, weil er für das Ziel, das man mit der Arbeit verfolgt, nebensächlich ist. Und solche Verweise sind sinnvoll, um die eigene Auffassung, die eigenen Ergebnisse auf andere Arbeiten zu beziehen – zum Beispiel so:

- zu ähnlichen Schlussfolgerungen kommen ABC (1999) und XYZ (2000) (oder: »siehe auch …«),
- diese Auffassung widerspricht den Thesen von ABC (2001) und XYZ (2002).

## Literaturempfehlungen auf einen Blick

*Abkürzungen*

Wörterbuch der Abkürzungen. 4. Aufl. Mannheim u.a.: Dudenverlag 1999

http//www.abkuerzungen de

http://www.chemie.fu-berlin.de//cgi-bin/acronym

Deutsches Institut für Normung (DIN): DIN 2340: Kurzformen für Benennungen und Namen; Bilden von Abkürzungen und Ersatzkürzungen; Begriffe und Regeln. Ausgabe 1987–12

*Bericht*

Horst Kretschmer, Joachim Stary: Schulpraktikum. Eine Orientierungshilfe zum Lernen und Lehren. Berlin: Cornelsen Scriptor 1998

Norbert Franck: Schreiben wie ein Profi. 3. Aufl. Frankfurt/Main: Bund-Verlag 2000

*Diskussion*

Jürgen August Alt: Miteinander diskutieren. Eine Einführung in die Praxis vernünftiger Diskussion. Frankfurt/Main, New York: Campus Verlag 1994

Friedemann Schulz von Thun: Miteinander reden 1 + 2: Reinbek: Rowohlt 1998

Norbert Franck: Fit fürs Studium. Erfolgreich reden, lesen, schreiben. 6. Aufl. München: Deutscher Taschenbuch Verlag 2004

www.debattierclubs.de

*Fragestellung*

Lotte Rienecker: Research Questions and Academic Argumentation: Teaching Students How to Do it. Using Formats and Model-Examples. In: Otto Kruse, Eva-Maria Jakobs, Gabriela Ruhmann: Schlüsselkompetenz Schreiben. Konzepte, Methoden, Projekte für Schreibberatung und Schreibdidaktik an der Hochschule. Neuwied u.a.: Luchterhand 1999, S. 95–108

*Gliederung, gliedern*

Hilbert Ibbeken: Die Schwarzwälder Kirschtorte und das Problem eines wissenschaftlichen Textes. In: Wolf-Dieter Narr, Joachim Stary (Hrsg.): Lust und Last des wissenschaftlichen Schreibens. Frankfurt/Main: Suhrkamp 1999, S. 176–190

http://www.w3psy.uos.de/subpages/Hinweise%20fuer%20Studierende/berichteschreiben.pdf (27.1.2004)

*Lesen*

Joachim Stary, Horst Kretschmer: Umgang mit wissenschaftlicher Literatur. Eine Arbeitshilfe für das sozial- und geisteswissenschaftliche Studium. Frankfurt/Main: Cornelsen Verlag Scriptor 1994

Markus Krajewski: Elektronische Literaturverwaltungen. Kleiner Katalog von Merkmalen und Möglichkeiten. In: Norbert Franck, Joachim Stary (Hrsg.): Die Technik wissenschaftlichen Arbeitens. 11. Aufl. Paderborn: Schöningh 2003, S. 97–115

*Literatur ermitteln*

Stefan Cramme, Christian Ritzi: Literatur ermitteln. In: Norbert Franck, Joachim Stary (Hrsg.): Die Technik wissenschaftlichen Arbeitens. Paderborn: Schöningh 2003, S. 33–74

Markus Krajewski: Mein elektronisches Textgedächtnis. Eine Gebrauchsanleitung. www.verzetteln.de/LiteraturVerwaltung.pdf (7.3.2004)

*Medien einsetzen*

Joachim Stary: Visualisieren. Ein Studien- und Praxisbuch. Berlin: Cornelsen Verlag Scriptor 1997

Universität Duisburg-Essen, Zentrum für Hochschuldidaktik: Tips zur Gestaltung und Verwendung von Overhead-Folien. http://www.uni-essen.de/zfh/FAQ/FAQ4.HTM (28.1.2004)

*Protokoll*

Georg Rückriem, Joachim Stary, Norbert Franck: Die Technik wissenschaftlichen Arbeitens. 10. Auflage. Paderborn: Schöningh 1997

Norbert Franck: Erfolgreich schreiben. Reinbek: Rowohlt 2000

*Quellenangaben*

Bangen, Georg: Die schriftliche Form germanistischer Arbeiten. Empfehlungen für die Anlage und die äußere Gestaltung wissenschaftlicher Manuskripte unter besonderer Berücksichtigung der Titelangaben von Schrifttum. 9. Aufl. Stuttgart: Metzler 1990

Gerhards, Gerhard: Seminar-, Diplom- und Doktorarbeit. Muster und Empfehlungen zur Gestaltung von rechts- und wirtschaftswissenschaftlichen Prüfungsarbeiten. 8. Aufl. Bern u.a. Haupt 1995

Deutsches Institut für Normung (DIN): DIN 1505

- Teil 1: Titelaufnahme von Dokumenten: Titelaufnahme von Schrifttum. Berlin 1984
- Teil 2: Titelangaben von Dokumenten: Zitierregeln. Berlin 1984
- Teil 3: Titelangabe von Dokumenten: Verzeichnisse zitierter Dokumente (Literaturverzeichnisse). Berlin 1995
- Teil 4: Titelaufnahmen von audio-visuellen Materialien. Berlin 1995

*Referat, Vortrag – Vorbereitung*

Norbert Franck: Fit für den Auftritt. Selbstbewusst reden, souverän diskutieren, überzeugend präsentieren. 2. Aufl. München: Deutscher Taschenbuch Verlag 2004

*Schreiben in der Wissenschaft – Wissenschaftlicher Stil*

Karl-Heinz Göttert: Kleine Schreibschule für Studierende. München: Fink 1999

Erwin Dichtl: Deutsch für Ökonomen. Lehrbeispiele für Sprachbeflissene. München: Vahlen 1995

*Schreiben fürs Reden*

Norbert Franck: Fit für den Auftritt. Selbstbewusst reden, souverän diskutieren, überzeugend präsentieren. 2. Aufl. München 2004: Deutscher Taschenbuch Verlag

Thilo von Trotha: Reden professionell vorbereiten. 3. Aufl. Regensburg u.a. 2002: Walhalla Fachverlag

*Schreibhürden*

Gisbert Keseling 2003: Schreibblockaden überwinden. In: Norbert Franck, Joachim Stary (Hrsg.): Die Technik wissenschaftlichen Arbeitens. 11. Aufl. Paderborn: Schöningh, S. 197–222

*Studienjournal*

Frigga Haug: Lernverhältnisse. Selbstbewegungen und Selbstblockierungen. Hamburg: Argument-Verlag 2003

Barbara Friebertshäuser, Annedore Prengel (Hrsg.): Handbuch Qualitative Forschungsmethoden in der Erziehungswissenschaft. Weinheim und München: Juventa 1997

Jürgen Habermas: Erkenntnis und Interesse. Frankfurt/Main: Suhrkamp 1973

Wolfgang Fritz Haug: Philosophieren mit Brecht und Gramsci. Hamburg: Argument-Verlag 1996

Dorothy Smith: Der aktive Text. Eine Soziologie für Frauen. Hamburg: Argument-Verlag 1998

*Texte visualisieren*

Tony Buzan: Kopftraining. Anleitung zum kreativen Denken. 2. Aufl. München: Goldmann 1984

*Verzeichnisse*

Walter Krämer: Wie schreibe ich eine Seminar- oder Examensarbeit? Frankfurt/Main, New York: Campus Verlag 1999

*Visualisieren*

Joachim Stary: Visualisieren. Ein Studien- und Praxisbuch. Berlin: Cornelsen Verlag Scriptor 1997

Edward R. Tuft: The Visual Display of Quantitative Information. Cheshire: Graphic Press 1983

Gene Zelazny: Wie aus Zahlen Bilder werden. Wiesbaden: Gabler 1986

Frank Hartmann, Erwin K. Bauer: Bildersprache. Otto Neurath. Visualisierungen. Wien: WUV Universitätsverlag 2002

Walter Krämer: So lügt man mit Statistik. München: Piper 2000

*Wissenschaft: Wissenschaftliche Standards, wissenschaftliche Texte*

Wolf-Dieter Narr: Was ist Wissenschaft? Was heißt wissenschaftlich arbeiten? Was bringt ein wissenschaftliches Studium? In: Norbert Franck, Joachim Stary (Hrsg.): Die Technik wissenschaftlichen Arbeitens. 11. Aufl. Paderborn: Schöningh 2003, S. 15–32

# Literatur

Althusser, Louis 1975: Elemente der Selbstkritik. Berlin: VSA

Assmann, Jan 2003: Die Erfindung der Schrift. In: Karlheinz A. Geißler, Stefanie Hajak, Susanne May (Hrsg.): Könnte es nicht auch anders sein? Die Erfindung des Selbstverständlichen. Stuttgart, Leipzig: Hirzel, S. 25–40

Bader, Renate; Göpfert, Winfried 1996: Eine Geschichte »bauen«. In: Winfried Göpfert, Stephan Ruß-Mohl (Hrsg.): Wissenschafts-Journalismus. 3. Aufl. München, Leipzig: List, S. 98–107

Becker, Howard S. 1994: Die Kunst des professionellen Schreibens. Frankfurt/Main, New York: Campus Verlag

Bernhard, Armin 1995: Ökologische Pädagogik: Die Gegenposition zur Umwelterziehung und ihre politisch-pädagogischen Perspektiven. In: Armin Bernhard, Lutz Rothermel (Hrsg.): Überleben durch Bildung. Weinheim: Deutscher Studien Verlag, S. 24–43

Bittrich, Dietmar 2003: Böse Sprüche für jeden Tag. München: dtv

Brecht, Bertolt 1967: Me-ti/Buch der Wendungen. Gesammelte Werke. Bd. 12. Werkausgabe. Frankfurt/Main

Bromley Roger, Göttlich, Udo; Winter, Carsten (Hrsg.) 1999: Cultural Studies. Grundlagentexte zur Einführung. Lüneburg: zu Klampen

BUND (Hrsg.) 2003: Jahresbericht 2002. Berlin

Bundesministerium für Umweltschutz, Naturschutz und Reaktorsicherheit (Hrsg.) 2002: Umweltbericht 2002. Bericht über die Umweltpolitik der 14. Legislaturperiode. Berlin

Bünting, Karl-Dieter; Bitterlich, Axel; Pospiech, Ulrike 1996: Schreiben im Studium. Ein Trainingsprogramm. Berlin: Cornelsen Verlag Scriptor

Camus, Albert (1947): Die Pest. Reinbek: Rowohlt 1998

Carroll, Lewis (1865): Alice im Wunderland. Reinbek: Rowohlt 1996

Chahoud, Tatjana 1987: Zur Bildungs- und Schulsituation der polnischen Minderheit in Berlin/Preußen. In: Mitteilungen und Materialien der Arbeitsgruppe Pädagogisches Museum. H. 25, S. 143–190

Devereux, George 1984: Angst und Methode in den Verhaltenswissenschaften. Frankfurt/M: Suhrkamp

Dichtl, Erwin 1995: Deutsch für Ökonomen. Lehrbeispiele für Sprachbeflissene. München: Vahlen

Eco, Umberto 1993: Wie man eine wissenschaftliche Abschlußarbeit schreibt. Doktor-, Diplom- und Magisterarbeiten in den Geistes- und Sozialwissenschaften. 6. Aufl. Heidelberg: C. F. Müller

Förster, Hans-Peter 1995: Neue Briefkultur mit Corporate Wording. Frankfurt/Main, New York: Campus Verlag

Franck, Norbert 1992: Medien in der Bundesrepublik Deutschland. In: Gerhard W. Wittkämper (Hrsg.): Medien und Politik. Darmstadt: Wissenschaftliche Buchgesellschaft, S. 199–212

Franck, Norbert 2000: Schlüsselqualifikationen vermitteln. Ein hochschuldidaktischer Leitfaden. Marburg: Tectum Verlag

Franck, Norbert 2001: Rhetorik für Wissenschaftler. Selbstbewusst auftreten, selbstsicher reden. München: Vahlen

Franck, Norbert: Lust statt Last (2) 2003: Referat, Vortrag. In: Ders., Joachim Stary (Hrsg.): Die Technik wissenschaftlichen Arbeitens. 11. Aufl. Paderborn: Schöningh, S. 223–255

Franck, Norbert 2003a: Fit für den Auftritt. Selbstbewusst reden, souverän diskutieren, überzeugend präsentieren. München: dtv

Franck, Norbert 2003b: Fit fürs Studium. Erfolgreich reden, lesen, schreiben. 6. Aufl. München: dtv

Franck, Norbert 2003c: Lust statt Last: Wissenschaftliche Texte schreiben. In: Ders., Joachim Stary (Hrsg.): Die Technik wissenschaftlichen Arbeitens. 11. Aufl. Paderborn: Schöningh, S. 117 bis 178

Franck, Norbert 2003d: Diskussionen bestreiten und leiten In: Ders., Joachim. Stary (Hrsg.): Die Technik wissenschaftlichen Arbeitens. 11. Aufl. Paderborn: Schöningh, S. 273–298

Gaßdorf, Dagmar 2003: Lustreden. Ein fröhlicher Leitfaden für mancherlei Anlässe. Frankfurt/Main: F.A.Z.-Institut

Geißler, Karlheinz A. 2003: Die Erfindung des Lernens. In: Karlheinz A. Geißler, Stefanie Hajak, Susanne May (Hrsg.): Könnte es nicht auch anders sein? Die Erfindung des Selbstverständlichen. Stuttgart, Leipzig: Hirzel, S. 79–98

Goethe, Johann Wolfgang von: Gedenkausgabe der Werke, Briefe und Gespräche. Hrsg. von Ernst Beutler. Zürich und Stuttgart 1948 ff.

Gumlich, Hans-Eckhart 1999: Über das Schreiben der Naturwissenschaftler: Brief an einen Physik-Doktoranden. In: Wolf-Dieter Narr, Joachim Stary (Hrsg.): Lust und Last des wissenschaftlichen Schreibens. Frankfurt/Main: Suhrkamp, S. 151–166

Haug, Frigga 2003: Lernverhältnisse. Selbstbewegungen und Selbstblockierungen. Hamburg: Argument-Verlag

Haug, Wolfgang Fritz 1999: Sieben Tips fürs Schreiben. In: Wolf-Dieter Narr, Joachim Stary (Hrsg.): Lust und Last des wissenschaftlichen Schreibens. Frankfurt/Main: Suhrkamp, S. 71–77

Heister, Carl von 1842: Ethnographische und geschichtliche Notizen über die Zigeuner. Königsberg

Hentig, Hartmut von 1999: Eine nicht lehrbare Kunst. In: Wolf-Dieter Narr, Joachim Stary (Hrsg.): Lust und Last des wissenschaftlichen Schreibens. Frankfurt/Main: Suhrkamp, S. 19–27

Hoecker, Beate 1998: Frauen, Männer und die Politik. Bonn: Dietz Verlag

Holzkamp, Klaus 1995: Lernen. Subjektwissenschaftliche Grundlegung. Frankfurt/Main, New York: Campus Verlag

Horster, Detlef 2002: Hinweise für das Halten von Referaten. http://www.erz.uni-hannover.de/~horster/texte/ref.pdf (7.3.2004)

Kant, Immanuel (1783): Beantwortung der Frage: Was ist Aufklärung? In: Ehrhard Bahr (Hrsg.): Was ist Aufklärung? Stuttgart: Reclam 1974, S. 9–17

Keseling, Gisbert 2003: Schreibblockaden überwinden. In: Norbert Franck, Joachim Stary (Hrsg.): Die Technik wissenschaftlichen Arbeitens. 11. Aufl. Paderborn: Schöningh, S. 197–222

Kiesewetter, Johann G. 1811: Lehrbuch der Hodegetik oder kurze Anweisung zum Studieren. Berlin

Kirchner, Carl 1852: Hodegetik oder Wegweiser zur Universität für Studierende. Leipzig

Krämer, Walter 1999: Wie schreibe ich eine Seminar- oder Examensarbeit? Frankfurt/Main, New York: Campus Verlag

Krapp, Andreas; Hofer, Manfred; Prell, Siegfried 1982: Forschungs-Wörterbuch. Grundbegriffe zur Lektüre wissenschaftlicher Texte. München u.a.: Urban & Schwarzenberg

Kruse, Otto 1995: Keine Angst vor dem leeren Blatt. 4. Aufl. Frankfurt/Main, New York: Campus Verlag

Kruse, Otto; Jakobs, Eva-Maria 1999: Schreiben lehren an der Hoch-

schule. Ein Überblick. In: Otto Kruse, Eva-Maria Jakobs, Gabriela Ruhmann (Hrsg.): Schlüsselkompetenz Schreiben. Neuwied u. a.: Luchterhand, S. 19–34

Leffers, Jochen 1998: Im Labor der Worte. Süddeutsche Zeitung vom 22.9.1998, S. 20

Lehmann, Günter; Reese, Uwe 1998: Die Rede. Der Text. Die Präsentation. Frankfurt/Main u.a.: Lang

Leimbach, Andreas 1998: Die Panik vor dem Schreiben muß nicht sein. VDI Nachrichten. Nr. 27 vom 27.3.1998, S. 27

Lichtenberg, Georg C. 1984: Sudelbücher. Frankfurt/Main: Insel-Verlag

Meier, Christian 2003: Die Erfindung der Politik. In: Karlheinz A. Geißler, Stefanie Hajak, Susanne May (Hrsg.): Könnte es nicht auch anders sein? Die Erfindung des Selbstverständlichen. Stuttgart, Leipzig: Hirzel, S. 41–58

Meyer zu Bexten, Ermuthe; Brück, Rainer; Moraga, Claudia 1966: Der wissenschaftliche Vortrag. Leitfaden für Naturwissenschaftler und Ingenieure. München, Wien: Hanser

Müller, C. Wolfgang 1999: Drei Briefe an einen jungen Wissenschaftler. In: Wolf-Dieter Narr, Joachim Stary: (Hrsg.): Lust und Last des wissenschaftlichen Schreibens. Frankfurt/Main: Suhrkamp, S. 77–86

Müller, C. Wolfgang 2001: SchreibLust. Von der Freude am wissenschaftlichen Schreiben. Münster: Votum Verlag

Narr, Wolf-Dieter 1999: Schreiben – Einsichten und Ratschläge eines Sozialwissenschaftlers nach über 80 Semestern. In: Ders., Joachim Stary: (Hrsg.): Lust und Last des wissenschaftlichen Schreibens. Frankfurt/Main: Suhrkamp, S. 87–104

Narr, Wolf-Dieter 2003: Was ist Wissenschaft? Was heißt wissenschaftlich arbeiten? Was bringt ein wissenschaftliches Studium? In: Norbert Franck, Joachim Stary (Hrsg.): Die Technik wissenschaftlichen Arbeitens. 11. Aufl. Paderborn: Schöningh, S. 15–32

Narr, Wolf-Dieter; Stary, Joachim 1999: Vorwort. In: Dies. (Hrsg): Lust und Last des wissenschaftlichen Schreibens. Frankfurt/Main: Suhrkamp, S. 9–14

Popper, Karl Raimund 1991: Auf der Suche nach einer besseren Welt. 6. Aufl. München, Zürich: Piper

Pusch, Luise F. 1995: Das Deutsche als Männersprache. Aufsätze und

Glossen zur feministischen Linguistik. 9. Aufl. Frankfurt/Main: Suhrkamp

Pyerin, Brigitte 2001: Kreatives wissenschaftliches Schreiben. Tipps und Tricks gegen Schreibblockaden. Weinheim, München: Juventa

Regener, Sven 2001: Herr Lehmann. Frankfurt/Main: Eichborn

Rienecker, Lotte 1999: Research Questions and Academic Argumentation: Teaching Students How to Do it. Using Formats and Model-Examples. In: Otto Kruse, Eva-Maria Jakobs, Gabriela Ruhmann: Schlüsselkompetenz Schreiben. Konzepte, Methoden, Projekte für Schreibberatung und Schreibdidaktik an der Hochschule. Neuwied u.a.: Luchterhand, S. 95–108

Rost, Friedrich; Stary, Joachim 2003: Schriftliche Arbeiten in Form bringen. Zitieren, belegen, Literaturverzeichnis anlegen. In: Norbert Franck, Joachim Stary (Hrsg.): Die Technik wissenschaftlichen Arbeitens. 11. Aufl. Paderborn: Schöningh, S. 179–197

Rückriem, Georg 1999: »Es läuft« – Über die Brauchbarkeit von Analogien und Metaphern. In: Wolf-Dieter Narr, Joachim Stary (Hrsg.): Lust und Last des wissenschaftlichen Schreibens. Frankfurt/Main: Suhrkamp, S. 105–127

Rückriem, Georg; Stary, Joachim 1996: Ist wissenschaftliches Arbeiten lehrbar? In: Das Hochschulwesen H. 2, 1996, S. 96–106

Rückriem, Georg; Stary, Joachim; Franck, Norbert 1997: Die Technik wissenschaftlichen Arbeitens. 10. Aufl. Paderborn: Schöningh

Schmundt, Hilmar 2002: Mit der Maus zum Diplom. Der Spiegel. Nr. 28, S. 164

Schneider, Wolf 1985: Deutsch für Profis. München: Goldmann

Schwanitz, Dietrich 2002: Bildung. Alles, was man wissen muß. München: Goldmann

Slapnicar, Klaus W. 1999: Schreiben rechtswissenschaftlicher Texte. In: Wolf-Dieter Narr, Joachim Stary: (Hrsg.): Lust und Last des wissenschaftlichen Schreibens. Frankfurt/Main: Suhrkamp, S. 240–257

Stangl, Werner: Präsentations- und Vortragstechnik: Medieneinsatz. http://www.stangl-taller.at/ARBEITSBLAETTER/PRAESENTATION/medieneinsatz.shtml (8.3.2004)

Stary, Joachim 2003: Referate unterstützen: Visualisieren, Medien einsetzen. In: Norbert Franck, Joachim Stary (Hrsg.): Die Technik

wissenschaftlichen Arbeitens. 11. Aufl. Paderborn: Schöningh, S. 255–271
Stitzel, Michael 1999: Zur Kunst des wissenschaftlichen Schreibens – bitte mehr Leben und eine Prise Belletristik! In: Wolf-Dieter Narr, Joachim Stary: (Hrsg.): Lust und Last des wissenschaftlichen Schreibens. Frankfurt/Main: Suhrkamp, S. 140–147
Tucholsky, Kurt: Gesammelte Werke. Hrsg. von Mary Gerold-Tucholsky und Fritz J. Raddatz. Reinbek: Rowohlt 1993
Ueding, Gert 1996: Rhetorik des Schreibens. Eine Einführung. 4. Aufl. Weinheim: Beltz Athenäum Verlag
Umweltbundesamt (Hrsg.) 2002: Umweltdaten Deutschland 2002. Berlin
Universität Zürich. Lehrstuhl Marketing 2003: Wegleitung für das Abfassen von Semester- und Diplomarbeiten. 6. Aufl. http://www.isu.unizh.ch/marketing/studium/Hauptstudium/informationen/dokumente/Wegleitung2003.pdf (7.3.2004)
Weber-Wulff, Debora 2002: Aufdeckung von Plagiaten: Suchen im Internet für Lehrkräfte. http://www.f4.fhtw-berlin.de/people/weberwu/papers/plagiat.shtml (1.3.2004)
Zelazny, Gene 2001: Das Präsentationsbuch. Frankfurt/Main New York: Campus Verlag

# Abbildungsverzeichnis

# Personenregister

## Sachregister

Die fett gesetzten Begriffe sind eigene Kapitel

**Fischer Lexikon**
**Publizistik / Massenkommunikation**
Herausgegeben von
Elisabeth Noelle-Neumann, Winfried Schulz,
Jürgen Wilke

Band 15495

Dieser Band gibt Auskunft über die Geschichte von Presse, Rundfunk und Film, rechtliche und wirtschaftliche Strukturen des Mediensystems, Journalismus als Beruf, Theorien und Methoden der Kommunikationsforschung, die Wirkung der Massenmedien ...

»Alles in allem lösen die Autoren den Anspruch überzeugend ein, auch die vierte Auflage des Fischer Lexikons seit 1971 möge zugleich als Einführung und Nachschlagewerk dienen. 87 Seiten Bibliographie erschließen die Literatur und verzeichnen auch Internet-Adressen, so dass das Lexikon nicht nur Publizistik-Studenten ein unentbehrliches Vademecum bleibt, sondern allen, die sich für Presse, Rundfunk, Film und Internet sowie für das Wirkungsgeflecht von Journalismus, Politik und Öffentlichkeit interessieren.«
*Frankfurter Allgemeine Zeitung*

Fischer Taschenbuch Verlag

fi 15495 / 1

# Inhalt